为美好的未来做准备

——写给中学生及家长和老师

国元令　著

金盾出版社

内容提要

本书写给初、高中学生、家长及教师，内容包括教学励志、学法研讨、兴趣培养、校园生活、言语表达、社会实践、高考技巧等。书中引用了大量名人名言及正反事例、教育案例、课例与经验，读后定能从中得到启迪和帮助，他将成为初、高中学生的益友，家长的参谋，老师的助手。

图书在版编目(CIP)数据

为美好的未来做准备——写给中学生及家长和老师/国元令著. -- 北京：金盾出版社，2012.7

ISBN 978-7-5082-7690-8

Ⅰ.①为… Ⅱ.①国… Ⅲ.①中学生—学生生活 Ⅳ.①G635.5

中国版本图书馆 CIP 数据核字(2012)第 113558 号

金盾出版社出版、总发行

北京太平路5号(地铁万寿路站往南)

邮政编码：100036 电话：68214039 83219215

传真：68276683 网址：www.jdcbs.cn

封面印刷：北京凌奇印刷有限责任公司

正文印刷：双峰印刷装订有限公司

装订：双峰印刷装订有限公司

各地新华书店经销

开本：880×1230 1/32 印张：7.625 字数：226千字

2012年7月第1版第1次印刷

印数：1～6 000 册 定价：17.00 元

前 言

中学教育是神圣而伟大的，它是唱给青春的歌，是吟诵成长的诗；是传承历史的火，是连接未来的桥；是对年轻一代精神的唤醒、潜能的开发；是智慧的播撒、心灵的感召；是志向的激励、灵魂的引领，更是对学生一生幸福的奠基。

中学阶段的学习生活不但是人生重要的一段履历，而且是由一个自然人成为社会人的重要过程——由稚嫩变得成熟，由单纯变得丰满，由狭隘变得宏阔。过去遗落的和未曾获得的，可以在这个阶段补足；一直优秀突出的，可以在这里绽放出更加迷人的光彩。

中学生蕴藏着无限的潜力，充满着社会的希望。他们要在这宝贵的六年中，思考人与社会的关系，思考应如何更好地获取幸福与尊严。他们要在这六年里，为进入大学和社会对自己进行锻链，为自己美好的未来做准备，以适应成人化、社会化、知识化、专业化、城镇化的需求。他们的行为和努力，关系到能否为社会肌体保存大量活跃的细胞，从而使整个社会保持青春与创造力。

然而，我们的教育仍有许多不尽人意之处，中学教育仍存在片面追求升学率的现象。怎样使学生扎实地进行中学学习，为他们美好的未来打下坚实的基础，是许多学生、家长和老师都在思索和亟待解决的问题。

笔者长期在中学做心理辅导和咨询工作，接触了大量的初、高中学生、家长和老师。在书中针对不同的学生，提出了一些具体办法。真诚地希望这本书能给渴求的明眸带来知识，给纯净的心灵带来希望，给青春的脊梁带来坚毅，给稚嫩的肩膀带来坚强，给青涩的年华带来成长。我的写作目标是：使中学生的生活更加精彩顺畅，使家长的教育更加扎实有效，使教师的工作更加科学艺术，使这本书成为中学生的益友，家长的参谋，老师的助手。

作　者

目录

第二章　寻路探幽　研究学习之方法

第三章　见微知著　寻觅核心兴趣点

第四章　尽显魅力　校园生活展风采

第五章　言为心声　锻炼语言表达力

第六章　体味人生　融入社会大学堂

第七章　打造成功　细微之处见素质

第八章　果涩花娇　情感闸门须关紧

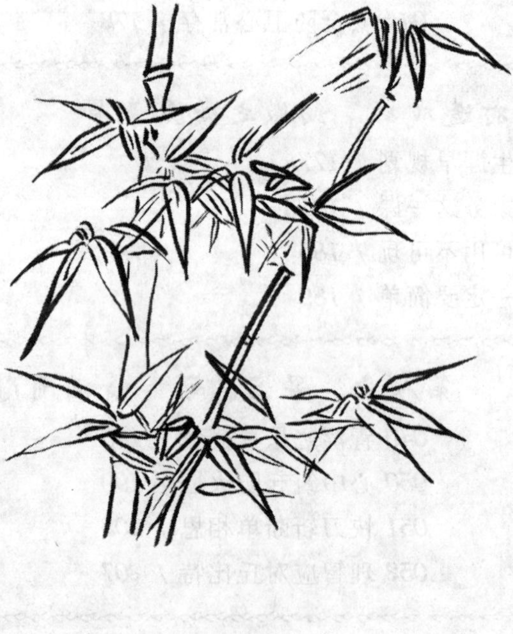

引言

中学新生活，你准备好了吗

在经历六年或九年的寒窗苦读，度过了艰辛并快乐的“六月”之后，你终于接到了你和父母梦想多年的上级学校的录取通知书，即将走向成为令人羡慕的“天之骄子”的漫漫长路。

此时此刻，你的心情一定是无比的喜悦，无比的欢畅。在你的眼里，中学生活是那么的自由、诗意、美好，你对未来充满了信心、憧憬和梦想，特别是将来的大学生活简直是一个让你翘首期盼的美丽清新的世界！

但事实上，那只是我们从一个中学生的角度进行的美好想象而已。因为中学并不是人生的终点，大学也不是青年人的终极目标。它们都只是我们成长路途上的一个新的起点或驿站。

要知道，从迈入中学校门的那一刻起，我们已经进入了“学习变更期”。我们将要学习更高级的知识，培养更高级的能力，掌握更高级的技能，形成更高级的思维品质。与小学相比，最明显的差别就是，不管是课本里、老师的课堂语言中，还是同学们议论的话题，都会出现一些前所未闻的高深的原理、抽象的概念和词汇，还有更多的问题需要自己去独立解决。我们将要经历从“要我学”到“我要学”的转变和从“学会”到“会学”的转变……

要知道，从迈入中学校门的那一刻起，我们就要做好充分的思想准备，我们的路还很长很远，我们还会经常遭遇到许多让人意想不到的困难，碰触到许多令人措手不及的烦恼，我们的学习、生活诸方面都将发生意想不到的巨大变化：由父母“包办代替”或“主理”的家庭生活，变为需要自主、自立、自理的集体生活；由被动接受知识的学习，变为主动思考问题，并把老师所讲授的知识内化为自己的思想和认识；由接受信息量小，交往、活动范围狭窄，转变为接受信息量大，交往、活动范围较广阔……

要知道，从迈入中学校门的那一刻起，我们将要学习掌握生存的常识与技能，以便独立地面对世界；还要学习遵从生活的规律与规范，以便和谐地与人相处；更要学习探索生命的价值与意义，以便有尊严地立于天地之间……

怎样才能对中学生活有一个清醒的认识，尽快让自己从“虚拟世界”中跳出，提前做好适应新环境、迎接新挑战、解决新问题的心理准备和学会相应的生存、发展方法，这是你们必须面对而又亟须解决的重要课题。而这一切，你都会在这本书里找到令你满意的答案。它会帮助你更早一步地对紧张而又幸福的中学生活以及未来的大学校园有所了解和认识，会使你更加有的放矢地让自己未来的大学时光更辉煌、更快乐、更有建树、更利于一生的成长！

无论如何，中学生活的确是人生中最重要的阶段，而充满挑战、多姿多彩的校园生活更会令人终生难忘。在这里，奋斗与刻苦将会让我们的青春闪亮、激情飞扬、生命多姿多彩，会让我们在更广博的知识海洋中流连忘返，会让我们变得更加有知识、有头脑、有激情，更富有青年人蓬勃的朝气……

同学们，无论是过往的小学生活，还是紧张的初、高中岁月，步入大学殿堂都是每一位中学生梦寐以求的理想和必须面临的严肃问题，这是一个发生在几年后的必然。用自己汗水与智慧构筑登堂入室的阶梯，对于我们每个中学生来说，都必然是一种积累、一种成长。

每一道习题，每一次听课，每一个过程，每一种经历，只要我们用心细细地去观察、去体会，就会发现，这正是我们曾经最宝贵的拥有！因为这会使我们越来越接近目标，越来越趋近成熟，越来越靠近理想。

进入中学，对于大多数人来说，相当于迈进大学一只脚。而进入大学则是我们现在努力学习的重要目标之一。对此，每一个中学生，无不憧憬、向往着这一时刻的来临。要想成功而顺利地跨过这个阶段，我们就需要对自己未来将要经历的事情，事先有一个充分的认识与了解。一定要清醒地认识到，你今天的学习状态和效率，与你能不能考上大学相关联；与你能考上一个什么样的大学相关联；与你能不能适应大学生活相关联。往长远点说，与你大学毕业后，能不能找到工作相关联；与你能找到什么样的工作相关联；与你能不能胜任工作相关联。现实生活已经给同学们很好的提示：该念书时不念书，该工作时就没工作；该念书时不好好念书，该工作时就没有好工作。任何人在智力劳动上的懈怠，都必须用体力或金钱来补偿。

高考，这是一个从小就一直吸引并困扰着我们的问题。对许多人来说，高考的确是痛苦的危崖。跨不过，你就要被抛弃；跨过去，你的人生仍有很长的路要走！但对许多人来说，高考同时也是一个成功的阶梯，它意味着未来的锦绣前程将从此展开。

人存在于这个世界上，总是会有压力的，而高考就是我们要面临的最大压力："那些青春狂奔的岁月，勤奋与慵懒，成长与堕落，奋发与叛逆，自律与放纵，都与高考有关，更重要的是与你未来的人生有关，与你的一生是否幸福有关……"可是，如果我们连高考这一关都放弃，那将来又要怎样面对社会的复杂、残酷、紧张甚至威胁？

人生多姿多彩，对大部分青少年来说，高考不过是人生的"一小步"，是对一个人从小学到中学知识的一次全面的总结与检验，而它的意义恰恰在于我们将在这一点上沿着心中设定的方向继续前行。所以，高考的意义更多的是在未来，而不是在过去！

行文至此，不禁想起一所著名中学的校训——为四十岁做准备。这则校训真可谓通俗明了，但意涵隽永，令人回味。对于每一个进入中学的学子来说，十七岁当然是美丽的，而人生旅程中最绚丽的一页却大都在生命的四十岁展开。不要说四十岁有多么遥远，我们与之的距离其实就是弹指一挥间。虚度今日，等待你的将是无穷的悔恨和遗憾，探寻古圣先贤、名家大师成长的道路和发展轨迹，我们不难发现，四十岁的辉煌来自于十四五岁的志向、十七八岁的追求和二十年的血汗。珍视你拥有的青春年华，好好地把握现在，才能真正赢得未来，赢得明天，才能将你如日中天的四十岁勾画得绚丽灿烂。

进入高中，我们从年龄上开始步入成人的行列，而高考则使我们的整个身心都经历一场前所未有的洗礼。从这个角度上说，高考对人生确实有着重大的意义，所以，把高考视作一场特殊的成人仪式也是恰当的。

为了迎接这场成人仪式，我们应该历练出自己最佳的知识状态、最佳的生理状态、最佳的心理状态，而最关键的在于我们一定要以自强不息的精神，从容面对高考，以及随之而来的未来生活、青春岁月和人生历程！

正是因为高考对于我们的意义如此特殊，所以，我们才应该以近乎神圣的态度去迎接它，以最佳的心理状态去面对它，以战斗的姿态去挑战它。而这需要我们在高中的三年生活中做好充分的准备：一是知识的积累和提升，二是心理的训练和调整，三是身体的强健和成长。

事实上，从踏进中学大门的那一天开始，我们就已经进入高考的知识准备阶段了。因为影响高考最终结果的不是一天、两天的学习，而是六年知识的长期积累。所以，我们首先应该端正学习态度，有一个打持久战的心理准备。

有位教育家曾深刻地指出："人的能力与素质是在社会实践活动中逐步发展起来的，特别重要和严峻的场合对考验人的素质、提高人的素质都起到了非常关键的作用。在这个意义上讲，高考也是锤炼与提高考生心理素质的课堂，谁珍视它谁的素质就会得到提高，谁珍视它谁的心理就会更加成熟。"

人，有时候就像一座蓄势待发的火山，积蓄多年，爆发时才会发挥出自身全部的潜能。希望每个中学生通过阅读此书后，能正确认识中学阶段的重要意义，以高昂的斗志和澎湃的青春来塑造真正的自己，为壮美的人生做好充分的准备，为幸福的未来奠定坚实的基础，用自己的汗水和智慧使自己“成人仪式”的加冕隆重而成功！

第一章

面向未来　迈好人生第一步

有人把呱呱坠地视为人的第一次诞生，把青少年时期视为第二次诞生。第一次是物质生命的诞生，第二次才是精神生命的诞生。中学阶段尽管只有六年，却是极具青春魅力的黄金季节，是人生阶梯中最重要的一步，是精神生命发育成长的关键时期，是为自己美好未来做准备的重要过程。在这六年的时光里，我们的世界观、人生观、价值观会逐步建立和完善，人生的轨迹将会因这六年的表现而得到确定或改写。在这充满苦与乐、汗与泪、艰辛与收获、奋发与愉悦的六年里，如何珍惜每一天的分分秒秒，不虚掷青春，不荒废年华，将成为每一个中学生必须完成的大考。所以，我们需要拼搏，需要奋斗，需要在充满泥泞的道路上执著地前行，用青春智慧的力量在人生的起点上迈出坚实的步履，留下光辉的足迹，创造出辉煌灿烂的明天！

001 学会适应新环境

故天将降大任于斯人也，必先苦其心志，劳其筋骨，饿其体肤，空乏其身，行拂乱其所为，所以动心忍性，增益其所不能。

——孟　轲

为了适应不断改变的世界，必须准备改变自己的一切，但是绝不放弃自己的信念。

——托马斯

十四岁，如花似玉的年华，我们迈入了向往已久的中学大门，开始了新的人生之旅。小学阶段呕心沥血精心教诲的老师已淡出了我们的视线，朝夕相处的学友也分散到各个不同的学校。

全新的学习环境，紧张的学习氛围，严格的纪律约束，诸多的课业负担……该以怎样的心态来适应全新的环境，是每一个中学新生必须面对的考验，也是应该认真思索的问题。

下面的故事可能会给我们带来一些有益的启示：

塞尔玛是一名年轻的美国女性，她陪伴丈夫驻扎在一个沙漠的陆军基地里。丈夫参加军事训练或演习时，她一个人留守在一间集装箱一样的铁皮小屋里，忍受着难耐的寂寞和艰苦：没人可以谈天，周围只有墨西哥人和印第安人，而他们不会说英语；天气热得受不了，在仙人掌的阴影下也有 50 多度……

塞尔玛非常难过地写信给父母，说想离开这个鬼地方。父亲的回信只写了一行字："两个人从牢房的铁窗口望出去，一个看到泥土，一个却看到了星星。"短短的一句话蕴涵着深刻的哲理。塞尔玛读懂了父亲的希冀和心态。她一改往日的消沉与怨尤,积极地与当地人广交朋友,学习他们的语言,付出自己的热情,因此得到了丰厚的回报。当地人将陶器和纺织品送给她做礼物;她研究那些仙人掌和其他沙漠植物,观看沙漠的日出日落,体会大自然的慷慨与壮美……就这样,塞尔玛在原来似乎难以忍受的环境里,变成了一个快乐女人。

是什么使塞尔玛身处的环境发生了这么大的变化呢?沙漠没有改变,印第安人也没有改变,改变的只是她自己,是她的心态——因为她对沙漠生活有了全新的认识,有了积极的心理转变,所以,她把原先认为恶劣的情形变成了她一生中最快乐、最有意义的冒险!

人生是一个不断演进的过程。不管我们的小学、初中阶段是多么的美好,多么的令我们留恋,它毕竟已经成为了历史,成为记忆中一篇耐人寻味的日记。我们现在身处的是一个陌生而新奇的环境——中学校园,所以,我们应该像塞尔玛一样学会主动地调整自己。

事实上,许多中学新生都有"适应不良症"——面对从生活到学习再到人际关系的骤然变化,他们往往会出现一些不良症状——

首先,期望感和失望感的冲突。在我们很多小学生的想象中,作为一个地区的最高学府是神秘的、浪漫的和完美的。所以,在入学之前就有了一个关于中学生活的心理模式:春风得意的同学,知识渊博的老师,宽敞明亮的教室,风景优美的校园,丰富多彩的生活,温馨浪漫的情趣……然而,当你真正踏入中学校门时就会发现,这里的一切并非想象中的那么诗情画意,"三点一线"的单调生活,现实与理想的巨大差距,会使自己一下子产生失落感。

其次,缺乏足够的生活自理能力。从小,我们就是在老师和家长无微不至的关怀中度过的,特别是进入中学前,作为家里的重点照顾对象,我们早已形成了以自己为圆心的生活模式,习惯接受别人的关怀和照顾,这自然造成了自己较差的生活主动性和自理能力。而在远离父母、失去了百般呵护的新的环境中,我们很可能会变得茫然不知所措,生活上难免产生一些困难,心理上自然也会受到一定的影响，产生诸多烦恼。

第三，自豪感和自卑感的矛盾。小学时成绩一贯优秀的我们，一直都是以“胜利者”的姿态自居，并在社会、家庭和学校的一片赞扬声中滋生出强烈的优越感和骄傲情绪。但是，当走入“群英荟萃”、“人才济济”的新的群体中时，你可能会突然发现，原来的那种优势已不复存在——这里的每个人不管哪方面都是那么优秀！于是，以前以学业成绩优秀而建立起来的自尊心和自信心，自然会遭到突如其来的沉重打击，甚至因此而自惭形秽。

第四，学习方法的不适应。小学阶段的学习内容和范围是有限的，而且这些有限的内容还是老师一勺一勺地喂给我们的，只要我们在课堂上认真听讲，课后多做相关的练习，成绩就可以得到保证。而中学的学习内容、范围却是非常广泛的，在高中还将面临选择文理科方向的问题。我们必须有充沛的精力和科学的方法才能跟上老师的教学。

面对日益增加的课业，必须学会主动、独立地去接受知识，在不同阶段随时调整、更新自己的学习方法。此时，如果我们还是像小学那样，等着老师“嚼碎了喂”，往往就会感觉到无所适从，疲于应付，结果成绩不理想，心理承受较大压力，出现焦虑、紧张等情绪反应，以致对自己的学习能力产生怀疑，甚至会推及到对自己人生的怀疑，造成一定的心理障碍。

第五，人际交往出现障碍。心理学家丁瓒教授认为，“人类的心理适应，最主要是对人际关系的适应。”进入中学以后，不仅进入了一个崭新的学习和生活环境，同时也意味着进入了一个新的“交往圈”。在初中，可能你一直住在家中，或者因为埋头读书的原因，和同学之间的关系往往比较单纯，学习生活的目标也很简单——一心只读“圣贤书”。但是，当我们离开家后，住入集体宿舍时就会发现，身边的同学来自东西南北，每个人的家庭环境、脾气秉性、生活习惯各不相同，这会让有的人感到手足无措；而且，随着学习环境的变化，交往范围会逐渐扩大，交往内容会逐渐增多，原来比较单一的行为模式必然会使引发矛盾的概率大大增加。

因此，我们现在的关键任务就是要对不断变化着的环境有一个清醒的认识，同时，积极调整自己的心理状态，时刻做好适应新环境、迎接新挑战、解决新问题的心理准备——不要因对生活环境的不适应而失望；不要因对人际关系的不适应而孤独；不要因对学校制度的不适应而压抑；不要因对名次排列的不适应而失落……

适应环境，就是要善于了解自己所处的环境有哪些变化，这些变化有什么特点，然后根据变化了的环境对自身进行调整。在人的一生中，有些环境是不能改变的，需要我们做出的就是坦然接受环境，改变自己的消极看法。当一个人处于心理平衡状态时，实际上就是处于与环境相适应的状态之中了。能否客观地评价自己，是决定一个人能否适应环境的关键。对自己评价过高或过低，都会影响与环境、周围人的协调，所以必须在生活中不断反省自己，认识自身的不足和优点，尽快地适应学校环境。

一个学生从小学、初中到高中，在年龄上正在走向成人，在某种程度上可以说是已经开始接近社会，是从“自然人”向“社会人”、“国际化新人”的一种过渡，应该开始学习如何面对竞争，如何找准自己的位置，如何去适应自己所在的环境，实现自我的人生价值。

每一个人不可能生活在真空中，外部的客观环境变化会对人们构成直接或间接的影响。从现在开始，正确认识未来的生活，正视身边的一切变化。无论如何，中学生活都是理想与现实的结合体。一种全新生活的开始，既标志着对梦想的追逐，又是为未来拉开奋斗的帷幕。面对现实，接受现实，加强生活自理能力的培养，增强适应环境的能力，这不论是对现在还是对未来都是至关重要的。

学校是中学生学习生活的主要环境和舞台，也可以说是社会的缩影，是进入社会前的预演。同学的层次参差不齐，校园亦非一片净土，随时随地都会遇到各种各样的社会适应问题，摆脱以自我为中心的倾向，以开放的心态，与老师和同学平等相处，让自己拥有一颗属于未来的头脑和心灵吧！

002 自主学习求进步

大抵观书须先熟读，使其言皆若出于吾之口；继以精思，使其意皆若出于吾心，然后可以有得尔。

——朱 熹

只有知识——才能构成巨大的财富的源泉，即使土地获得丰收，又使文化繁荣昌盛。愚昧从来没有给人们带来幸福；幸福的根源在于知识；知识会使精神和物质的硗薄的原野变成肥沃的土地，每年它的产品将以十倍的增长率，给我们带来财富。

——左 拉

俗话说，“天才源于勤奋”。一名学生要取得优异的成绩，要为自己将来的事业奠定坚实的基础，就必须对学习产生浓厚的兴趣，必须能够自主地学习。

我们熟知的中国杰出的数学家陈景润从中学时代起，就对学习有着一种执著的热情，他并不是成绩最好的学生，但他对学习始终有着自己的主见，既不单纯地跟在老师的后面跑，也不盲目地追求甚至迷信卷面上的分数。

陈景润就读于高中的时候，他不仅向老师请教课本中的数学问题，而且还经常向老师请教高等数学的有关问题，并借阅日本学者写的《微分学问题详解》、《集合论初论》等。他还经常阅读大量的课外书籍，从图书馆里借阅了大量的大学教材，如《微积分学》、《达夫物理学》、《高等代数引论》、《郝克士大代数学》、《密尔根盖尔物理学》和

《实用力学》等，这些都是比较高深的科学专著。

上大学后，陈景润更是把所有的精力都用在学习上。每天，他除了完成老师布置的作业外，自己还要根据学习的课程完成一批作业题，少则几十道，多则上百道。

陈景润就是在这种主动学习的精神指引下，逐渐成长为举世闻名的数学家的。他在数学方面取得的辉煌成就，显然得益于他那种从中学就一直保持的勤奋刻苦、主动自觉的学习精神。

2010 年，银川一中的张佳颖以 620 分夺得了宁夏回族自治区高考文科第一名，圆了自己的北大梦。能“战胜”活泛的新题型、从数万考生中脱颖而出，张佳颖有一套自主的学习方法和“制胜秘诀”。在有些像“假小子”的张佳颖看来，学习没有捷径，成功最重要的秘诀在于踏实。刚刚升入初中时，因为基础知识掌握不好，张佳颖的英语成绩相对较差，有时会拖总成绩的“后腿”，为了把英语成绩赶上去，她将做错的题记在小本子上，走在路上也要翻出来看看。时间转瞬即逝，三年后的今天，张佳颖的英语考出了 136 的高分。还有一个“制胜秘诀”，即日常学习紧跟老师步伐，及时完成日常作业，注重基础知识，多练习，多巩固。

学习之余的张佳颖，不仅为了掌握知识，考出好成绩，更在于汲取其他知识。如张妈妈所讲，张佳颖学习之外，特别喜欢看电视、电影和书。她认为，看古装剧，可以学习古代帝王的称呼；看沈从文等名家的作品，可以提高写作功力；看《天气预报》能学习地理知识；看《新闻联播》可以关注新闻热点……张佳颖说：“许多题都是从新闻、热点人物等方面提炼出来的，比如这次高考中，就有一些政治题，是要求提建议、讲措施的，这对我们来说，就是要观察生活、注意国内外发生的大事。要从日常的生活中汲取知识，死记硬背已经不符合新的课程标准。”

其实，陈景润、张佳颖的这种学习精神和方法，是每一个学生、特别是高中学生必须具备的基本的学习素养。

当我们进入中学以后，面临即将到来的高考这一人生重大转折，我们的学习目标、学习要求、学习内容、学习条件、学习方式都从根本上发生了变化，必须学会从旧的学习方法向新的学习方法过渡，必须改变那种跟随老师后面亦步亦趋的学习模式，这是每个学生都必须经历的转变过程。

首先，自己心中要有一个明确的目标，并把这个目标白纸黑字地写出来。先确定出总体目标，再条分缕析地把大目标分解成小目标，把中期目标分解成一个个短期目标。最好能根据“跳一跳摸得着”的原则，制订具体可行的行动计划。例如，下次月考我要达到多少分，各科的分数有多少，我要进入什么样的一个名次等等。清华大学博士生高皓说：“写出来的目标要贴在最显眼的地方，文具盒、写字台或者课桌上，总之是每天目光会不断扫过的地方。时时提醒鞭策自己，不知不觉就在心中形成一把无时不在的标尺。”

其次，要对自己的学习状态心中有数，譬如说，某一学科掌握得怎么样，达到了什么程度，还有哪些问题不甚明了，还有什么原理没有搞清楚，还需要在什么地方进行巩固、加强。只有这样，才能做到有的放矢，学有成效。

第三，一定要研究学习方法。毛泽东曾经讲过，要过河，就必须解决船或桥的问题。“船”和“桥”就是“过河”的方法。如果一个高中生，还不懂得研究或探寻出适合自己的学习方法，那么，他的学习效率将大打折扣，要取得良好的成绩也是有一定难度的。

第四，要主动发问。王充曾说过，“人才有高下，知物由学，学之乃知，不问不识。”这充分说明了发问的重要性和必要性。在高中阶段，你几乎是天天见老师，有了问题找老师很方便，甚至还有老师找你问问题检查学习，你一定要抓住这些机会，把没有弄懂的问题搞清楚，绝不可以欠下知识账。

当然，与同学讨论也不失为一种特别有效的办法。同学之间互相学习请教，是一种很重要的“同喻文化”。由于大家起点相近，有共同的需求，共同的语言和共同的视角，所以，更能较顺利地帮你解决困扰你的问题。切记，“凡是你不知道的事，都应向人请教。虽然这会有失‘身份’，学问却会日渐加深。”（萨迪语）

所有这一切都清楚地说明，高中的学习更强调个人的主动性和自觉性，需要我们积极观察、认真思考，适时找出适合自己的学习方法，从而顺利度过学习适应期，进而促进学业成绩的提高。

当然，学习的概念不仅仅指课堂里的内容、教科书里的内容，还包括很多方面，如去图书馆阅读、去实验室做实验、参加丰富多彩的课外活动及各类竞赛，参与各种社团活动，聆听各类讲座，搞社会调查等，更可以和同学、师长广泛交往，互相切磋，互相交流……而关键是，我们先要学会主动去接触，自觉去交流，认真去学习！

中学，是一个锻炼、锤炼、磨炼人的地方，是一片放飞理想的神奇之地。在这里，我们可以尽情地施展自己的才华。从现在起，我们就要在这块肥田沃土上辛勤耕作，主动修炼，自觉动手，定会“种瓜得瓜，种豆得豆”！

003 心中要有大目标

无限的“过去”都以“现在”为归宿，无限的“未来”都以“现在”为渊源。“过去”、“未来”的中间全仗有“现在”以成其连续，以成其永远，以成其无始无终的大实在。一掣现在的铃，无限的过去未来皆遥相呼应。

——李大钊

一个人如果追求的目标越高，他的才力就发展得越快，对社会就越有益。

——拉罗什富科

中国古代的“亚圣”孟轲说过：“人若无志，与禽兽同类。”所谓志，就是人们立下的一个奋斗目标，以及为实现这一目标而下的决心。

一个人所追求的目标越高，他的才力就发展得越快。伟大的毅力只为伟大的目标而产生。一个学生在中学这一人生的起跑线上，选择什么目标，树立什么志向，确实是关系着他的前途命运和能否对社会作出贡献的大事，也是关乎为自己的人生奠定一个什么样基础的大事。

哈佛大学曾做过一个非常著名的关于目标对人生影响的跟踪调查，对象是一群智力、学历、环境等条件都差不多的年轻人。结果发现，25 年后，3%有十分清晰的长期目标的人，几乎都成了社会各界顶尖成功人士。他们中不乏白手起家的创业者、行业领袖、社会精英；27%的人几乎都生活在社会最底层，他们的生活都过得很不如意，常常失业，依赖社会救济，并且常常处于抱怨之中——抱怨他人，指责社会。可见，一个人心中有无切实可行的目标，是何等的重要。

读了下面这个有关玛格丽特·撒切尔的故事，你一定更会从中得到启发。20 世纪 30 年代，在英国一个小镇里，有一个小姑娘，从小受到严格的家教。父亲经常向她灌输这样的观点："无论做什么事情都要力争一流，永远走在别人前头，而不能落后于人。即使坐公共汽车，你也要永远坐在前排。不许说'我不能'或'太难了'之类的话。"

在以后的学习、生活和工作中，她时时牢记父亲的教导。上大学时，她凭着自己顽强的毅力和拼搏精神，硬是在一年内学完了要用五年时间来学习的拉丁文课程。

不单是学业上出类拔萃，在体育、音乐、演讲及学校的其他活动方面，她都一直走在前列，是学生中凤毛麟角的佼佼者之一。

当年她所在学校的校长评价她说："她无疑是建校以来最优秀的学生，她总是雄心勃勃，每件事情都做得很出色。"这个优秀的女生就是英国第一位女首相、世界政坛"铁娘子"——玛格丽特·撒切尔。她的人生理念是"永远要坐在前排"。就是听课或听报告会，只要允许就一定要坐到前排去。

无论做什么事情，你的态度都将决定你的高度。撒切尔夫人的经历告诉我们，只有时时争先进，处处创一流，才能激发出身体中的潜能，获得更大的成就。“永远要坐在前排”是一种积极向上的人生态度，是一种一往无前的勇气和争创一流的精神。任何一个人都应该有这样的精神和态度，尤其是我们——朝气蓬勃的中学生。

有位作家说过：“你是自己命运的主人，是自己灵魂的领航人，要过什么样的生活全看你自己。因此，不要轻视设定目标的重要，此刻就下定决心，因为在前面不远处，就是你的未来。”我们应当抱着一往无前的精神和必胜的信念，设立自己的奋斗目标，尽自己最大努力克服一切困难，做好每一件事情，以自己的行动冲击并实现“争当第一流”的信念。

诚然，在这个世界上，想坐在前排的人确实不少，但真正能够坐在前排的却总是不多。许多人之所以不能坐到前排，就是因为他们把“坐在前排”仅仅当成人生的理想，而没有采取具体的行动，还有一些人根本就没有树立要争当一流的这个信念。

有很多学生上课或听报告时，喜欢坐在教室或会场的后面，这样既可以避免老师的提问，也可以偷偷地做自己的事，比如听听音乐、看看课外书、睡睡觉、聊聊天等等。

有个别学生甚至会逃课，或是在宿舍睡觉，或是在网吧打游戏……须知，“逆水行舟，不进则退”。那些心中没有学习目标，没有进取心的学生最终都受到了自己贪玩或不求上进的惩罚——这样的结果真是让人感慨和叹息！

试想，如果从进入中学的第一天开始，我们就在心中树立一个很高的目标，就立志要在同学间做最优秀的，在学业上争第一流的，还怎么可能会让日子白白地混过去呢？

十几年后，家庭的顶梁柱和社会的中坚力量都将是我们这一代。现在不打好基础，将来怎么能承担责任呢？我们应清醒地认识到，主宰世界的真正规则是：要么争创一流，拥有更多的资源，支配自己的命运；要么就坐在后排随波逐流，抑或等待别人来安排自己的命运。

试想一个连对自己长久利益和未来幸福都不认真的人，怎么会维护他人乃至国家的利益呢？一个对自己的事情都不在乎的人，怎么又会在乎他人、在乎家庭乃至国家呢？如果一个国家的学生都是一些凡事马马虎虎、责任心缺乏、没有追求卓越精神的人，那么这个国家的前途注定是黯淡的、渺茫的。

世界潜能大师博恩·崔西曾经说过，"成功等于目标，其他都是这句话的注解。"一个人要想成功，最关键的一步就是首先要为自己树立一个明确的目标。我们应该振奋起来，抛弃那些曾经阻碍追求幸福和成功的陈旧思想观念，把"永远坐在前排"和"永远争当第一"作为人生的信条和理念。只有这样，才能把理想转化为现实生活中前进的动力，并且在现实生活中实现个人的幸福、成功与价值。

杰出人士与平庸之辈最根本的差别，并不在于天赋，也不在于机遇，而在于有没有明确的人生目标，有没有远大的人生理想，有没有敢创一流的精神。生活道理同样如此。对于没有争一流的进取心的中学生来说，岁月的流逝只意味着年龄的增长，平庸的他们只能日复一日地重复自己。

作为一名中学生，也许，你也曾不满于自己的平庸；也许，也曾抱怨过生活的无聊。然而，当你在心中为自己设下争当一流的目标并持之以恒地向前迈进时，你的生活也就掀开了新的一页。一个连自己的学习任务都不能好好完成，连成功的念头都不敢去想，连一流都不敢去争的中学生，大学的校门不会为他打开，人生的成功更是无从谈起。

如果我们只做那些自己认为是能力范围以内的事，小心谨慎，不愿接受任何挑战，不敢冒任何风险，小富即安地度过一生，那么，我们的一生必将是平庸的一生。对中学生而言，争创一流，好学敬业，不仅是一种道德的光辉所在，更是一种对自己生存形态的关注与升华！

从中学生活开始，每个同学都应以舍我其谁的气魄，引领率先的气度，仰望天空的气派，去发掘自身的潜力，获得更大的成就！须知，挑战能力极限的方法只有一个——超越平凡，永远争当第一流的好学生！

004 信念大纛自高擎

你们所多的是生力，遇见森林，可以辟成平地的，遇见旷野，可以栽种树木，遇见沙漠，可以开掘井泉的。

——鲁　迅

生活已经不是快乐的筵席，节日般的欢腾，而是工作、斗争、穷困和苦难的经历。

——别林斯基

有人说，生命的乐章要奏出强音，必须依靠信念；青春的火焰要燃得旺盛，必须仰仗信念。

有人说，信念犹如火炬，当阴霾蔽日之时，指给你奔向光明的前程；有人说，信念宛如温泉，当冰凌满谷之时，冲荡你的身心暖融融；有人说，信念好比藤蔓，当你向险峰攀登之时，引你奋力向上；也有人说，信念就像金钥匙，当你置身于人生迷宫之时，助你撷取皇冠上的明珠。信念其实就是相信自己，相信胜利，相信自己所确定的目标，相信自己为达到这一目标所具备的能力。

相反，怀疑则是信念之星的雾霭和大敌，当人处在迷离的时候，它遮住了你的双眼；动摇则是信念之树的蛀虫，在飓风袭来的时候，折断挺拔的枝干；朝秦暮楚是信念之舟的礁屿，在潮汐起落的时候，阻止了你奔向理想彼岸的进程。

有这样一件事，因耐人寻味而更加警策人心。

1953 年，世界著名游泳选手弗洛伦丝·查德威克计划从卡德林那岛游向加利福尼亚。两年前，她曾成功地只身横渡英吉利海峡，现在她想再创一项非同凡响的纪录。

有一天，当她接近加利福尼亚海岸时，她的嘴唇冻得发紫，全身一阵阵颤抖。她已经在水里泡了16个小时，前面雾气霭霭，看不见海滩，而且也难以寻觅到伴随她的小艇。弗洛伦丝·查德威克感到自己已是筋疲力尽了，更使她灰心的是在茫茫大海中，看不到目标。她感到再也难以支持了，于是向小艇上的人发出请求，“把我拖上来吧，我不行了。”艇上的人劝她再坚持一下，“只有一海里了，目标就在眼前，放弃就意味着失败。”

浓雾使弗洛伦丝·查德威克看不到海岸，她以为别人在骗她，坚持叫人把她拖上小艇。于是，冷得发抖、浑身湿淋淋的弗洛伦丝·查德威克被从海中拉了出来。

上船后，弗洛伦丝·查德威克真的看到了海岸。这使她十分懊悔。她告诉记者，如果她相信同伴的话，相信自己的力量，就一定会坚持到终点。大雾阻止了她夺取最后的胜利。

事后，弗洛伦丝·查德威克对这件事进行了认真的反思，她深刻地认识到，其实妨碍她成功的不是大雾而是自己内心的疑惑。是她自己让大雾挡住了视线，迷惑了心灵，先是对自己失去了信心，然后才被大雾俘虏了。

两个月后，弗洛伦丝·查德威克又一次尝试游向加利福尼亚。浓雾还是笼罩在她的周围，海水依旧是那样冰冷刺骨，同样还是望不到海岸，但这次她坚持了下来，她知道陆地就在前方。弗洛伦丝·查德威克奋力向前游，因为，陆地就在她的心中。最后，弗洛伦丝·查德威克终于获得了成功。

弗洛伦丝·查德威克在自我能力的挑战中，信念使她战胜了自己内心的恐惧和失望，最终她征服了海峡也征服了自己。

任何一名中学生，都怀着步入“象牙塔”的美好梦想，重要的是，首先你必须拥有能够实现这一梦想的坚实信念。千万不要让形形色色的迷雾遮挡了你的眼睛，不要让经济的困难羁绊自己的双腿，不要让千奇百怪的诱惑左右自己的意志，更不要为暂时的学习落后而丧失信心。

高皓同学在他的著作《通向大学之路》中介绍了他的师弟冯宇宁的故事。冯宇宁的父母都是农民，他还有三个姐姐。为了冯宇宁念书，大姐和二姐小学没毕业就相继辍学，三姐读完高中第一学期也回到了家里。她知道，即使她考上大学，家里也没有钱为她交学费，更何况后面还有一个弟弟。所以在冯宇宁肩上永远是沉甸甸的责任。他深知自己的读书机会来之不易，可以说是三个姐姐放弃了自己的前途才换来了他的接受教育的机会。

冯宇宁经历过两次高考。2004 年，他失败了；2005 年，冯宇宁终于成功了——他考入了清华大学。从高三到“高四”，从低谷到高峰，从沉重到平静，冯宇宁心中有很多感受。即使在落榜的时候，他也没有灰心丧气。他深知，在他背后，有三个姐姐和父母的五双眼睛，他一定不要让他们失望。只有满怀信心，通过不懈的努力，才能换来父母欣慰的笑容。

冯宇宁深切地告诉大家，不要以为杰出离我们很遥远，我们每一个人都可以不平庸，只要我们尽了最大的努力，就有可能摘到树梢上的红苹果。

要知道，冯宇宁是在一次高考失败后，这个出生在农民家庭中的苦孩子，经过一年的精心准备和奋斗，在 2005 年的高考中，满分 750 分的考试他竟拿到了 729 分！其中语文 141 分，数学 150 分，英语 141 分，理科综合 297 分，当之无愧地夺得了陕西省高考理科第一名。

冯宇宁的压力不可谓不大，困难程度实在不小——全家人改变命运的唯一机会、三个姐姐辍学全家五口人希望所系、第一次高考落榜的巨大打击……然而，这压力、这困难、这打击，非但没有消磨掉冯宇宁的意志，而是更加坚定了他的信念，那就是好男儿必须具备的必胜的信心。

信念好比航标灯射出的光芒，在朦胧浩渺的人生海洋中，牵引着人们走向辉煌。高高举起信念之旗的人，对一切艰难困苦都无所畏惧。相反，信念之旗倒下来，人的精神也就垮下来了。而从来就不曾拥有过信念的人对一切都会畏首畏尾，在漫长的人生旅途中抬不起头，挺不起胸，迈不开步，整天浑浑噩噩，看不到光明，因而也感受不到人生的幸福和快乐。

美国前总统里根说过："创业者若抱着无比的信念，就可以缔造一个美好的未来。"所以，我们说，对于每一位中学生来说，要使自己人生过得美好，为自己的四十岁做好充分准备，就必须将信念的大旗举得高高。

005 瞄准理想之航标

路漫漫其修远兮，吾将上下而求索。

——屈 原

理想如星辰——我们永不能触到，但我们可以像航海者一样，借星光的位置而航行。

——舒尔茨

法国大作家雨果曾说过："人有了物质才能生存，有了理想才算得上生活，你要了解生存和生活的区别吗？动物生存，而人则生活。"这就是人与动物的区别。理想，通俗地说就是奋斗目标。有人说过这样一句话，什么时候树立了理想，什么时候就开始了真正的人生。

1898 年 12 月 26 日，法国科学院人声鼎沸，一位年轻漂亮、神色庄重又略显疲倦的妇人走上讲台，全场立即肃然无声。她就是玛丽·居里，她今天要和她的丈夫皮埃尔·居里一起在这里宣布一项惊人的发现：天然放射性元素镭——物理学进入了一个新时代。

为了提炼出纯净的镭，居里夫妇搞到一吨可能含镭的工业废渣。

他们在院子里支起一口锅，一锅一锅地进行冶炼，然后再送到化验室溶解、沉淀、分析。化验室只是一个废弃的破棚子。居里夫人终日在烟熏火燎中搅拌着锅里的矿渣，她的衣裙上、双手上，留下了酸碱的点点烧痕。经过三年又九个月，他们终于从成吨的矿渣中提炼出了0.1克镭。它有着极美丽的颜色，在幽暗的破木棚里发出略带蓝色的荧光。

在居里夫人的文章《我的信念》中，她提及这样一个细节：有一年春天，她因病被迫在家里休息数周，她注视着女儿们所养的蚕结茧时，觉得饶有兴趣。她说："望着这些蚕固执地、勤奋地工作着，感到自己和它们非常相似，像它们一样，我也总是耐心地集中在一个目标。之所以如此，或许是因为有某种力量在鞭策着我——正如天天蚕被鞭策着去结它的茧子一般。"居里夫人的理想就是科学，在她的世界中，科学本身存在着伟大的美，科学的魅力一如小时候读神话故事一般，令她迷醉不能自拔。她日趋完美的一生是由于她"能随理想而生活"。

知心姐姐卢勤在《把孩子培养成财富》一书中，曾介绍过一个有关理想的事例：有两个中学生认识了一位生物学家。生物学家告诉他们，中国有一种白头叶猴的濒危动物，仅我国广西有200只。现在人们去了解它们的生活习性，以保护这些野生动物，结果使这两个孩子遂产生了一个理想——实地考察白头叶猴。从2003年开始，他们利用暑假去跟踪调查白头叶猴。调查的环境非常艰苦，每天睡觉之前都得抖搂抖搂被子看里头有没有蛇，早晨起来先抖搂抖搂脚上的鞋看看有没有蝎子……

这种猴是很难看到的，有一些老猎人一辈子都没有看到过，所以他们追踪得特别辛苦。有一天他们实在太累了，其中的一位一屁股坐在地上，突然觉得腿上刷刷地有东西在爬，原来是坐在了蚂蚁窝上了。这种事他们遇到很多很多，但一想到心中的理想，他们就有使不完的劲。为了这一理想，三年的寒暑假他们都是在大森林里度过的。

2007年，两个孩子的论文在美国纽约的世界少年科学家大会上获得了一等奖。而在当年的高考中，两个孩子一个进了清华，一个进了北大。专家说，一个人有了自己的追求和理想，就有了生命的欲望和持续生命的动力，那这个人将来是了不起的。

生活是一条漫长而又坎坷不平的路，理想便是指引我们前行的路标。要想在生活的道路上留下辉煌的足迹，就必须艰苦跋涉，向前迈出坚实的步伐，不懈地沿着理想的指向前进。

理想，应该是每个追求者心中的太阳。流星没有因为它的稍纵即逝而黯淡，因为它有执著的理想，它要用生命去换取瞬间的光辉，带给人们美好的希望；露珠没有因为微小软弱而自卑，因为它始终坚信自己弱小的身躯定能滋润一方草地，为人间带来一片绿意；河蚌也没有因掉入体内的沙石刺痛而落泪，于是，它坚韧的理想升华成一颗晶莹的珍珠。有了远大的理想，才会有真正的人生，有了坚定的追求，才能创造出童话般的奇迹。

对于中学生来讲，或许常常自问：我能实现我的理想吗？我真的能像居里夫人和卢勤讲到的那两个中学生等成功人士一样，过上理想的生活吗？毋庸置疑，答案就是"可以"，而且"绝对可以"。正如梭罗在他不朽的名著《狱卒》里所说的，"我不知道有什么比一个人能够下定决心改善他的生活更令人振奋了。"卡耐基也用他的人生经历告诉我们，要是一个人能充满信心地朝他的理想的方向去做，下定决心去过他所想过的生活，他就一定会得到意外的成功。大多数没有成功的人，都是因为从来没有去认识自己的这股内在的力量。

唐太宗贞观年间，长安城西的一家磨坊里，有一匹马和一头驴子。它们是一对朋友。马在外面拉东西，驴子在磨坊拉磨。贞观三年，这匹马被玄奘选中前往印度取经。

17年后，这匹马驮回了佛经。它重到磨坊会见驴子。老马谈起这次旅途的经历：浩瀚的沙漠，高耸的山岭，肆虐的风雪，汹涌的波澜……那神话般的境界，使驴子听了极为惊异。驴子哀叹道："你有多么丰富的见闻啊！那么遥远的路，这连想都不敢想。"老马对它说："其实，我们跨过的距离是大体相等的。当我向西域前行的时候，你也一步没有停止。不同的是，我同玄奘大师有一个遥远的目标，按照始终如一的方向前进，所以我们打开了一个广阔的世界。而你被蒙住了眼睛，一生就围着磨盘打转，所以永远也走不出这狭隘的天地。”

杰出人士与平庸之辈最根本的差别，并不在于天赋，也不在于机遇，而在于有无人生目标。作为中学这个人生的黄金时期，我们完全可以切合实际地选择自己所想追求的理想生活。简单地说，就是要给自己选择一种职业理想，并为之不懈努力。现在很悲哀的是，有的学生在报高考志愿时，连自己喜欢做什么，向往什么职业都不清楚，更何谈远大的理想与志向？一个人有了最初的职业理想或愿望，才能激励自己突破平淡的生活，奔向理想的目标。反之，一个人如果找不到自己的人生理想并让自己的心神专注在这一理想上，就必然会在庸庸碌碌的生活状态中磨灭自己的精力和才华。

要相信，每个人都有实现自身理想的潜能，最大的差别就在于我们实现理想的决心。目不识丁的慧能成了禅宗第六代祖师；只在学校读过一年书、出身卑微寒酸、累遭挫折几近精神崩溃的林肯，却通过自己的努力与决心，成了美国历史上最伟大的总统；不到两岁就因病而盲、聋哑的女孩海伦·凯勒，仅凭触觉，竟然学有所成，进入美国一流的学府，成为一名了不起的女作家，最终被誉为与拿破仑齐名的最具影响力的人物；诺贝尔废寝忘食，用四年时间做了几百次试验才发明了炸药，减轻了工地上挖土工人的繁重劳动……

走向理想之途并无捷径，唯一的方式就是遵从你内心的想法，下定决心去行动，任由艰难困苦的打压，一如既往地坚持自己所想要走的人生道路。终有一日，你的人生会在这个世界熠熠生辉。

我们必须清醒地懂得，理想并不是可有可无的点缀，它应该是你生命中永不停歇的马达。给你拼搏的动力，助你通往胜利的彼岸；因为理想，越王勾践礼贤下士，忍辱吞声，而终于复国雪耻；因为理想，爱迪生研究电灯虽然屡经挫折，但决不放弃，终于给人间带来了光明；因为理想，布鲁诺不懈地为“日心说”做宣传，虽遭到残酷的刑罚，却为天文界创造了巨大的财富。这些事例清楚地告诉同学们，幸福并不限于理想的实现，而在于为了这个理想的实现而做出的努力。

瞄准人生的目标，坚持理想的方向，你就会领悟，失败并不可怕，拼搏将使你潇洒地战胜挫折，从容面对学习与生活中的各种困难与不幸。

瞄准人生的目标，坚持理想的方向，你就会明白，任何道路只有不停地跋涉，才会越走越宽敞，越走越顺畅。才能在人生的道路上不会迷失方向，才不至于误入歧途。

瞄准人生的目标，坚持理想的方向，你就会把握生命之路的航标，不断地追求，不断地拼搏。远方的路尽管漫长，你已不再迷茫，把握住航标，也就把握住无数的契机与希望。

006 欲求成功须行动

我这人并不聪明，只是当别人起床的时候，我已经看了4个小时的书。

——华罗庚

只有懒汉才是无所作为的，无所作为的结果只能是一无所获。

——奥斯特洛夫斯基

我们这些青春烂漫的中学生，大都会有着远大的理想。而且从幼年开始，我们的老师和父母都似乎已经赋予了我们许多美好的期望，我们自己也对自己的未来有过许多精彩的设想和勾画。如果这些期望和设想都能够得以实现，那么每个人的人生都将是辉煌灿烂的。但遗憾的是，许多人常常只是想到而没有做到。很多情况下，并不是他们没有实现自己理想的能力和条件，而是缺乏足够的决心将之付诸于行动，或者不能坚持到底。

一件事如果只让它存在于头脑中而不去实施，或是虎头蛇尾，那么永远只能是纸上谈兵，永远不会成为现实。没有实际行动，再好的梦想也是空谈。任何一个人的成功都是通过艰苦的努力换来的，行动，是获得成功的必经之路，是理想与现实之间的唯一桥梁。

“志当存高远，行必胜于言”，这句古训指引着无数人去实现自己的理想。然而，我们的一些同学却往往成了“誓言的巨人，行动的矮子”，不知不觉地走过一个学期又一个学期，跨过一个年头又一个年头，但是到头来却似乎是一无所获。

一个人一辈子能够成就什么，要看他有着什么样的志向，正所谓“思想有多远，你才可能走多远”。但我们必须懂得，仅有志向是不够的。“信念只有在积极的行动中才能够生存，才能够得到加强和磨炼。”你的志向的生命力存在于你的行动中，也唯有行动，能够延续你的志向，最终实现你的理想。

演讲大师齐格勒给我们讲述了一个事实，世界上牵引力最大的火车头停在铁轨上，为了防滑，只需在它 8 个驱动轮前面塞一块一英寸见方的木块，这个庞然大物就无法动弹。然而，一旦这个巨型火车头开始启动，小小的木块就再也挡不住它了。当它的时速达到 100 英里时，一堵 5 英尺厚的钢筋混凝土墙也能轻而易举地被它撞穿。从一块小木块令其无法动弹，到能撞穿一堵钢筋水泥墙，火车头的威力变得如此巨大，原因不是别的，只因为它开动起来了。

我们每一个中学生、每一个人都是如此，一旦发动了行动力，许多令人难以想象的障碍，也能被你轻松突破。反之，如果只是停留在浮想联翩的阶段，那就如停在铁轨上的火车头，连一小块木头也无法推开。

要想实现人生的最终目标，就必须行动起来。要知道，懒惰是这条道路上的天敌。多少人不停地奋斗一辈子都没有能够完美地实现自己人生的目标，更别提懒惰者了。要想有一个无悔的人生，除了认准目标之外，还要集中精力全力以赴。

有一个还很年轻的人，每天都想着怎样一举成名，从来没有认真做过一件事。在一天散步的时候，他遇到了大发明家爱迪生，急忙高兴地走向前，请教他名扬天下的方法。爱迪生首先和他聊了几句，了解了年轻人的心理，之后问他："你是不是非常想出名？"

"对啊，我连做梦都在想，我什么时候才能像您那样出名呢？"年轻人忙不迭地回答。"等你死后，你很快就会出名了。"爱迪生不慌不忙地说。

"为什么我要等到死了以后才会出名呢？"年轻人吃惊地问道。爱迪生以诚恳的态度告诉他："因为你一直想拥有一座高楼，可是从没有动手去建造这座高楼。所以，只靠想象，高楼绝对不会无缘无故地出现在你面前的。而如果你一辈子都生活在空想之中，等你死后，人们就会经常提起你，以告诫那些只会做白日梦不肯动手去做事的人。如此一来，你名扬天下的心愿不就达到了吗？"

只去想是没有用的，必须为自己的梦想付出行动，否则美梦永远只能存在于黑暗的夜里，经不起阳光的照耀，那样它马上就会变得无影无踪。

过去的初中语文教材讲述了这样一个富于哲理的故事：很早以前，有一个和尚做出了要去南海的决定。但是他身无分文，而且去南海的路还很遥远，交通又极不方便。但他没有被这些困难所吓倒，他只有一个信念，无论如何，一定要到达南海。所以，他便沿途化缘，一步一步地往南海的方向走去。经过一个村庄化缘时，他碰到一个比较有钱的人家。有钱人便问他："你为什么要到这里化缘呢？""我要去南海！"和尚坚定地回答。听了和尚的回答，有钱人不禁哈哈大笑起来。"凭你也想到南海，我想到南海的念头已经有好几年了，但是还一直没有做好充分的准备。像你这样贫穷的人，还没到南海，就是不累死也会饿死的。我劝你趁早找个寺庙安安心心地过你的日子吧！"和尚听了他的话，并没有动摇去南海的信念，固执地说："我迟早一定要赶到南海。"过了几年，和尚从南海返回了。他又到这个有钱人家里化缘，而这个富人还没有为自己的南海之行做好准备。

我们都知道“有志者，事竟成”的道理。现如今的中学生大都过着衣食无忧的生活，有的人根本没有忧患意识，始终在计划、梦想、等待、准备之中蹉跎岁月。就如那个有钱的富人，原本有充分的条件去达到自己心中的理想，却迟迟不肯行动。而贫穷的和尚，南海对他而言，就像镜花水月，只能存在于他的想象中。然而他知道有梦想而无行动，就绝对不会有称心如意之时；付诸行动，无论能否最终到达目的地，终究是在逐渐靠近梦想的过程中。

无数事实反复证明，“上天绝不帮助坐而不动的人”。只有行动才能得到命运的垂青。伏尔泰也对行动的价值进行了解释：“人生来是为行动的，就像火光总是向上腾，石头总是向下落。对人来说，一无行动，就等于他并不存在。”我们所需要的是，既要在自己心中播下理想和希望的种子，更需要强化自己的行动力，将宏大的理想转化为一个一个小小的目标，养成一种勤于行动的好习惯。正是这些由理想支撑的点滴行动，才能改变我们的命运。

007 自信助你创奇迹

会当水击三千里，自信人生二百年。

——毛泽东

一个人失败的最大原因，就是对于自己的能力永远不敢相信，甚至自己认为必将失败。

——富兰克林

有人说，一个人在生活和学习过程中，不怕被别人击倒，因为他会再次爬起来；最可怕的是自己把自己击倒，那样他就无论如何也爬不起来了。避免“自己把自己击倒”的方法只有一条，那就是建立强大的自信。自信的人生是永远击不垮的！这是因为，自信是一种正确积极的自我观念和自我评价，是发自内心的自我肯定，是对自己的能力的充分相信。自信是事业成功的基石，是青年成才的必要条件。

与自信相对的是“自卑”和“自负”，自卑是对自己的消极的认识和评判，是自我贬低、妄自菲薄，对自己的能力估计过低，看不到自己的长处和优势，总是认为自己不能或不会。自负表面上近似于自信，但与自信有本质的区别。自负的人缺乏对自己客观、正确的认识，表现的多是夸张的自己，或是幻想中的自我角色，其夸张和炫耀，本质上正是不自信的表现。

一个中学生的自信具有这样的特征：活泼，言行举止有生气；坦诚，能直接说出自己的观点，不掩饰自己的缺点；虚心，能接受批评，坦然承认错误；大度，能赞赏的接受别人，毫不嫉妒；轻松，生活表现自如，从不沉重抑郁；言行一致，其容貌、声音和举止表现出内在的和谐；开放，对新观念、新体验、新机会表现出积极开放的态度；幽默，乐观地面对生活的失意、紧张和挫折；勇敢，勇于面对生活中的困难和挫折；果断，勇于承担责任，从不优柔寡断。

西塞罗是罗马最杰出的演说家、教育家，古典共和思想最优秀的代表，罗马文学黄金时代的天才作家，也是具有强烈自信的典型人物。他的典雅的拉丁文体促进了拉丁文学的发展，从而影响了罗马以及后来欧洲的教育。

西塞罗出身于古罗马奴隶主骑士家庭，以善于雄辩而成为罗马政治舞台的显要人物。根据普鲁塔克的记载，西塞罗是一个优秀的学生，学得很快并且迅速成为罗马关注的焦点，因而他得以师从罗马执政官学习罗马法。尽管没有踏足学术圈，西塞罗仍旧非常喜欢诗歌。他于公元前 75 年在西西里担任刑事推事官期间，记载了在那里他所见到的锡拉库扎的阿基米德的墓碑。在这块墓碑上记载了最著名的阿基米德几何学发现，即球体的体积与和它半径相同、高度相当的直圆柱体的比率稳定在2∶3。西塞罗痴迷于雅典的一切，甚至希望身后能埋葬在希腊。

在法律领域，西塞罗很快崭露头角。公元前70年，他因起诉了西西里的前执政官加伊乌斯而在法学界名噪一时。作为一个律师，西塞罗是成功的。然而他并没有显赫的家庭声誉和背景，在他之前，他的家庭还没有一个人成为过执政官。公元前63年，西塞罗成为了第一个“新人”，即家族中第一个担任执政官的人，也是30多年以来第一个通过选举担任这一职务的人。

西塞罗一生成就颇丰，都源于他对于自己一种称之为自信的感觉。他常说，有了自信的感觉，才能怀着坚定的信心和希望，开始伟大而光荣的事业。

著名指挥家小泽征尔在一次世界指挥家大赛的决赛中，他按照评委会给的乐谱演奏时，发现了不和谐的声音。起初，他以为是乐队演奏出了错误，就停下来重新演奏，但是还是不对。他觉得是乐谱有问题。这时，在场的作曲家和评委会的权威人士坚持说乐谱绝对没有问题，是他错了。面对一大批音乐大师和权威人士，他思考再三，最后斩钉截铁地大声说：“不！一定是乐谱错了！”话音刚落，评委席上的评委们立即站起来，报以热烈的掌声，祝贺他在大赛中夺魁。

原来这是评委精心设计的“圈套”，以此来检验指挥家在发现乐谱错误并遭到权威人士的“否定”时，能否坚持自己的主张。小泽征尔凭借自信，摘取了世界指挥家大赛的桂冠。

西塞罗和小泽征尔的事例再次证明，自信是人生成功的奠基石，人的成功之中必须踏着自信的石阶步步登高。有了自信，才能坚持自己所追求的信仰，达到自己所期望的境界，才能成为自己所希望成为的人。无论在什么情况下，自信者的格言都是：“我相信我能够做到，现在不能够做到，以后也一定会做到！”

美国著名作家海伦·凯勒，一岁半时就双目失明。命运对她是无情的，可是她凭着对自己的信心，顽强地活了下来，又踏入中学校门。此后，她对自己越来越有信心，并且被美国著名高等学府哈佛大学录取。因此，有人说，一个人在生活中不怕被别人击倒，因为他会再次爬起来；最可怕的是自己把自己击倒，那样他就再也爬不起来了。怎样才能避免"自己把自己击倒"呢？这就需要自信。自信的人生是永远不会被击败的，除了他自己最后精疲力竭，无力拼搏。

教育实践告诉我们，自信是能够创造奇迹的。一位心理学家做过这样一个实验：他从一班高中生中挑选出了一个看起来"最愚笨"、"最不招人喜欢"的女生，要求她的同学们改变对她一贯的看法。大家于是都争先恐后地照顾这位女生，大家假戏真做地打心里认定她是一位漂亮聪慧的人。结果不到一年，这位女生便出落得很好，连她的举止也同以前判若两人。她自信地对人们说，她获得了新生。确实，她并没有变成另外一个人，然而在她身上却展现出每一个人都蕴藏的潜质，这种潜质只有在自己相信自己，周围所有的人也都相信、爱护的时候才会展现出来。

现在，有些同学过分地看重学习成绩的排名，并产生了相互攀比的心理。结果在攀比的过程中逐渐丧失了自己的自信和自豪感。这些同学忽略了，毕竟尺有所短，寸有所长。我们在比较的过程中，常常会过于看重对方的长处和自己的短处，以己之短，比人之长，于是扼杀了自信心理，滋长了自卑情绪。如果要改变这种情形，最重要的就是要改变个体对于自我的认识，分清自己的优势和劣势，并且常常给自己一定的肯定和鼓励。

这也就是说，自信并非天生而成的，也不是任何人都天生具备的，自信心更需要后天培养。很多人的自信心指数是很低的，特别是经过"十年寒窗"的历练，尝到一番学习与生活的酸甜苦辣之后，有的人是意气风发、信心满满，而有的人却是自惭形秽、缩手缩脚，还有的人甚至自我贬低。在他们的心中，自信似乎是一种危险品质，人越自信，就越容易碰钉子，越容易成为众矢之的，所以最好还是夹着尾巴做人做事。事实是，假使你自己在容貌举止之间都表现出你自认为自己卑微渺小，而处处显得你不信任自己，不尊重自己，你自然不应抱怨别人，别人也自然不会信任你，尊重你，也会低估你，轻视你，藐视你，最终抛弃你。

在我们看来，每个学生都是活泼的、独特的，在你们身上有着无限的发展的可能性。假使我们每一位中学生都能致力于开发自己的智慧，唤醒自己内心深处的火花，给予自己自由彰显个性，展翅飞翔的天空，能觉悟到“天生我人必有才”，“天生我材必有用”，觉悟到造物育我，必有伟大目的或意志寄于我的生命之中，就一定可以使我们产生出一种伟大的力量和勇气，什么样的学业上的奇迹都可以创造出来，我们的人生梦想和目标也一定会得以实现。

008 四大支柱构人生

天时不如地利，地利不如人和。

——孟　子

人们在一起可以做出单独一个人所不能做出的事业；智慧＋双手＋力量结合在一起，几乎是万能的。

——韦伯斯特

生活在现代社会的中学生一定会意识到，未来社会的发展越来越繁杂，知识的更新换代周期越来越短，社会的分工越来越细，这种发展趋势注定要求我们的教育不能仅仅局限于“传道、授业、解惑”，也要求所有的学生要不断提高自身素质。为此，国际21世纪教育委员会向联合国教科文组织提出了“教育的四大支柱”的新构想，认为要适应未来社会的发展，教育必须围绕四种基本学习能力来重新设计、重新组织。对于学生来说，就必须掌握四种能力，即学会认知，学会做事，学会共同生活，学会生存。其具体内容是：

学会认知——目的是使学生学会如何学习，即掌握认知的手段，而不在于知识本身。包括学会学习的能力，掌握认识世界的工具，学会最迅速、最有效地获取信息、处理信息和运用信息的能力，掌握认识世界的工具，学会广博与专精相结合，由简至繁的学习方法。这是终身教育的根本。

学会做事——使学生具有在一定的环境中工作的能力。这种能力包括如何对待困难、解决冲突、组织管理和承担风险等多方面的综合能力。

学会共同生活——使学生学会设身处地地去理解他人，从而消除彼此间的隔阂、偏见与敌对情绪，和周围人群友好相处，并且从小就要培养学生具有为实现共同目标与计划而团结合作的精神。现代社会充满竞争，但也离不开合作。要学会在合作中竞争，在竞争中合作。既要尊重多样化的现实，又要尊重价值观的平等，增进人际间的相互了解、理解和谅解，加强对相互依存关系的认识。

学会生存——为适应社会的迅速变革与发展，应使学生学会掌握自己命运所需的基本能力，即思考、判断、想象、表达、情绪控制和社会交往等方面的能力。这些能力既是个人为完善自身的个性所需要的，也是作为社会成员发挥自主性和首创精神进行革新与创造的保证。

分析上述四个方面学习能力的培养，对于塑造我们年轻一代的品德与能力素质以及解决现代社会的基本矛盾有至关重要的意义。

一是“四大支柱”强调以“学会共同生活”作为教育的基础。众所周知，“人与人相处之道”是伦理道德的核心内容，所以，这里涉及的是伦理道德教育，目的是要建立良好的人际关系。强调要把“学会共同生活”作为教育的基础，就是强调要把“道德教育”作为教育的支柱，这正是当前全球学校教育所普遍忽视的。

二是“四大支柱”对于智育不仅强调知识的学习，而且强调实际能力的掌握。传统学校教育在“智育第一”的前提下，强调的只是书本知识、理论知识，而对实际工作能力与适应能力的培养不予重视。“四大支柱”则是把这些能力的培养放在“学会共同生活”所不可或缺的基本因素之一来加以强调。而且不仅要求学会做事（能在不同环境下胜任、愉快地工作），还要求学会生存（具有适应社会变化、发展的应变能力）。

三是“四大支柱”对于知识的学习，强调的是让学生掌握认知手段、方法，即学会如何学习，而不是系统化的知识本身。由于信息时代知识急剧增长，若是像传统学校教育那样只强调对系统知识本身的学习和掌握，那么学到的知识大部分会很快过时，无法适应社会发展的需要。只有学生自己学会学习的方法，才能在进入社会以后，通过自学继续学到工作中所需要的各种新知识、新技能。

正是由于“四大支柱”具有强调德育为基础，重视能力培养，让学生学会学习三大特征，所以能较好地适应信息社会发展的需求，与传统教育相比，更显示出其革命意义。同时也给我们高中学生提出了更高更新的要求。具体地说，我们应从以下几个方面进行努力：

一是学会合作。就是要善于与同学合作，与老师合作，与家长合作。这就要求我们具有善于沟通的品质和能力，需要有理智的判断和成熟的热情，需要有设身处地为他人着想的品质和推己及人的胸怀。要妥善处理好各方面的合作关系，就意味着对于不同、对于差异、对于另类甚至是对于异端的尊重与接纳，意味着在特殊场合必要的妥协、退让、隐忍和放弃。

二是学会宽容。就是努力使自己变得胸襟开阔、气度恢弘，不固执，不狭隘，尽可能地尊重多样性，珍视个性，尽可能地从多种角度看待事物，尽可能地习惯“一个世界，多种声音”。

三是学会创新。就是要能够不断探索，改进自己的学习与工作，不断尝试新的学习方式，能够从不同角度对那些习以为常、司空见惯、熟视无睹的事情做出新的解释；能够对那些理所当然、天经地义的事物抱以重新的审视；能够对那些似是而非、以讹传讹的各种说辞予以警示。创新不仅仅是一种说法，一种口号，而应该是一种心态，一种学风，一种人格。学会创新就是要通过自主探究，将人生的学习智慧变成自己的信念和教养，从而体现于自己日常的、细微的学习、生活之中。

四是学会分享。就是要学会读懂他人的内心世界，站在他人的角度思考问题，用公众的眼光观察社会。学会分享，首先要学会倾听，因为这是在与他人之间创造一种新的沟通模式，将心比心，以真心换真心，以真情换真情。

五是学会选择。对于学生来说，最重要的是要选择适合自己的学习内容和方法。现代社会是如此的多元、多变、多彩，不确定性和可选择性都呈无限扩大的趋势，这就要求学生有非常丰富的积累，有高度的判断力和鉴赏力，知道什么是自己最需要的，最值得珍惜的。什么是现在不可选择的，什么是自己现在必须放弃的。

六是学会等待。也就是说，对于每个学生来说，急于求成是不可能获得成功的。要知道，在我们大多数个体的生命历程中，有90%的努力都仅是做准备的，这90%的努力才能给予我们9%接近成功的机会，最后成功的可能只有1%，所以，我们更应该懂得等待。

“四大支柱”是架构21世纪全新教育模式的基石，是衡量和检验优秀学生的标尺，也是民族教育的希望之所在。我们每一个中学生都应该充分利用这重要的“四大支柱”，用以建构自己壮丽灿烂的人生。

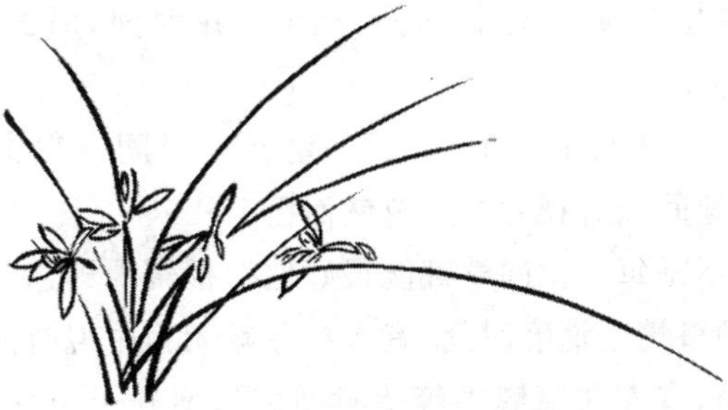

009 惜时乃为大智慧

明日复明日，明日何其多。我生待明日，万事成蹉跎。世人若被明日累，春去秋来老将至。朝看水东流，暮看日西坠。百年明日能几何，请君听我明日歌。

——文　嘉

时间是最公平合理的，它不多给谁一份。勤劳者能叫时间留给他们串串的果实，懒惰者时间留给他们一头白发，两手空空。世界上最快而又最慢，最长而又最短，最平凡而又最珍贵，最容易被人忽视而又最令人后悔的就是时间。

——高尔基

在美国哈佛大学的图书馆里，有这样一句著名的人生训言：“此刻打盹，你将做梦；而此刻学习，你将圆梦。”朴素的话语，明确地告诉我们一个真理，时间是我们每一个人的人生坐标，它标示着人生的各种刻度——理想的高度、思想的深度、生命的浓度。时间就是一个能看得见自己梦想的通道，珍惜时间，充分利用时间，那么每个人宏伟的理想就会得以实现。

作为英气勃发的中学生，我们一定会有时间过得太快的感慨。是啊，人生天地间，若白驹过隙，忽然而已。

然而，并不是每一位同学都能很好地把握转瞬即逝的宝贵时间。有人在琐碎的事情上消磨时间，有人在碌碌无为中混时间，有人在网吧里浪费时间，有人在慵懒中等待时间悠悠离开……只有那些胸怀大志、明确了人生理想的人，才能把有限的时间放在对自己成长有益的事情上。

有这么一个小故事，说上帝给一个已死的人放了三天假，让他重回尘世生活。于是，有了她与众不同的奇异三天。早上起来，她的感觉就和一般人不一样，她总觉得阳光格外明媚，人们格外可爱，她自己的情绪体验异常丰富，生活中的每一个细节都能触动她或喜或悲的神经。在这三天里，她对生命的感觉肯定要比一般人要强烈，她生命的厚度也应该高于一般人。这大概是因为一般人总以为有数以万计的岁月在等待着我们，于是，对生命的各种存在就不再那么新奇或敏感了。

如果说故事难免有虚构的成分，那么，被美国《时代周刊》评选为“20 世纪美国十大偶像”的海伦·凯勒则提倡“把活着的每一天当作生命的最后一天来过。”她说：“有时我想，要是人们把活着的每一天都看做是生命的最后一天，那该有多好啊！这就更能显出生命的价值。如果认为岁月还相当漫长，我们的每一天就不会过得那样有意义、有朝气，那样充满热情。”海伦·凯勒以她失去感官能力而倍觉感知世界多么珍贵的经历告诉我们：时间也只有在失去的时候才显得弥足珍贵。

在国内，也不乏这样的事例，著名画家齐白石年逾九十，每天仍坚持作五幅画。他的名言是“不教一日闲过”。他把这句话写出来，挂在墙上以自勉。有一次他过生日，来的朋友很多，从早到晚，客人络绎不绝。白石老人不停地送往迎来，等到送走最后一批客人，已是深夜，白石老人感到特别疲乏便睡了。第二天他一早爬起来，顾不上吃早饭，就走进画室，摊纸挥毫，画了一张又一张。他的家人劝他：“你怎么还不吃饭啊？”他却答道：“画完五幅后才能吃饭。”饭后他继续作画。家里人怕他累坏了，说：“您不是已画了五幅了吗？怎么还画啊？”“昨天生日，因为有客人没有作画。”齐白石解释道：“今天多画几张，以补昨天的‘闲过’呀！”说完，又认真地画了起来。

那么，对于中学生来说，怎样才能像齐白石老先生那样，“不教一日闲过”，得到更多的学习时间呢？经验表明，我们可以从以下几个方面进行考虑：

1. 善于制订计划，明确学习任务。要根据学习的进度和自己的学习状况来安排计划，使自己清楚地意识到每天必须要完成的学习任务。任务清，目标明，则效率高。

2. 用顽强的毅力，排除外界事物对学习的干扰。不少学生承认，学习时间抓不紧或者被其他事情侵占，是由于自己缺乏毅力所造成的。因此，要想获得更多的学习时间，就要在克服困难、在实现志向的过程中磨炼自己的毅力。

3. 不断检查时间的利用率。每天要想一想，过去的一天在学习上完成了什么任务？花了多少时间？时间利用率如何？效果怎样？怎么改进？并不断调整学习时间，使时间利用率得到提高。

4. 善于利用零碎时间。达尔文说：“我从来不认为半小时是微不足道的一段时间。”一个人如果认识到学习的重要，看到自己水平不高，感到时间的紧迫，就会自觉地去利用零碎时间。零碎时间最好用来学习自己喜欢的学科，以吸引自己的注意力。

5. 生活要简朴，朋友要挑选。学生的主要任务是学习，不应当在追求吃喝玩乐上浪费宝贵的时间。要与有抱负、有志气、好学上进的同学多来往。如果交上了不求上进，只讲吃喝玩乐的朋友，并仿效起来，那么，自己的学习时间必然会一天天少起来。

我们还可以向同学们推荐“有才能的人利用时间的十三种办法”，其具体内容为：

——有计划地使用时间。不会计划时间的人，等于计划失败。

——目标明确。目标要具体，具有可实现性。

——将要做的事情根据优先程度分先后顺序。80%的事情只需要20%的努力。而20%的事情是值得做的，应当享有优先权。因此要善于区分这20%的有价值的事情，然后根据价值大小来分配时间。

——将一天从早到晚要做的事情进行罗列。

——要具有灵活性。一般来说，只将时间的50%计划好，其余的

50%应当属于灵活时间，用来应对各种打扰和无法预期的事情。

——遵循你的生物钟。你办事效率最佳时间是什么时候？将优先的事情放在最佳时间里。

——做好的事情要比把事情做好更重要。做好的事情，是有效果；把事情做好仅仅是有效率。首先考虑效果，然后才考虑效率。

——区分紧急事务与重要事务。紧急事往往是短期性的，重要事往往是长期性的。给所有罗列出来的事情定一个完成期限。

——对所有没有意义的事情采用有意忽略的技巧。将罗列的事情中没有任何意义的事情删除掉。

——不要想成为完美主义者。不要追求完美，而要追求办事效果。

——巧妙地拖延。如果一件事情你不想做，可以将这件事情细分为很小的部分，只做其中一个小的部分就可以了，或者对其中最主要的部分最多花费 15 分钟时间去做。

——学会说“不”。一旦确定了哪些事情是重要的，对那些不重要的事情就应当说“不”。

——奖赏自己。即使一个小小的成功，也应该庆祝一下。可以事先给自己许下一个奖赏诺言，事情成功之后一定要履行诺言。

任何建议都有局限性，不可照单全收。但是它们无疑为我们提供了可资借鉴的标准和镜子。“时间是最不偏私的，它给任何人一天都是二十四小时；时间也最偏私，它给任何人一天都不过二十四小时。”因此，才有人能够在一生中成就大事业，而另一些人却只能庸庸碌碌地虚度一生。其中真谛被大哲学家叔本华一语道破：普通人只想到如何打发时间，有才华的人设法利用时间。

这也就是说，时间是个常数，也是个变数。大家拥有的时间均等，但是由于使用时间的不同，造成了人最终成就的大小差异悬殊。如果你是一个天才，却整天躺在天赋上睡大觉，那么上帝一定会收回你的天赋和才华；如果你是个平平常常的普通人，但你一直在学习上拼搏努力，那么上帝也一定会破例恩赐于你，使你功成名就。

010 充实人生需读书

读书分为谋生和谋心两种：谋生的读书是从小学一直读到大学，为的是找个工作，这不是真正的读书；而谋心的读书则是为了心灵的寄托和安慰，这才是真正的读书。在这样的目的下就应该博览群书，读得越杂越好。

——易中天

每一本书是一级小阶梯，我每爬上一级，就更脱离畜生而上升到人类，更接近美好生活的观念，更热爱书籍。

——高尔基

书是时代的镜子，历史的化石，知识的载体，文明的阶梯。书中有方法论，书中有道德经，书中有知识的清泉，书中有指路的明灯。

书中蕴藏着创造力、文化力、感召力、亲和力、意志力、洞察力、理解力、影响力、凝聚力、竞争力……是一切力量的源泉。

没有哪一种快乐，能像读书所带来的快乐那样悠长和醇美；没有哪一种收获，能像读书所带来的收获那样持久和丰厚；没有哪一种惬意，能像读书所带来的惬意那样宁静和安详；没有哪一种享受，能像读书所带来的享受那样愉悦和高尚。

读书，是在现实的生活中作精神的遨游。与书相伴，书使我们穿越时空隧道，“观古今于须臾，抚四海于一瞬”；与书相亲，书使我们抹杀空间距离，“精骛八极，心游万仞”，使我们走进圣贤先哲的精神世界，领略他们处世治学的智慧。

学生这一称谓明确地告诉我们，他们都是以读书、学习为主要生活的、充满希望的人。然而，我们的中学生都能全身心地投入到学习和读书中吗？答案未必是肯定的。有些同学还没有真正地把自己的精力全部用在学业上，更没有把读书、学习作为充实生命的手段和途径。

那么，怎样做才是真正的读书呢？或者说怎样的读书才能使个体的生命焕发出光彩呢？请看高尔基的生动事例：

有人说，像高尔基那样出身低微成就声名显赫的人，在世界作家行列中绝无仅有。高尔基的父亲是个工人，在他五岁时就撒手人寰。成为孤儿随母亲寄居在外祖父家，但打击接踵而至：仅上了五个月学后，高尔基就因失学开始为人做佣工。一年之后，他的母亲也辞别了人世。

在高尔基成为知名作家前，他从事的职业之杂，也真让人为之惊叹：佣工、鞋匠店的学徒、船上厨房里的洗碗工、神像雕刻匠的小伙计、伏尔加河沿岸码头工人、花匠、坟场看更人、面包点饼师、绘图员、装修工……奇迹来自于高尔基对读书的嗜好。而他对读书的痴迷，仅源于一次偶然的际遇。在一只船上，一个爱读书的厨师使年幼的高尔基对书籍发生了浓厚兴趣。读书对识字不多的高尔基来说，是一个难以跨越的障碍。“一遍不懂，就读七遍。”这是厨师对他的教诲。从此后，只要是书，只要是带字的纸片，高尔基都会认真地看看。有一次，因为读书太入神，他竟然忘记给茶壶加水，结果茶壶烧掉了底。

对于那时的高尔基来说，读书更大的障碍是时间的匮乏。他的工作时间很长，经常是在14个小时以上。然而求学和读书的欲望异常强烈、意志异常坚韧的高尔基却在做完14个小时的苦力后，仍能够拿起书本来读。

“爱读书吧，就像一个饥饿的人扑向面包。”这是高尔基的名言。尽管生活清苦不堪，但他依然觉得“书籍使我变成一个幸福的人，使我的生活变成一首轻松而舒适的诗。”

成名之后的高尔基，对书的热爱更是达到无以复加的程度。他将书比喻为人类进步的阶梯，"每一本书是一级小阶梯，我每爬上一级，就更脱离畜生而上升到人类，更接近美好生活的观念，更热爱书籍。"有一次，他的房间失火了，他首先抱起的是书籍，其他的东西都不在意。就是为了抢救这些书，他险些被大火烧死。但高尔基相信，是书籍拯救了他的人生，让他在最黑暗的处境中看到最美丽的希望。他深情地说："书籍一面启示着我的智慧和心灵，一面帮助我在一片烂泥塘里站起来。如果不是书籍的话，我就沉没在这片泥塘里，我就要被愚蠢和下流淹死。"

不知读了高尔基的故事，同学们将作何感想。莎士比亚曾说过："生活里没有书籍，就好像没有阳光，智慧里没有书籍，就好像鸟儿没有翅膀。"一如高尔基的人生，因书籍创造了奇迹，用知识改变了命运。失意时读书，可使人重整旗鼓；得意时读书，可以使人头脑清醒；疑难时读书，可以使人得到解答或启示；求学时读书，可以使人学业突飞猛进；年轻时读书，可明奋进之道；老年时读书，能知健神之理。

在今天，虽然信息技术得到飞速发展，但书籍仍是我们获取知识与智慧的重要途径。书中为我们呈现的旖旎世界，仍值得我们沉迷其中。尤其是处在人生最关键时刻的高中生，书籍更是他们不可或缺的良师益友。

古人云："书中自有黄金屋。"战国时期，苏秦去秦国游说，多次给秦惠王上书也未被采纳。回到家中，父母妻嫂都不理睬他。于是他发奋读书，终于以合纵之策而身佩六国相印。书中的知识是无穷无尽的，读书是为了更好更多地获取知识，开阔自己的视野，提升生命的价值，实现自己的人生目标。

一个人之所以能够不断提高，与他始终如一地学习是密不可分的。学习可以有很多方法，但始终如一的学习态度是每个人都应该具备的。庄子说，吾生有涯，而知无涯。一个人活得再长也总有死去的一天，但是知识的溪流却永不停歇地一直奔流着。坚持学习可以让人始终立于不败之地，反之若不能不断补充知识和积累知识，便会被时代的步伐所抛弃。著名作家歌德认为，谁落后于时代，必将承受那个时代所有的痛苦。在21世纪这个知识骤增的时代里，谁若不能不断供给自己新的知识，谁将会被时代所淘汰。

弗兰西斯·培根在散文《谈读书》中介绍了读书的三大功用：一为怡神旷心；二为增趣添雅；三为长才益智。怡神旷心就是使人即使独处幽居也心存生活情趣；增趣添雅就是使人善于言辩或烘托气氛；长才益智，顾名思义，就是使人在待人接物、处事方面更加精熟完满。虽然说有经验就能明辨事理，圆润地处理好各种事务，但若要通观全局并运筹帷幄，则还是博览群书者方能胜任。

此外，培根对如何读书还有自己独到的见解和体会。首先，选书有道。书有好坏优劣，开卷未必全有益，需要区别对待：有些只需浅尝辄止，有些可以囫囵吞枣，只有少数需要仔细咀嚼，慢慢品味。所以有的书只需知其梗概，而对于少数好书则应当通读、细读、反复读。其次，读书境界分等级。读书境界可分为若干等级。狡黠者鄙视读书，无知者羡慕读书，唯有明智者读书，既能入乎其中，又能出乎其外，将立身处世、做人之道与书本中传递出来的人生智慧和经验结合起来，修饰剪裁，去留聚会，全在一心，所谓"用书之智不在书中，而在书外，全凭观察得之。"

获得2001年度国家最高科学技术奖的著名物理学家黄昆，在燕京大学读书期间，经常挤时间阅读各种书籍。其中给他印象最深、影响最大的有两本书：一本叫《数学家》，讲的是牛顿以来数百年间最伟大的数学家和物理学家的生平和贡献；另一本叫《探索微生物的人们》，主要讲发现细菌以后一两百年中，科学家如何一个接一个地找到引发系列重大病症的细菌及其防治办法。科学家们对科学带来的追求和献身精神，给青年黄昆很大震撼，影响了他的人生道路，培养了他对科学的兴趣爱好。此外，黄昆还广泛阅读古今中外名著，尤其是英文小说。由此可见，读书对于一个人的成长与成功是何等重要。

“读书之于我们也是性格的内涵，所以说读书事关性格，事关命运。”身为读书人却不喜爱读书，必然会导致个体头脑的空虚，精神的矮化。为了使自己的生命保持生生不息的活力，我们完全可以进行充分的自我设计，让自己多才多艺，让自己脱离庸俗，让自己的精神世界更加丰富。而这一切都是需要借助读书，抓紧时间读书，读最新近的书，读有思想力的书，读富有创意的书，读对自己成长有助益的书，使自己的生命之树成长得更加蓬勃，更加精彩。

011 常怀一颗感恩心

有了母亲诞孕的劳苦，才能有儿子的生命。

——李大钊

感恩即是灵魂上的健康。

——尼　采

感恩之心，可以说是生活中的阳光雨露，对于每个人来说，都须臾不可缺少。这一点，对于正在求学的中学生来说，更是如此。

感恩，就应感谢父母，是他们带给我们生命，关注我们的一切；感恩，就应感谢老师，是他们教会我们知识，帮助我们成长；感恩，就应感谢自然，是大自然赐予我们阳光、空气和水，使我们的生存有了可能和保证；感恩，就应感谢社会，是社会给了我们增长知识和才干的场所和机遇，使我们拥有了翱翔于蓝天的翅膀；感恩，就应感谢命运，是命运让我们懂得了生命的意义，品尝了人生的酸甜苦辣，让我们骨骼强健，意志如磐……

尼采告诉我们，感恩即是灵魂上的健康。这是因为，感恩是一种积极的生活态度，是一种富有良知的品质。如果人与人之间缺乏感恩之心，必然会导致人际关系的冷淡。懂得感恩，才能知道每个人都在享受着别人通过付出给自己带来的快乐的生活，继而懂得尊重他人，衷心地热爱他人，在适当的时候帮助他人，反哺父母。

感恩之心，是一种美好的感情，没有一颗感恩的心，孩子永远不能真正理解父母，尊重父母，关爱父母，孝敬父母，更不可能“幼吾幼以及人之幼，老吾老以及人之老。”感恩是健康人格和性格的具体体现，一个学生如果没有一丝感恩之心，那么他必定拥有一颗冷酷绝情的心，与这样的人交往一定要特别小心。

懂得感恩的人，就是懂得谦虚和自省的人。他们常常能够做自我反思，不会唯我独尊，自以为是。更不会认为自己所做的一切都是对的，从来都没有一点错误。对于别人给予的帮助，他则会心存感激。对于别人的善意批评，他们不仅不会产生敌意，反而会虚怀若谷，心生感激。

懂得感恩的人，会对人生、社会和世界永远怀有敬畏之情。感受上苍，懂得要抬头仰视；对待比自己弱小的人，知道体恤怜悯，伸手救援；对待给予自己的哪怕是一点一滴的帮助，也永远感怀，念念不忘，正应了中国的那句古话，“受人滴水之恩，当涌泉相报。”只有这样，才能以平等的眼光看待每一个生命，尊重每一份平凡的普通劳动，如在食堂尊重工人师傅，在街道上尊重清洁工人，在教室尊重保洁人员，特别是在教室里尊重老师的劳动——认真聆听老师的讲课，听从老师的教诲，仔细研究老师的作业批改……

懂得感恩的人，能够达观地面对人生的风风雨雨、磕磕绊绊。达观地面对人生，才能以自然的姿态去面对生命的旅程，微笑着接受生命中的痛苦与磨难，以坚强的毅力克服学习中的各种困难，以超然的态度接受生活给予的一切。

懂得感恩的人，就会胸怀宽广，大度豁达，能理智地对待学习与生活中的恩恩怨怨，以悲天悯人的情怀，泯去仇怨，抚平伤痕，担负起生命赐予我们的责任。

懂得感恩的人,必定是重视感情的人。他们常常怀有更多的真诚,在心里保留有更多的纯洁与美好。他们始终因美好高尚的事物而感动,也为他人的不幸遭遇而感同身受。他们能够为学业、事业、家业、友谊、爱情等奉献忠诚,倾自己之所有来回报他人,回馈社会。面对丑陋和卑劣,也能够表现出漠视和不屑,用自己的臂膀担当起道义和公正。

然而,现实的情况并不无遗憾,校园的学子们的表现也并不尽如人意。特别是大多数学生都是独生子女,因而有个别学生生来就是以自我为中心的,以为万事万物均是为他所造,以为父母的辛勤劳作和付出皆理所当然。在学校生活中,也常常是以自我为中心,延续着唯我独尊、目中无人的心理倾向。因而,不能积极地融入集体生活,不能很好地与人协作,不能建立起融洽协调的师生关系。一旦在学习上遭受失败,就会变得孤僻冷漠,自暴自弃。这样的人将来走向社会也是很难立足的。

据《教育文摘周报》转载的消息,襄樊市 5 名受助一年多的大学生,没有主动给资助者打过一次电话、写过一封信,更没有一句感谢的话,逐渐使资助者寒心。有一名男生倒是给资助者写过一封短信,但信中只是一个劲地强调其家庭如何困难,希望资助者再次慷慨解囊,通篇连个"谢谢"都没说,让资助者心里很不是滋味。襄樊市总工会、市女企业家协会认为,部分贫困生心理上"极度自尊又极度自卑,缺乏一种正确对待他人和社会的阳光心态。"有的学生竟自以为"成绩好,获得资助理所应当",缺乏起码的感恩之心。因而宣布取消 5 名贫困大学生的继续受助资格。

作为中学阶段的学生,要学会感恩,首先要激发自己的感恩之情,真正理解父母之恩、师友之恩、他人之恩、社会之恩。仅对父母而言,我们一定要理解父母那种无私慈爱之心,要体会、了解他们为我们成长所付出的辛劳,切实感受父母为家庭所付出的一切都是不容易的。倘若我们连对父母的辛劳都无动于衷,那么怎能引起发自内心更深刻的感恩情怀呢?

其次，要善于从老师、父母身上学习人类美好的感恩情感和行为方式，学习他们对于所遇之事所遇之人给予的点点滴滴的关心与帮助，学会他们表现出来的诸如温暖、自信、坚定、善良等处世品格。在学校要主动去关心为教育辛勤耕作的老师，主动关心同学，特别是身体较差、学习困难、家庭特殊的同学。在家里要懂得关心大众的身体与心情，要知道在父母的生日以及相关节日时，向父母表示由衷的祝贺。在社会上，要主动参加公益活动，用自己心存感恩的行动，为创建和谐社会贡献自己的力量。

第三，要在任何时候都要对任何一位为我们付出过劳动或给予过帮助的人真诚地表达感谢。“谢谢”这个看似人际交往中的基本的礼仪用语，也是表达感恩的最简单、最直接的方式。在接受别人递送的物品、奖品或得到任何人帮助时，都要真诚地说声“谢谢”。唯有如此，才能强化我们的一种意识，那就是“我们所拥有的一切，都不是别人理所应当为我们做的”，是永远值得我们心存感激的。

一个懂得感恩的人，才能学会勇于承担责任，才能有所成就；一个懂得感恩的民族，才能体现较高的社会健康幸福指数和心理和谐程度。因为一个人只有把目标寄托于自身之外，才可以真正克服人生的烦恼和无聊。感恩和真诚、善良、和谐、美好、责任是同一境界，与欺诈、虚伪、谎言、邪恶等不良品质则会越来越远。我们不必把“受人滴水之恩，当涌泉相报”当做人生信条，但一定要有这样永恒的情怀。

罗曼·罗兰常说：“幸福是灵魂深处散发的芬芳。”常存感恩之心，就是灵魂深处散发的芬芳。唯有感恩之心，才能助你在坎坷的人生道路上始终感受到阳光与幸福。

012 成功之源在自尊

丧失了自尊心的人，是一个没有出息的人；丧失了自尊心的民族，是一个无望的民族。

——陈祖芬

没有自我尊重，就没有道德的纯洁性和丰富的个性精神。对自身的尊重、荣誉感、自豪感、自尊心——这是一块磨炼细腻的感情的砺石。

——苏霍姆林斯基

对于即将走向中考或高考的中学生，一定很清楚自尊对于人生的意义。自尊是一种自己尊重自己、爱护自己，并期望得到他人、集体和社会尊重与爱护的心理，也就是在日常生活中，不向别人卑躬屈膝，也不容许别人歧视、侮辱自己。自尊心与自信心相辅相成，没有自尊心的人，绝不会有足够的自信。换一句话来说，自尊是一个人生存的支柱。没有自尊这一重要的支柱，人就会变得形同一具空骸，那么，他在人世上生存的价值和意义就会降低。这就是说自尊是一个人灵魂中不可或缺的东西。

很多年以前，有位酷爱音乐的挪威青年漂洋过海，到法国报考巴黎音乐学院，却遗憾地遭受到了落榜的打击。身无分文的青年不得不来到巴黎一条繁华的街上卖艺，他拉起了手中的琴，吸引了行人的聆听。一曲终了，他捧起了自己的琴盒，围观的人们纷纷掏钱放入盒内。

这时，一个无赖将钱扔在了他脚下。他看了看无赖，弯腰把钱捡起来，礼貌地递给那个不可一世的无赖，不卑不亢地说：“先生，你的钱掉了!”

无赖接过钱,又一次扔在了青年的脚下,非常傲慢地说:“这钱已经是你的了,你必须收下!”

青年对他深深地鞠了个躬,说:“先生,谢谢您!既然那样,刚才您的钱掉了,我帮您捡起,现在我掉了钱,麻烦您也帮帮我!”无赖被他的举动震撼了,捡起地上的钱放入琴盒后,惭愧地溜走了。

这位青年就是后来成为挪威著名音乐家的比尔·撒丁,他的代表作是《挺起你的胸膛》。

其实,自尊也是一个人品德和形象的基础,没有自尊,那么人的品德与名誉都会土崩瓦解,大打折扣。所以无论何时何地,我们都要表现出自尊和自重。

同时,自尊还是一个人修养的重要表现之一。只有懂得自尊的人,才会得到他人的尊重。只有一个人有了自尊,才会自我约束,积极进取;一个人只有有了自尊,才会维护自己的声誉,珍惜自己的人格;一个人只有有了自尊,才会不让别人欺负你,侮辱你。前苏联著名作家别林斯基曾说过:“自尊心是一个人灵魂中的伟大的杠杆。”可见,自尊对于我们每一个人是多么的重要。

然而,在现实生活中往往就有一些人视自尊为儿戏,不把自尊当成一回事。有的学生上课不认真听讲,还故意干扰老师的讲课;有的学生在考试中舞弊,甚至在考后还大言不惭地介绍“经验”;有的学生在餐厅打饭不按顺序排队,习惯于“插队”、“加塞儿”;有的学生脏话满嘴,似乎没有骂人的话作为发起语,他的话就说不出口;还有的小小年纪就谈恋爱,甚至有人十几岁就有了多次“恋爱史”……这些现象表明,在我们的学生之中,确实有人还没有真正学会自尊自爱!

学会自尊,我们就应练就较强的自制能力,能抵挡社会上花花绿绿的诱惑,能不为虚名浮利所动,能不为感官刺激所诱,能不为物质享受而改变人生轨迹,能不为暂时的经济困难而抛弃理想和追求。因为只有明智、坚强、有毅力的人,才能在任何时候都清醒地知道自己的责任、义务和使命,能够坚守自己的选择和自己的原则。

学会自尊，我们就要奋发向上，不懈追求。只有这样，我们才有资本不受他人的挑衅；只有这样，我们才能加强修养，增强自信心；只有这样，我们才有足够的智慧和能力维护自己的尊严；只有这样，我们才能将自己的人生理想化为现实。

学会自尊，我们就要发自内心地尊重他人。只有尊重他人，才能赢得别人的尊重。很少有人会尊重一个不尊重自己的人。大家在初中时都学过《晏子使楚》的课文吧，楚王仗势欺人，用侧门迎接晏子，说齐国人惯于偷窃等，以此来侮辱晏子。而晏子不惧权势，据理力争，言辞犀利地进行反驳，并"反客为主"地羞辱了楚王，维护了自己的尊严，也维护了齐国的尊严。所以，要想得到别人的尊重，你就必须先去尊重别人。得到别人应有的足够的尊重，你才有可能成为一个有信心、有自尊的人。

构成自尊的要素有安全感、独特感、能力感和归属感。如果我们在这四个方面都得到满足，就可以形成健康的自尊心。

安全感主要来自于父母传达出的关爱和重视，以及周围人们对自己的看法和评价。其实，每一个人都应毫不怀疑地相信父母对自己的深厚的爱，对于单亲家庭的孩子更应如此。请相信，不论你的父母身在何处，距离多远，他们都会一如既往地爱着你，支持着你。对于自己周围的环境，不要怨天尤人，不要自暴自弃。假如生活中遇到一些问题，你真心地从自己身上找一下原因，你被动的局面就会马上得到改善，你愁苦的心情也会阳光灿烂起来。

独特感则是自我尊重的核心。只有发现自我存在的价值，才能产生出稳定的自尊感。要知道，每一个人来到这个世界上，都是激烈竞争的结果，并且具有天然的独特性。要坚信，每个人都是这个世界上独一无二的，这就足以引起我们的骄傲。每一位同学都要善于寻找自己身上与众不同的优点，强化自己的长处，弥补自己的短处。要勇于表达自己的想法、感受、意见和梦想，用自己的特长和优势展示与众不同的自我。

能力感是自我尊重的重要支撑。不具能力的自尊，就如空中楼阁一样虚无缥缈。要把自己的关注点集中在自己做得好的方面，要善于发现自己的长处，不要把自己看得一无是处。即使有时失败了，也要把它看成是对自己的一次考验，千万不要认为“我真的不行”。要敢于接受一些具有挑战性的任务，敢于承担一定的风险来超越自我。因为简单的任务往往不能增强人的自尊心，而具有一定挑战性的任务反而能够提升个人的自尊。例如参加学生干部竞选等均属于此类。

归属感跟自我尊重里的情感密切相关。马斯洛在需求层级学说中提出，人的第一需要是生理的需要，其次就是安全的需要，接着是归属和爱的需求，然后才有自尊的需求。因此，在生活中，一定要和家长建立密切的亲情关系，营造融洽的家庭氛围。家庭成员中相互了解得越多，归属感就越强烈。那种有事不与父母商量，自以为是，自作主张的行为，最终会使归属感丧失，最终将会使自己的自尊心受到严重的损伤，这实乃学生时期的大忌。

有自尊的人在生活中能有正确的角色认知，能正确地估量自己。不论是在学习上，还是在生活中，都能找到自己的适当位置，都能找到属于自己的幸福。只有这样，才能做学习上的优秀者，生活上的强者，事业上的成功者。无论什么时候，自尊都是做人的灵魂，让我们每个人都高扬自尊的大旗，做自己真正的主人。

第二章

寻路探幽　研究学习之方法

初、高中课程，知识层次高，课堂容量大，已远非小学的知识可比。中学所学习的知识，追求境界，讲究细节，强调高度，形成技能，早已从感性层面上升到理性层面，似乎总是在熟悉中带给你陌生，在陌生中带给你惊喜，在惊喜与陌生交替与混合中让你的思想境界和智力不知不觉地得到提升。对于知识的学习，强调深入到知识的内部，进行纵深层次的思考。因此，对学习的品质要求很高，不掌握一定的学习方法，不养成良好的学习习惯，根本无法适应中学阶段的学习。良好的学习习惯，恰当的学习方法，可以点顽石为纯金，化腐朽为神奇。在轻松中学习，在快乐中成长，把枯燥的学习过程转化为愉悦的精神劳动，让智慧与知识碰撞，让灵感与青春共鸣，这样，学习才会步入正常的轨道，技能才会形成崭新的飞跃，思想才会进入全新的境界。

013 审时度势创佳绩

青年之字典，无“困难”之字，青年之口头，无“障碍”之语；惟知跃进，惟知雄飞，惟知其本其自由之精神，奇僻之思想，锐敏之直觉，活泼之生命，以创造环境，征服历史。

——李大钊

在知识的山峰上攀登得越高，眼前展现的景色就越壮阔。

——拉吉舍夫

当我们跨入中学的大门之后，似乎进入了一个全新的境地，学习也就随之登上了一个新台阶。新的教材、新的老师、新的教学要求……个别同学可能在小学、初中时学得蛮不错，可是到上级学校后却感觉很不适应：听不懂，学不会，甚至因成绩不及格而亮红灯。

如何避免这类问题的产生呢？关键是要审时度势，认真了解中学阶段学习方面的特点，不断调整自己的心态和学习方法，以尽快地适应中学的学习生活，创造出优秀的学习成绩。还是让我们先来分析一下中学阶段的学习有哪些特点。

中学教材的基本特点是：知识量增大，理论性、系统性、综合性增强，学科间知识相互渗透，相互利用，加深了学习难度，能力要求提高。

中学阶段对学生智力发展也有很高的要求。在观察能力方面，要求学生在观察事物时，要更富有目的性，要求更加全面和深刻，能区别出主要的和次要的，必然的和偶然的现象；不仅要有静态的观察，还要有动态的想象；不仅要有定性的研究，还要有定量的分析。在记忆方面，要求记忆以逻辑识记为本，力求在理解基础上抓住教材内在联系，进行记忆。在思维方面要求运用概念、判断、推理来进行逻辑思维。同时要学会独立思考问题，研究问题。在想象方面要求想象力得到较大发展，把抽象问题具体化、形象化。

要在中学阶段取得良好成绩，还必须提高自己的心理素质。经验表明，对于学业来说，取得佳绩有三要素：学习成功＝心理素质＋学习方法＋智能素质。关于提高学习心理的素质，主要有以下几个方面。

1. 学习动机。由学生的个人需要而产生的学习内驱力对于学习十分重要。我们要不断强化自己的学习动机。

2. 学习兴趣。浓厚的学习兴趣与效率有密切关系，可以从好奇心和求知欲中激发学习兴趣。如物理的实验，化学的变化等，容易引起人的好奇和求知；培养对各门功课的兴趣。很多人往往是在刻苦学习之后，才发现知识的奥秘和用途，从而提高学习成绩。

3. 学习情感。将积极的情感同学习联系起来，防止消极情绪的滋生，可以促进学习。

4. 学习的意志。善于控制自己，是学习意志力培养的关键。控制和约束自己的行动，控制不正当的想法和不合理的情绪，可以使思想集中到学习上来，这点是尤为重要的。

下面，我们集中探讨一下中学生的学习方法。

1. 预习。古人云："凡事预则立。"作为中学生，一定要自觉地高水平地通过预习这一关。也就是说，要在接到新书后，马上对教材进行浏览，对教材的体系有个总体把握。然后再细读教材，充分发挥自己的自学能力，理清哪些内容已经理解，哪些内容有疑问或是看不明白（即找重点、难点），分别标出并记下来。

这样既培养锻炼提高了自学能力，又为听课"铺"平了道路，形成期待老师解析的心理定式。这种心理需求必将调动起我们的学习热情和高度集中的注意力。

2. 听课。听老师讲课是获取知识的最佳捷径。老师是“传道、授业、解惑”的专门人才，传授的是经过历史验证的真理，是老师长期学习和教学实践的精华。所以必须集中精力来听老师讲课。同时，一定要做到这样几点：做好课前准备；集中注意力；认真观察，积极思考；充分理解，掌握方法；抓住老师讲课的重点；注意和老师的交流等。

3. 作业。作业是老师给学生布置的功课，是提高思维能力，复习掌握知识，提高解题速度的有效途径。通过审题，分析问题，解决问题可以达到巩固检验自己的目的。作为学生，一定要将老师布置的作业奉为天职来完成，不得有半点虚假和马虎，这样才能提高自己的学习成绩。换个角度来看待作业，不论是工人农民，还是其他任何行业，没有哪个行业的员工，不认真作业而能取得佳绩的。

4. 复习。德国教育学家第斯多惠说：“必须时常回复到所学的东西上而加以复习……牢固地记住所学会的东西，这比贪学新东西而又很快忘掉好得多。”因此往往考前的“临时抱佛脚”是不起作用的。复习在于平时，要注意做到：课后回忆，即在听课基础上把所学内容回忆一遍；精读教材。对教材理解得越透，掌握得越牢，效率也就自然提高了；整理笔记；看参考书，这是补充课外知识的好方法；查缺补漏，系统掌握知识结构；循环复习。将甲科复习完后复习乙科，在复习完乙科后对甲科再进行一次复习，然后前进……这种循环复习利于记忆。

对于中学生科学的学习方法可用如下歌谣来概括：课前要预习，听课要入脑。温故方知新，歧义见分晓。自学新内容，要把重点找。问题列出来，听课有目标。听课要专心，努力排干扰。扼要做笔记，动脑多思考。课后需复习，回忆第一条。看书要深思，消化细咀嚼。重视做作业，切勿照搬抄。编织知识网，简洁又明了。

在中学阶段，特别要利用人生这段最宝贵的时期来发展智力，提高能力。具体地说：

1. 发展观察力。观察是掌握知识,搞好学习的重要环节,也是成才的必要条件。要有明确的目的和周密的计划,灵活应用各种观察法,如重复观察、比较观察、定期观察、与思考相结合的观察等。

2. 提高记忆能力。一切智慧的根源都在于记忆。记忆的原理是随时间变化的,在学习后的几天内遗忘的速度非常快。但过了一星期后遗忘速度便趋缓了。因此记忆的关键便在最容易遗忘的那几天里巩固复习。选择最佳的时间段进行记忆,由于每个人的情况不同而无法作一个绝对的定论。但是掌握好时间安排是提高记忆能力永远不变的真理。为了同遗忘作斗争,正确安排复习时间便是选择最佳学习时间段了。

3. 及时复习。把识记过的材料再拿来识记,使之巩固。其生理基础是对暂时的神经联系不断强化,使它的痕迹进一步巩固。由于遗忘是先快后慢的,因此复习必须及时,要在遗忘尚未大规模开始前进行。

4. 在时间和量上合理安排复习。实验证明,相对集中一段时间学习同一内容,记忆效果好。但也要适当分散,因为复习时间过于集中容易发生干扰;过于分散容易发生遗忘。

5. 交替地分配时间学习也可以提高记忆。科学实验证明:用相等频率的电脉冲刺激脑神经细胞,反应敏捷,可是一旦反复刺激时间过长,神经细胞的反应便消失了。休息一段时间后,反应得以恢复。人的记忆也是如此。法国科学家居里夫人就曾说过:“我同时读几种书,因为专研究一种东西会使我的宝贵的头脑疲倦。”因此我们必须“分配交替”地进行记忆。

6. 采用各种其他记忆方式也有效果。如特征记忆、歌诀记忆、形象记忆、比较记忆、联想记忆等。

要突出锻炼和发展自己的思维能力。概括地说,要学好基础知识,练好基本功,提高语言表达能力;掌握思维的基本方法,提高自己的思维品质,养成良好的思考习惯。

要不断发展自己的想象能力,培养自学能力,用自己的头脑亲自获得知识。同时在学习方法培养之时，要发挥创造才能。这是时代和未来的要求。发展创造性思维，鼓励多样性和个性，有利于学习的创新与发展。

总之，优化心理素质，就是加强在学习过程中攻克难点的信心与勇气；掌握科学的学习方法就是运用正确的战略技术；提高智力能力，就是改良攻关武器，三者是不可或缺的。

倘若把我们的学习喻作航船，勤奋则是轮船的马达，正确的学习方法便是轮船的方向盘与航线。让我们驾上这艘希冀之船在知识的海洋中畅游，让这负载着责任的小舟乘风破浪驶向美好的明天。

014 快乐学习获益多

知之者不如好之者，好之者不如乐之者。

——孔　丘

一人深广的心灵总是把兴趣的领域推广到无数事物上去。

——黑格尔

在许多中学生心里，可能存在这样的困惑，为什么自己很努力，成绩却总是不理想。而有的同学并不整天待在教室里学习，但是成绩总是不错。甚至有人怀疑自己天生就不是读书的料。

现代社会知识剧增，更新加速，这就对我们的学习提出了越来越严格、越来越多样化的要求。“铁杵磨成针”式的学习方式，已经无法适应现代的教育模式。在中学阶段的学习中，学习成绩的优劣绝不仅仅取决于勤奋、刻苦、努力，也不单纯跟花费的时间、精力成正比，更主要的是要有很好的学习方法和很高的学习效率。

誉满欧美的著名学者、心理学教授巴甫诺奥曾写过一本书叫做《快乐学习法》。巴甫诺奥认为,快乐学习是一种享受:学到新知识是一件快乐的事,读书、上课、完成作业、复习功课、与同学交往、向教师请教等,都是有趣的学习。

我们回忆一下,在我们小的时候,对学习充满了向往好奇,并想象学习一定会比所有的游戏更有意思。但当我们真正步入学校,特别是随着年级增高,似乎学习越来越枯燥了,实在没有什么乐趣可言。能否将不喜欢或者讨厌的东西变为自己感兴趣的东西呢?巴甫诺奥非常直接和明确地告诉我们:"如果你觉得自己并不笨,这些都很容易办到。"如果想把不喜欢的事,或者是没有兴趣的事转化为有兴趣的事,唯一的办法就是加深对这些事物的理解,并实际参与到其中。如果把自己的人生目标和自身情况与这种事物的学习结合起来,那么你便会对它产生浓厚的兴趣。巴甫诺奥为此还进行了一个有趣的实验,其中有个名叫琼斯的学生谈了自己的学习感受,"每次开始学习法语时,我就不断地打哈欠,我真觉得它很枯燥乏味!当实验开始时,我努力克制这种行为。当法语课开始前,我故意表现出兴奋的样子,就像是学习自己喜欢的课程一样,谁知才刚刚持续两周,情况就再不同了。你应该知道,现在这种自我寻找乐趣的方法已经成为我的习惯,而我也觉得法语课是一门有趣的课程了。"

的确如此,当你满怀兴趣去尝试时,你就会逐渐培养出兴趣,并且学习效果也会很好。对任何事物都一样,如果说你对学习没有兴趣,那只是因为你还没有真正去接受它。所以,作为中学生,想要有效而快乐地学习,首先做的就是要培养自己对学习的兴趣。那么,要如何才能提高对一些课程的兴趣,轻松快捷地学习呢?

首先,可以利用自己喜欢的学科做中介,诱发自己对不喜欢学科的兴趣。有些同学对自己喜欢的学科特别下工夫,对自己讨厌的学科就选择逃避。但是这样的结果一定是你永远都无法征服自己讨厌的学科,而且综合成绩也将会变得更糟。因此,一定要想一种愉快的心情去学习自己讨厌的功课。

巴甫诺奥的做法是，强迫自己先将讨厌的学科全部学完，否则就不读喜欢的学科。就如同驯兽师一般，做完一个动作给一点甜头。逐渐地对那些原本讨厌的学科也产生兴趣，并主动地去完成。这种方法就是心理学上的“报酬效应”。换句话说，就是利用自己喜欢的学科做诱饵，来诱发自己对不喜欢的学科的兴趣。

其次，是劳逸结合，为下星期的学习做好充分准备。对于中学生来说，每周的休息时间实在太宝贵了。有的学生在这短暂的时间内，还给自己留了很多的任务和作业。其实，在这半天时间里，完全可以不做功课，心情舒畅地去玩和休息，比如可以利用这个时间边听音乐边洗衣服，或者看一些自己喜欢的杂志或书籍，调整一下身心。表面上看，好像时间浪费在无谓的事情上，其实，这是为下星期的学习养精蓄锐，以便更有效地掌握下周的学习内容。

再次，利用“抽签学习法”，以增强学习兴趣。有些同学面对学习的学科时，就会无从着手。因此可能产生畏难或低落情绪。巴甫诺奥的建议是，采用“抽签学习法”，将准备学习的科目写在纸条上，做成签，抽到什么学科就学什么，以此提升学习兴趣，这样做也是很见效果的。利用这种方法达到学习目标，内心就会产生一种强烈的满足感，这种现象在心理学上称之为“完成动机”。无数成功人士的实践表明，培养学习兴趣的途径在于从“知之者”过渡到“好之者”，再从“好之者”上升为“乐之者。”

最后，还可以采取“二十一天突破法”。所谓“二十一天突破法”，就是在三周时间内，集中时间和精力突破自己的薄弱学科，将自己较强的学科或者说较为擅长的学科暂时放一放，只跟着老师讲课的进程就可以了。如果真的很投入地进行三周，再弱的学科也会大有改观。

对于中学生来说，一定要尽量追求学习与快乐的“双赢”。要认识到，没有快乐的学习不能称为真正的学习，丢开了学习，快乐也不能称为真正的快乐。因为人类的一切快乐都源于知识和文化。

从我们来到这个世界的那一天开始，就对这个世界充满了好奇，世界上的一切对于我们来说，都是陌生和崭新的，都是极具吸引力的。于是我们试图去弄个明白。这时，我们是快乐的；当我们踏进课堂，完美地回答了老师的提问，同学们投来赞许的目光，我们是快乐的；当我们接过高中的录取通知书，内心充满了激动和对于未来的憧憬，我们是快乐的……每时每刻，学习都可以使人快乐，若离开了学习，快乐便成了无源之水，无本之木。

当我们踮着脚尖争睹别人的风采时，我们设想一下他们是多么的快乐幸福。但是，如果你没有在学习上付出的话，这种感觉永远只能属于别人，你永远无法真正体会得到。

015 寻求学习高效率

读书忌死读，死读钻牛角，砣砣复孜孜，书我不相属，活读运心智，不为书奴仆，泥沙悉淘汰，所取唯珠玉。

——叶圣陶

不要把许多杂乱的词句塞在脑子里，而是要启发了解事物的能力，使得从这种能力之中流泻出——像从活的泉眼流出一样——一条溪涧（知识）来。

——夸美纽斯

对于一名中学生来说，如何才能找到适合自己的学习方法，如何进一步开发学习潜能，如何做好学习笔记等，都是必须认真研究和思索的。如果上述问题得到恰当解决，就可以大幅度地提高自己的学习效率。

我们的学习主要依据是教科书，因为教科书确定了知识的基本框架。但教科书这个知识框架，只是学科体系以及围绕原理而展开的基本线索，是简略性的文本。要真正理解知识，融会贯通，逐步形成得心应手地运用知识的能力，就必须在此教科书的框架上添砖加瓦，就一定要借助笔记来完成。

如果你去细心观察那些学习成绩优异的同学，就可以发现他们的共同特点，就是认真地做课堂笔记和整理课堂笔记。他们在用心听课的基础上，把已经理解透彻的内容，用自己的语言重新写出来，把必须掌握的基础知识、应用问题、教材拓展延伸的知识和心得体会等，有条不紊地整理成册。这些简明扼要的笔记，只需瞄一眼就知道是哪一堂课或是哪一本教材的主要内容。

经验表明，做笔记并非越详细越好，而是要在用心听课的基础上，把已经理解透彻的内容用自己的话语重新写出来。所以笔记的内容必须简明扼要，达到"牵一发而动全身"、"窥一斑而知全豹"之效果。

还是让我们以地理和历史学科为例，来说明课堂笔记的内容及方法吧。课堂笔记应当包括以下几个方面的内容：一是预习时发现的、自己解决不了的问题；二是老师讲课的重点；三是参考书或其他相关书籍中的重要资料；四是从报纸杂志上发现的剪贴资料；五是例题、应用题、自己容易犯错误的地方、其他同学更为新颖的解答思路和方法等。

有人说，课堂笔记是测试学生理解能力高低的晴雨表，这的确是很有道理的。我们可以把学生做笔记大致分类，从中可以看出它们各自的利弊。

一是速记型。这种笔记的方法是指老师在课堂上说的或在黑板上写的，不管三七二十一，全都一字不落地记下来。对老师的讲课"有言必录"，对于以后的复习是非常方便的，但其不足是听课时只顾埋头做笔记，对讲课内容往往会一知半解，并不是在理解的基础上去做笔记，因此，在效果上会打折扣。最好是在课堂上主要记纲目要点，课后再做补充，以使其更加完善。这样既不耽误听课，又有利于记忆、巩固和消化。

二是誊写型。是指听课时在笔记本上随便记录，课后再重新誊写一遍的方法。一般说来这种方法往往会收到事半功倍的效果。特别是用于不太擅长的学科，或是打算特别加强的学科，还是有效的。因为誊写过程就是再思考、再领悟、再强化记忆的过程。

三是重点型。是指在课前下大力气预习，在课堂上边用心听讲，边把内容重点整理到笔记上。这种方法的好处是能够做到当堂消化。但前提条件是课前要充分预习，否则听课时会漏掉重要部分，或无法跟上老师讲课的进度。

四是杂记型。是指在同一本笔记里，容纳了多种学科笔记，内容杂乱无序，有时甚至自己都不知道记的是什么，或者是要用的时候不知记在什么地方了。这种方法应尽量避免使用。

五是辅助型。是指除了一般听课使用的笔记外，另外备有一个笔记本，把学过的内容做重点整理，以便事后查阅回忆。辅助型笔记在学习活动中是大有裨益的。

六是最优型。最优型笔记的特点是写得简明易懂，标题清楚明了，课后做多元整理：将预习内容、老师讲授重点、复习内容等彼此连接，这样把相关内容做多元整理，不但印象深刻，且便于查阅。

清华大学博士生高皓的做法很值得大家借鉴："在听课时，我们可以把笔记本的每一页都折成两部分，或者用铅笔画上线：空间大的那一部分用来记课堂笔记，空间小的那一部分记自己对相应内容的理解、体会和思考。这样做的好处是：一方面清晰地记录了老师上课讲的重要内容；另一方面，在自己复习、整理笔记的时候，又可以把自己的收获和对问题的新理解加以积累。也可以记笔记用蓝色笔，写思考用红色笔。总之，只有勤于思考，才能获得新知。"

有些经验丰富的中学老师，会提倡一种综合笔记法，也是可以借鉴的。综合笔记主要有五个方面的内容：

1. 预习时产生的疑问,百思不解的问题;

2. 教材和老师讲课的重点;

3. 其他教学参考书列出的有关资料;

4. 从其他媒介中获得的信息,如从报刊中剪裁的资料等;

5. 例题、应用题、自己容易犯错的地方、同学的好的解题方法等。

把自己容易犯错的内容记录整理下来,是一个不错的笔记方法。在2007年高考中,以文科663分的总成绩考入北京大学的王媛媛回忆说,在高考前复习的时候,她的"错题本"派上了用场。我们可以把自己的各个科目的错题本找出来,好好回顾自己在高中所犯的错误,总结自己出错的原因。是知识漏洞,抑或是方法的生疏?经过又一轮的回顾和理解,争取不要再犯同样的错误。因为我们每个人的知识最后都会形成一个"渔网",没有人的网是没有洞的,但关键就在于你的网络织得够不够密,这才是高考中取胜的重要一环。

无独有偶,2007年考入清华大学建筑学院的大连女孩李昂,从中考前就养成了记错题的习惯。她说,我可以一天不做新题,但对于我已经做过的,错了的题,一定要弄懂,而且要详细地抄题,整理在错题本上。

对于错题本,李昂对自己的要求是,首先要保证错题本字迹工整,其次,记错题的时候不仅要抄题,要写正确的思路,还要写自己原本错误的思路。因为我们往往容易在摔倒的地方反复摔倒,所以一定要花时间分析自己当时为什么错了,错误的知识点在什么地方,这样才可以保证以后相关的知识点都不会再犯错。李昂还提出,错题本整理要及时,一旦搁置,很容易遗忘。李昂的做法是,每天至少整理一次,把当天老师讲过的卷子上错的点整理到本子上。有时会遇到边缘的知识点,往往被忽略,却突然出现在考试中,对于这种知识点,即使没有题目作载体,我们也要记录在错题本上。

李昂认为，考试前，作为高中学生如果能做到什么也不需要，只需要自己的错题本，那么在这一步上我们就很成功了，最能够弥补我们自己弱点的小本子必然会让我们在考试中格外游刃有余。

除了认真做好学习笔记外，还要注意及时解决疑难问题。事实上，每个人在听课过程中，都会产生各种各样的疑问，如果你在课堂上从来没有任何疑问，那么你的学习成绩可能是没有保障的。

在预习的过程中要学习“搜寻疑问”。就是说在自读教科书的时候，遇到自己认为很重要的地方，就要用笔画出线条。遇到不懂或者不理解的地方，就要在那里画出“疑问线”。凡是画了“疑问线”的地方，就要作为听课的重点，或者找机会及时向老师或同学请教，也可以查看参考书，直到弄懂为止。

有经验的同学会随身携带一个小的记事本，随时发现或想起什么疑问，立刻掏出小本子把它记下来，然后设法尽快及时解决。例如，对某一个公式的演变不甚了解，突然产生“怎么从那个公式演变成这个公式”的疑问。这类问题只要找到理由便解决了，而且印象深刻甚至终生不忘。

有了疑问及时向同学请教也是一个好的方法，这样既可以从同学那里学到知识，又可以将自己了解的知识教给同学，对所讨论的问题加深了解。

在上课的时候，应该用心听其他同学的发问和回答问题，并认真思考。有的同学在别人回答问题时，思想就溜号了，以为反正不关我的事了。这恰恰是丧失了极好的学习机会。因为老师在课堂上提出的问题，大都是非常关键的，或者是“承先启后”与后面的知识相关联的。另外，对于一般学生来说，教材中关键性的问题是大致相同的，对于其他同学的发问或回答用心听，用脑想，是十分有益的。

悔恨于过去之失之惰，不如及早行动来防范未来之痛。从现在开始，认真写好自己的学习笔记吧，这样你的学习效率就会提高，才能收到事半功倍的效果！

016 学习亦须重合作

独学而无友，则孤陋而寡闻。

——孔丘

一个人从另一个人的诤言中所得来的光明比从他自己的理解力、判断力中所得出的光明更是干净纯粹……

——培根

人与人之间的亲密合作的重要性是不言而喻的。而在学习上的合作更是特别重要。中国古代教育家、思想家孔子的学生曾参曾深有感触地说："君子以文会友，以友辅仁。"美国的维纳·罗森勃吕特教授研究出一种学习方法——合作学习法。合作学习的目的在于使每一个学生尽可能地参与到学习活动中来，进行有效地思考，解决具体问题，实现有效的提升与发展。

关于合作的意义，我们还可以从下面这则经典的故事去体会：

外国有一位从事教育研究的老太太，她带自己的玻璃球游戏周游世界。每到一个国家都会邀请当地的儿童尝试做一种游戏。要求孩子们把一个个拴了线的玻璃球放在一个瓶子里，每人拽着属于自己的线。谁先把球从瓶子里拽出来，这个漂亮的玻璃球就属于谁了，而且还有丰厚的奖品。这让孩子们兴趣大增。在很多国家，不等老太太发令，就会有性急的孩子拽出了玻璃球。等到真正得到开始的命令后，大家更是争先恐后地猛拉硬拽。结果是大家的玻璃球全堵在瓶口，谁也无法将球拽出。老太太规定的15秒钟很快就过去了，急于得到奖品的孩子们往往气得相互埋怨。老太太虽然听不懂孩子们的话语，但从他们的表情也能猜出他们的意思，于是她总是和蔼地送给孩子们一些纪念品，但又总是带着失望离开。

当这位老太太来到中国时，照例又拿出玻璃球来做这个游戏，请中国的孩子玩。游戏开始后，这个已经不再抱有希望的老太太却看到了奇迹：这些孩子迅速而有秩序地一一拽出了玻璃球。最小的孩子最先拽出玻璃球，最大的孩子最后拽出玻璃球。年龄正好与出球顺序相反。老太太颇感意外与诧异，问中国孩子为什么这么谦让，孩子们说平时他们都是这样合作做事的。老太太感动地说："正是合作精神使你们共同赢得了胜利！"

原来，玻璃球游戏的瓶口仅能容一个玻璃球通过，如果参与者只顾自己尽快拽出球来，而不考虑与他人合作，那么，大家就只有眼瞅着在玻璃球瓶口打转而相互埋怨了。

不知你是否体会到，只有建立在彼此负责的基础上合作，才能有效地避免各自为政的情况出现，从而共同赢得胜利。换一句话来说，合作学习离不开相互的信任和依赖。对于这一点，毕业于四川省攀枝花市第三中学的杨竺松，深有感触。杨竺松 2006 年以理科 678 分的总成绩考入清华大学电机工程与应用电子技术系，他说，在高中阶段学习既不要小家子气，又不要认为把自己的心得告诉别人会削弱自己的优势。要用对待朋友的心来对待学习上的竞争对手，要坚信只要形成一个勤于交流、重视相互学习的群体，共同探讨遇到的难题，澄清知识上的疑点，分享解题的经验和快乐，就能让一个人拥有多个人的才智。

杨竺松非常感谢复读时所在班级那种美好的互助氛围。课间，几个平时学习成绩比较好的同学经常坐在一起，互相考对方生物课本上的知识点，考对方某个英语单词的生僻含义和用法，考对方古诗文的背诵，还把最近遇到的比较有新意的数学题写下来，大家传着做，最后再坐在一起说自己的解法。就是在这种非常有意义的交流中，他和他的同学获得了凭借一个人的力量根本无法取得的学习效果。2006 年夏天，杨竺松他们班几个经常在一块交流的同学中，有两人考入清华大学，两人考入北京大学，还有两人分别考入了上海交通大学和北京师范大学。这是对杨竺松和他的同学们重视学习交流的最大肯定。

为了提高学习效率，可以从以下五种方法建立相互信任和依赖。

一是正目标相互依赖。这种方法是指全组有一个或若干个共同的目标，如合作写一篇调查报告或作文，共同完成一套试题，共同进行一个实验等。在这种合作性的目标结构下，小组所有成员共同承担责任，组内没有竞争，有利于调动所有成员的积极性和兴趣。

二是正奖励相互依赖。这种方法是指小组取决于小组内每一个成员的成绩，例如，小组分段朗读英语课文，只有小组每个成员的错误都不多于五处时，小组的朗读成绩才能获得优秀。正奖励相互依赖打破了由好学生包揽一切或小组成员各自为政的局面，可以推动小组成员相互帮助，相互提高，相互促进，共同提高。

三是正角色相互依赖。这种方法是指为完成某一学习任务，组员分别承担互补的、有内在关联的角色。在小组活动中，不同成员可以分别承担不同的角色。每一种角色在追求共同目标背景下，小组所有成员都应认真履行自己的角色职责，从而实现理想的配合，达到理想的效果。

四是正资料相互依赖。这种方法是指每个小组成员只占有完成任务所需的一部分信息或资料。要想成功，必须共享他们的信息或资料。如若干人的小组共同享有一份阅读资料，在规定的时间内又不能保证小组每一位成员都有机会阅读完整的资料，这就迫使小组成员必须进行分工。不同的组员负责阅读材料的某一部分，然后通过相互交流使所有的成员对资料都有完整的认识和了解。

五是正身份相互依赖。这种方法是指小组成员有一个共同的身份或标志，如设计小组的名称、口号、标志等。共同的身份有助于激发小组成员对所在小组的归属感，增强小组的凝聚力。

即使班级里没有建立相应的学习小组，那么也要尽可能与同学建立互信的协作关系。正如萧伯纳所说的，“一个苹果在交换后还是一个苹果，而一个思想却在交换中变成两个思想。”学习中的确会有这种情形，一道本来大家都无法独立完成的难题，经过大家的讨论，相互提示，步步推理，最终却顺利地寻找到了解决的办法和正确的答案。其中的道理就在于，每个人的思维方式、知识结构不同，原来做不出来，可能是在某一环节上卡了壳，或者误入歧途。而当大家共同讨论时，却达到了优势互补，从而找到解决问题的门径。

有的同学也可能认为，合作当然有好处，可是，要我问别人还可以，要是我把他给教会了，下次考试他就会比我多几分，名次也许会超过我呢。其实，我们参加高考时的竞争对象绝不仅限于本校本班的这些同学，而是全省乃至全国的考生。面对如此庞大的考试军团，你所面对的“小股部队”是完全可以忽略不计的。

有很多高考状元都有类似的感悟，他们从不担心为同学讲解会耽误自己的时间，相反把这种活动当做检验自己学习效果的机会。只有自己理解得非常清晰的问题，才能给别人讲清楚。同时，在这种讲解过程中，自己的知识得到进一步强化，那种印象甚至可以终生难忘。贵州的齐安焱同学在2004年高考中获得了本省状元，他认为在相互交流之中，别人确实可以从你身上学到很多，但你同样可以从别人的思想中获得教益。“在这种友好的环境中学习起来心情也比较愉快，学习效率也可以提高很多。”

成功的合作是以每个人自身具备不可替代的实力为基础的，要使合作长久有效，每个人都应努力提高自己，学会独立思考，尽力自己解决问题，而不能把所有问题都推给别人解决。如果那样，这种合作将不会长远。

017 读书求实书自薄

为学读书，须是耐心，细意去理会，切不可粗心。为数重物，包裹在里面，无缘得见。必是今日去一重，又见得一重。明日又去一重，又见得一重。去尽皮，方见肉。去尽肉，方见骨。去尽骨，方见髓。

——朱　熹

如果你在书籍中仔细寻找智慧，那么你一定能找到对于你的心灵极有用的东西。

——涅斯托尔

著名数学家华罗庚说："读一本书要越读越薄。"被誉为"哈佛女孩"的刘亦婷介绍说，她曾做过一个实验，一本约200页的《政治经济学》教材，一个记忆良好的成年人用了差不多20天的时间去看，等把书本一合，闭上眼睛去想，却可能什么都想不起来，只剩下一点模糊不清的印象而已。然后改用提纲挈领的方法去学，第一步先只看目录，抓住全书的大结构，第二步只看小标题和黑体字，弄懂每一部分的要点。这两部分加到一起，总共不超过三四页纸。即使是一个记忆力很糟的人，也能轻松地看懂记牢。最后，才进入每一章节的细节部分，深入理解每一章节的内容。结果，只用了一个多星期，这位成年人不仅能清楚地理解并记忆全书所有的重要内容，而且能凭这一个多星期的学习成果去应考，考出来的成绩还是高分。

哈佛女孩刘亦婷说，为什么提纲挈领地学，就能有更好的效果呢？因为这里应用一个可以称之为"抽屉原理"的学习原则。打个比方说：如果把全家所有的东西都堆在客厅的地板上，这间屋子一定会乱得可怕。要想在这个“大垃圾箱”里找出需要的东西，肯定会百倍困难。可是如果把所有的东西都分门别类，该进大立柜的进大立柜，该上书架的放上书架，还有写字台的抽屉、壁柜等等，也都各司其责，再去找东西还会有困难吗？细细品味，刘亦婷的学习法就是努力提纲挈领地把书读“薄”。

有一位家长对自己的孩子说，要把书读薄。孩子不理解什么是把书读薄，怎样才能把书读薄。这位智慧的父亲以化学为例，做出了这样的解释。他说化学的第一课是《走进化学世界》，书上讲解加练习共有 13 页，但实际只需要记住三点，1. 化学发展史；2. 化学研究的内容；3. 绿色化学的含义。

对于第一点，了解一下就行，不用死记；第二点，要记住化学研究的是物质的构成、结构、性质和变化；第三点，绿色化学指的是从原料、生产过程和产品都无污染，无公害。因为初学，可能不会理解很深，但是要先记住，等以后学习时再慢慢理解。13 页的内容，归结为两句话，把这两句话记住，还多吗？

书越读越薄，就是说在理解的基础上，自己要学会归纳和总结，将知识点转化为自己的东西加以存储，这样才能印象深刻，记忆牢固。我们在学习过程中，也应在拿到教材后，先快速浏览，边浏览边用笔把重点画出来，然后再把重点部分认真研读，反复理解、记忆，再做练习。在练习过程中看看自己是否抓到了重点，便于及时巩固刚学到的知识。等第二天学习时，要先把头一天学习的知识回顾一下，用时不多，但效果极佳。每周再拿出一天来预习新内容，复习本周内容；每个月再拿出点时间复习当月学的内容。

通过上面的叙述，我们可以看出，书越读越薄的过程，就是在多次重复阅读中不断删除冗余信息，使知识浓缩的过程。浓缩的主要办法是：列提纲与写梗概。前者必须在认真读的基础上，理清文章的脉络，然后逐段概括内容；后者也必须反复阅读，掌握教材要点，将内容加以高度浓缩。浓缩法就是博学反约，厚积薄发，把厚书读薄。

把书读薄，对于临近毕业的初三、高三学生来说，显得尤其重要。

有位专家认为，当距离中考或高考还有二十多天时，如果考生还是埋头于题海，那肯定是吃亏不讨好，只能是事倍功半。

专家的建议是，在第三轮高考复习结束后，要再一次把书读薄，对不同的重点内容要采取不同的复习方法。所谓绝对重点，就是考试大纲上要求的重点内容，还有那些对整个学科知识起主导或者与生产、生活关联影响比较大的知识，这都是这个学科的绝对重点。所谓相对重点，就是在前面复习中，你有哪些知识还掌握得不是很牢固，看起来和听起来知道是怎么回事，但真正动笔答题又下不了手，这就是你的相对重点。所以在二十多天复习中，对于绝对重点，你可以按照老师的安排进行复习。对于相对重点，你就必须自己安排好复习的时间，并把那些弄不明白的地方找老师和同学帮你弄明白。

在中、高考前二十多天，从理科课程来看，要减少做题量，这时候应该根据重点内容，精选一些有代表性的试题来做。另外，这时候一定要回到课本，要把一些重要的基本概念、定理、原理等记牢并活用。比如生物，高中生物有哪些重要的概念、定理，运用原理可以解决哪一类或哪几类实际问题，要不看书就能把它们复述出来。如果你合上书本，也能够如数家珍般地把重点内容复述完整，那你的第三轮复习就达到目的了。如果你根本复述不出来，或者复述时有卡壳的地方，那就证明你还没有“把书读薄”，你还得下一番苦工夫。

对于语文学科，要想把书读薄，一定要养成“不动笔墨不读书”的良好习惯，也就是要善于摘抄和经常写读书笔记。只有这样，才能逐渐积累起深厚的语文素养。

要把语文书读薄，先要读懂作者的意图，也就是要走进文本。作者要表达的观点以及怎样支持观点，作者要表现的主题以及表现主题的方法，作者要表达的情感以及表达情感的方式等，都要认真揣摩，深刻理解。

把书读薄，还要学会质疑，要有辩证思想，也就是走出文本，审视文本。这样，才有自己的思想和感悟，才能丰富自己的阅历和生活，这才是真正意义的语文的积累。

总之，把书读薄，就是要通过自己的努力，将学习内容条理化，将知识体系网络化。用魏书生的说法，就是构建知识树。对于不同的知识点，我们既要清楚它们之间的差别，又要清楚它们之间的联系，知道它们之间的转化过程。这样，我们才能对知识进行更好的整合，才能将知识融会贯通。

018 养成勤学好习惯

什么是教育，简单一句话，就是养成良好的习惯。

——叶圣陶

习惯真是一种顽强而巨大的力量，它可以主宰人的一生，因此，人从幼年起就应该通过教育培养一种良好的习惯。

——培　根

1978 年，75 位诺贝尔奖获得者在巴黎聚会。有人问其中一位，“您在哪所大学、哪所实验室里学到了您认为最重要的东西呢?”出人意料的是，这位白发苍苍的学者答道:“是在幼儿园。”那人又问:“在幼儿园里学到了什么呢?”学者答:“把自己的东西分一半给小伙伴们;不是自己的东西不要拿;东西要放整齐，饭前要洗手，午饭后要休息;做了错事要表示歉意;学习要多思考，要仔细观察大自然。从根本上说，我学到的全部东西就是这些。”

这位学者的回答，代表了参加聚会的科学家的普遍看法。把科学家们的普遍看法概括起来，就是他们认为终生所学到的最主要的东西，是幼儿园老师给他们培养的良好习惯。著名学者培根一生成就斐然，他在谈到习惯时深有感触地说："习惯真是一种顽强而巨大的力量，它可以主宰人的一生，因此，人从幼年起就应该通过教育培养一种良好的习惯。"

美国学者特尔曼从1928年起对1500名异常聪明的儿童进行了长期追踪研究，发现这些"天才"儿童平均年龄为7岁，平均智商为130。成年之后，又对其中最有成就的20%和没有什么成就的20%进行分析比较，结果发现，他们成年后之所以产生明显差异，其主要原因就是前者有良好的学习习惯及强烈的进取精神和顽强的毅力，而后者则均十分缺乏这种优良的品质。由此可见，在黄金般的高中阶段，就要培养良好的学习习惯，并保持终生。

习惯是经过反复练习而形成的较为稳定的行为特征，学习习惯是指学生为达到好的学习效果而形成的一种学习上的自动倾向性。那么对于高中学生来说，必须自觉养成哪些良好的学习习惯呢?

一是阅读自学习惯。自学是获取知识的主要途径。就学习过程而言，老师只是我们的学习向导。学生才是学习的真正主人和主体，学习中的大量问题，主要靠自己去解决。阅读是自学的一种主要形式，通过阅读教科书，可以独立领会知识，把握概念本质内涵，分析知识前后联系，反复推敲，理解教材，深化知识，形成能力。学习层次越高，自学的意义越重要，目前我国的高考为选拔有学习潜能的学生，对考生的自学能力有了较高的要求。

有的学生对自学特别没有信心，认为是不可能的事。事实上，只要我们下工夫，教材中的大部分内容都是自己可以读懂的，因为教材的编写原则是要求教材接近学生的实际的。只要我们相信自己的能力，调动自己的全部智慧，完成自学是非常可能的。现在社会上有很多人不都是通过自学获得专科、本科甚至研究生学历吗? 另外终究有一天我们会进入社会这所大学校，那时我们需要获得的知识不是大部分要靠自学吗?

二是总结归纳的习惯。教材中每章每节的知识是大都是分散的、孤立的，要想形成知识体系，必须在课后进行认真的小结。

通过小结对所学知识进行概括，抓住应掌握的重点和关键。对容易混淆的概念要特别注意，要通过恰当的途径和记忆策略进行强化，最终达到完全掌握的目标。每学习一个专题，要把分散在各章中的知识点连成线、辅以面、结成网，使学到的知识系统化、规律化、结构化，这样运用起来才能联想畅通，思维活跃，得心应手。

三是观察思考的习惯。对客观事物的观察，是获取知识最基本的途径，也是认识客观事物的基本环节。因此，观察被称为学习的“门户”和打开智慧的“天窗”。每一位同学都应当学会观察，逐步养成观察意识，学会恰当的观察方法，养成良好的观察习惯，培养敏锐的观察能力。

“观察”这个词有两层意思，“观”是看的意思，“察”是想的意思。看了不想，不是真正的观察，对认识客观事物毫无意义。要做到观察和思考有机结合，通过大脑进行信息加工，总结得出事物的一般规律和特征。

四是切磋琢磨的习惯。古代把骨头加工成器物叫“切”，把象牙加工成器物叫“磋”，把玉加工成器物叫“琢”，把石头加工成器物叫“磨”。现在用来比喻互相商量研究，学习长处，纠正缺点。我们的学习特别需要切磋琢磨的习惯。

《学记》上讲“独学而无友，则孤陋而寡闻”，同学之间的学习交流和思想交流是十分重要的，遇到问题要互帮互学，展开讨论。每一个人都必须努力吸取别人的优点，弥补自己的不足，像蜜蜂似的，不断吸取群芳精华，经过反复加工提炼，酿造甜美的知识精华。

五是善于反思的习惯。读书和学习过程中，尤其是复习备考过程中，每个同学都要进行强度较大的练习，但做完题目并非大功告成，重要的在于将知识引申、扩展、深化，因此，反思是解题之后的重要环节。

一般说来习题做完之后，要从五个层次反思：(1)我是怎样做出来的——想解题采用的方法；(2)为什么这样做——想解题依据的原理；(3)为什么想到这种方法——想解题的思路；(4)有无其他方法？哪种方法更好——想多种途径，培养求异思维；(5)能否变通一下而变成另一习题——想一题多变，从事物的反面考虑问题，促使思维发散，培养辩证思维。

当然，如果发生错解，更应进行反思：错解根源是什么？解答同类试题应注意哪些事项？如何克服常犯错误？“吃一堑，长一智”，不断完善自己。

六是勤学苦练的习惯。俗语说，一勤天下无难事。在联合国纽约总部担任同声传译的陈峰先生曾为近 200 个国家的元首和政府首脑做过翻译。陈峰于 1977 年幸运地成为我国恢复高考后第一批大学生。在中大外语系求学三年半以后，他又通过激烈的竞争进入了联合国译员训练班。他说：“要成为合格的同声传译员，英语基础不是一般的好。”同声传译在我国是一个热门行业，在北京、上海、广州等大城市，年收入至少有二四十万元，是名副其实的“金饭碗”。但是这也需要特别的吃苦和付出，训练时间至少要 1200 多个磁带小时甚至 2000 个小时(磁带小时是培训译员时对学员使用磁带进行近似于现场模拟训练的时间量)。他当时每天花 7 小时训练了 200 天。“有时学得特别累，吃饭时用汤勺把饭菜放到口里时，嘴都不想动了。”陈峰给高中生提出的建议是，上课时多提问，多发言，这样既锻炼胆量，锻炼口语，老师还可以矫正错误的发音；可以与同学、朋友进行一些诸如外交谈判之类的场景模拟来锻炼口语；平常多看英文小说，听英语广播等。唯勤方能成才，陈峰的例子给人以最好的启示。英语要这样才能学成，其他学科亦如此。养成勤学苦练的习惯，既是一种高尚的精神境界，也是一种良好的精神状态；既是自我完善的现实需要，也是获得成功的根本保证。“才能由学而得，道德由学而进，业由学而成。”没有勤学苦练的过程，想取得任何成功都是不可能的。

播种一种行为，就会收获一种习惯；播种一种习惯，就会收获一种性格；播种一种性格，就会收获一种命运。养成良好的学习习惯是学习行为的最高层次。作为高中生应当培养的优良习惯还有许多，诸如尊重学习时间的习惯，认真作业的习惯，独立钻研务求甚解的习惯，有疑必问的习惯，有错必改的习惯，动手实验的习惯，课前预习的习惯，整理课堂学习笔记的习惯，经常使用工具书的习惯，等等，总之，成长中的高中学生，一定要培养好习惯，克服坏习惯，只有这样，才能在以后的学习和成长的过程中，勤于学习，善于思考，敢于突破，勇于创新，富于创造，才能收到事半功倍的效果。

019 我的学习我做主

读书无疑者，须教有疑；有疑者，却要无疑，到这里方是长进。

——朱　熹

教育的任务是毫无例外地使所有人的创造才能和创造潜力都能结出丰硕的果实，这就要求每个人都有自我负责和实现个人计划的能力。

——德洛尔特

“我的我做主”似乎是这个时代的流行语。但是，一个中学生如果真正能够做到“我的学习我做主”，则充分说明他已经进入了一个较高的层次和境界了。

“我的学习我做主”，实际上就是要在学习过程中，能够做到自我监控，能够对自己的心理和行为主动地掌握、调节和控制，是自我意识在意志行动上的表现。简言之，就是要自主学习，逐步培养自主学习能力。

自主学习能力对我们每一个人来说都是非常重要的。一个优秀的中学生一定要有较强的自主学习能力。只有自主学习能力提高了，才能在激烈的竞争中不落伍，不掉队，学习成绩才能稳步上升。

提高自主学习能力一定要树立以下几种意识：

1. 目标意识。在学习过程中，学习目标始终是居于支配地位的。每个中学生都要给自己设定长期目标、中期目标与近期目标。我们可以从下面的事例来体会目标设立的意义。

1984 年，在东京国际马拉松邀请赛中，名不见经传的日本选手山田本一出人意料地夺得了世界冠军。当记者问他凭什么取得如此惊人的成绩时，他回答："凭智能战胜了对手。"山田本一说，在比赛前，我乘车把比赛的路线仔细地看了一遍，并把沿途比较醒目的标志画下来，比如第一个是银行，第二个是一棵大树，第三个是一座红房子……这样一直画到赛程的终点。比赛开始后，我就以百米的速度向第一个目标冲去，等到达第一个目标后，我又以同样的速度向第二个目标冲去。40 公里的赛程，就这样被我分解成几个小目标，轻松地跑完了。起初，我并不懂得这样的道理，我把我的目标定在 40 公里外的终点线上那面旗帜上，结果跑到十几公里时就疲惫不堪了。我被我前面的那段遥远的路程给吓倒了。

学习和跑马拉松有共性。漫无目标只能做一天和尚撞一天钟，得过且过，随波逐流，不思进取。只有明确目标，对自己的学习进程有一个很好的计划，才能做到自我监控，自我管理，才能实现真正的自主学习。

2. 主体意识。就是树立"自己是学习的主人"的意识。要在学习过程中，不断探索学习规律，全面调动自己的积极性和主动性，努力自觉地做到耳到、口到、眼到、手到、心到，全面参与学习的全过程。在课堂上要形成生生互动、师生互动的良好氛围，从而达到独立思考，相互交流，充分展示自己的才华，发挥自己的个性特长的目的，从而成为学习活动的实践者，成为学习的主人。

3. 问题意识。也就是在学习过程中要敢问、善问、会问。要在预习过程中善于发现问题，引起注意，激起自己思考的兴趣。要在老师的答问中了解解决问题的思路、角度和方法。特别是要在课堂上把被动提问转变为主动提问，这样才能提高自己的分析问题的能力，抓住要点，解决问题。

我们在听老师讲课的时候，就不能满足于当优秀的“听众”，要多想几个为什么。要善于对老师所讲的知识加以合理地延伸。如果能提出老师也难以解答的问题，说明你的思想有了一定的深度。在读书的时候，不要不假思索地全盘接受，而是要对书中的一些观点进行评论、批注，要善于对不同的观点进行比较、甄别，找出其优劣。

4. 创新意识。创造性思维是创新的核心。创新意识和能力的培养实质上是创造性思维能力的培养。创造性思维是最重要、最积极、最有生命力、最富有带动力的一种思维。你是否具有创造性思维，是决定你将来是否有大的创举与成就的关键。所以，培养自己的创造性思维是至关重要的。

作为中学生要努力在学习过程中，不断培养自己的创造性思维和创新能力，开发创造潜能，一方面要在老师的指导下获取知识；另一方面也不要被老师的思维所束缚，要敢于怀疑，敢于提问，敢于发表与别人不同的见解。只要有这种信心和勇气，创新意识就能树立起来，创新能力就会得到提高，个性素质也会得到发展。

“学起于思，思源于疑”，只有常常怀疑，常常发问，才能诱发探索的动机。如果我们在学习过程中对同一问题的不同答案积极探索，不拘泥现成答案，从多方位、多角度灵活地进行解题，而不是跟着别人思路跑，那么，我们的创新意识和能力才能得到提高。

5. 方法意识。社会在不断发展，新知识在不断涌现，仅靠老师的传授是远远不够的。这就要求我们在学习过程中，从老师那里获得掌握知识的方法和途径，得到“点石成金”的“手指”。既要注意掌握新知识，更要总结、积累学习的方法，使之更合理、更科学，并能使自己使用起来得心应手。

6. 反馈意识。也就是说要学会自我反馈。自我反馈说到底，是训练自己对自己的行为进行评价，对自我计划能否实现、实现效果如何、自我管理的效果进行评价，并对计划与管理中的有关失误进行调整，制订一个更为合理的可行的计划。在漫长的学习过程中，我们一定要及时发现自己的错误，总结经验，及时反馈给自己，及时做出正确的调整。

柏拉图说过："老师只能给予推动，使学生自己去找到必须认识的东西。"卢梭主张培养"自然人"。自然人的特征是自爱、自主和自立。自爱就是约束自己，管理自己，要为自己今天的行动和未来的发展负责；自主就是绝不按照陈旧的模式行事，不惧怕权威，用自己的理性和智慧来决定自己的行动；自立就是不用别人催促和要求，积极主动地探索知识，实现自主教育，就是要不断在成长过程中，锻炼自己，磨砺自己，在许多事情上，特别是在学习上依靠自己。除非迫不得已，否则不轻易地求助别人。

有了"我的学习我做主"的意识，有了自爱、自主和自立的品质，提高学习成绩就指日可待了。

020 记忆并非无技巧

看文字须大段精彩看，耸起精神，竖起筋骨，不要困，如有刀剑在后一般。就一段中须要透，击其首则尾应，击其尾则首应，方始是。不可按册子便在，掩了册子便忘。

——朱 熹

记忆不应当得到休息，因为没有一种能力比它更易动作，更能由动作得到发展的。你要每天找点东西给记忆去记忆，因为你愈是多给它记，它便愈能诚实地记住，你愈少给，它便记得愈不诚实。

——夸美纽斯

对于正处在大量汲取知识阶段的中学生来说，记忆可谓是特别重要的。如果了解了记忆规律，掌握了记忆技巧，则会收到事半功倍的学习效果。实践证明，记忆并非无技巧，关键是我们如何去发现、掌握和运用。

记忆的“记”是外界信息在大脑中贮存、编码的过程；“忆”是在大脑中遴选、提取信息的过程。有人把记忆的技巧和规律概括为：背诵是记忆的基础，重复是记忆的窍门，趣味是记忆的动力，联想是记忆的媒介，应用是记忆的要诀，提要是记忆的助手，卡片是记忆的仓库……

1885年，德国实验心理学家艾宾浩斯做了一次有趣的关于记忆力的实验，他用无意义的音节为材料，进行了保持程度实验。结果发现，在识记后的最初阶段遗忘的速度很快，但是，随着时间的推移，遗忘的速度越来越慢，甚至一两天后保存量的变化就不大了。后人用他的实验数据，以间隔的时间为横坐标，以保存量为纵坐标，画了一条说明遗忘进程的曲线，叫保持曲线。因为保持的反面是遗忘，所以又叫做艾宾浩斯遗忘曲线。从这条曲线来看，遗忘的速率是越来越慢的，即遗忘的进程是先快后慢的。具体地说，在学习的材料刚刚能记住的1小时后，受试者对他所学的材料仅仅能保持40%左右，此后第1天，尚能保持33%，到第6天逐渐下降到25%左右。

实验结果表明，遗忘具有先快后慢的规律，因此，复习必须及时。为了验证遗忘规律，有人专门做了如下实验：选智力基本相同的两组被试者学习同一段文章，A组在初学后不久做了一次复习，而B组则未曾复习，两组在第一次测查时，A组遗忘2%，B组遗忘44%，一周后测查，A组遗忘17%，B组遗忘67%。可见A组比B组保持量大。

掌握了艾宾浩斯的记忆规律，我们的记忆效率就会得到迅速提高。我们以记忆英语单词为例来说明如何应用这一规律：首先我们可以将要记忆的单词分成单元，无论是使用词汇表、生词本，或者采用单词卡都应根据单词的特点分类，将相似的以及可以进行比较的单词放在一起，每小组的单词数不一定相等，一般选6个至8个为宜;其次,根据所分的组数按照上述方法进行循环记忆。记忆单词时,单元数应适当地增多,一般选8组至16组为好,这样可以增加单词的见面次数以及记忆的单词数,提高记忆效率。另外,随着发音水平、词汇量和使用方法的熟练程度的提高,可逐步增加各组的单词容量。

这种学习方法看来似乎很复杂,需要很多时间,其实并非如此。因为每次复习的时间不需要很多,只要能够根据你所学的内容,结合你自己的具体情况,按照艾宾浩斯学习法安排复习内容和时间便能事半功倍。

除此之外,还可以采用连环记忆的方法。连环记忆法又可以分成三种具体措施:第一是步步相连法,第二是递增递减法,第三是连环复习法。

步步相连法共有五个环节。五个环节紧密相连,环环相扣。

第一个环节是细看。就是说第一眼一定要看细、看准所记材料的具体内容和细节,给大脑输送一个清晰而准确的信号。如记单词,第一眼就要细看单词是由哪几个字母组成的,以及每个字母的结构和排列次序。

第二个环节是诵读。在看清、看准的前提下,立即连续诵读或默念所记单个材料。诵读或默念的次数为2～3遍,用时大约3～5秒。

第三个环节是理解。连续诵读之后,立即理解所记材料的意思,也就是所谓的意义识记。诵读的次数为2～3遍,时间约10秒左右。特别要注意在诵读的过程中进行理解。

第四个环节是书写。把看读的材料连续写三遍,第一遍看着写,第二遍半默写,默写不出时再看一遍,第三遍要求默写出来,并且边写边念边想其意思。如果你真的默写了三遍,实际上你已经默读了好多遍了。大约用时15～20秒。

第五个环节是回想。眼睛离开材料,将前四步所记单个材料的形音义回忆默背一遍,使形音义三者在大脑里形成一个完整的概念。如果回忆不清,立即重复一遍,巩固其印象。用时约3～5秒。这样,在25～45秒时间内，同时调动眼、口、手、耳、脑多种感官协同活动，以建立起鲜明深刻的独立印象，并会经久不忘。

让我们以连续记忆五个单个材料为例，来说明递增递减法。当第一个单个材料按上述五个环节记完后，立即开始用同样的五步法记忆第二个单个材料。记完第二个，立即返回来复习第一个和刚刚记过的第二个材料。当增记第三个材料时，减掉第一个材料暂不复习，以此类推。

在这个过程中，每记一个单个材料时都要专心致志，不要在记这个时还想着那一个，不要互相牵连，不要怕暂时遗忘，要大胆向前记。同时还要善于进行注意的分配和转移。

连环复习法是指当记完上述五个单个材料之后，紧接着用同样的方法增记第二小组的材料。记完第二小组后反过来复习第一小组和第二小组。复习完第二小组，增记第三小组，减掉第一小组内容暂不复习。

俄国生理学家谢功诺夫说，一切智慧的根源都在于记忆，记忆是整个心理生活的基本条件。每一个人的心理素质和脑功能是不同的，同学们一定要根据自身特点，找出最适合自己的记忆方法，以提高学习效率。

常用的记忆方法还有理解记忆法、机械记忆法、意义记忆法、联想记忆法、图表记忆法、形象记忆法、趣味记忆法、简化记忆法、主干记忆法、即时记忆法、综合记忆法、卡片记忆法等等。只要大家灵活掌握，记忆效率将大大提高。

021 循序渐进好阶梯

循序而渐进，熟读而精思。

——朱　熹

你们从一开始工作起，就要在积累知识方面养成严格循序渐进的习惯。

——巴甫洛夫

《现代汉语词典》(第 5 版)第 1554 页对“循序渐进”的注释为，学习、工作按照一定的步骤逐渐深入或提高。

当代中国负有盛名的教育家、中国关心下一代工作委员会儿童发展研究中心学习科学研究室主任程鸿勋，根据循序渐进的原理创建了“阶梯式学习法”，赢得了教育界人士的高度评价。“阶梯式学习法”先后在许多省市进行推广，收到了很好的效果，学生的学习成绩和学习的主动性都有所提高。实践证明，“阶梯式学习法”是讲究科学程序的方法，是充分发挥人的主动性、生成性的方法，是充分运用强化人的体验、促进人的发展的方法，是注重人的行为成效的方法。下面对“阶梯式学习法”作以简要介绍，供同学们学习时借鉴参考。

“阶梯式学习法”的理念是发挥主体主动性，落实成功原则。程鸿勋认为，现在学生不会学、不爱学是普遍存在的问题，许多家长和学生处于烦恼之中。这不仅影响了教育质量，而且会造成恶性循环，影响学生们创造性的发挥。让孩子爱学习、会学习是奠定一个人一生成功的基础。创新意识、创造能力从哪里来？关键来自平时学习。所有的人，尤其是青少年，必须学会学习。

爱学是会学的动力，会学是爱学的基础。作为基础教育，它的首要任务就是要教会学生学习。学会学习，是培养创造意识的重要一环。一个人学习的过程，就是不断觉悟的过程，创新的过程。试想，当一个学生带着一种高涨的、激动的情绪从事学习和思考，对面前展示的真理与知识感到惊奇甚至震惊；当他们在学习中意识和感觉到自己的智慧力量，体验到收获与创造的欢乐的时候，就一定会为自己的智慧和意志的伟大而感到骄傲，他们的学习效率一定会是令人惊奇的。

"阶梯式学习法"既注重过程体验，又注重学习成效，重在培养学生良好的习惯、方法和兴趣。尽管每一个学生都在一个班级学习，一样的老师，一种教法，但由于基础和主观条件的不同，起点也有高有低，像楼梯一样，这是客观的。谁也不可能一步登天达到顶点，而是要一个台阶一个台阶地上，这就是循序渐进。

"阶梯式学习法"的关键是确定一个合适的台阶，所谓"合适"，主要是指这个台阶具有个性特征，符合一个学生的情况，它的高度适合这个孩子恰好能迈上，而不至于使其望而却步或者太轻松不当回事。

"阶梯式学习法"将预习、上课、复习、作业均分出级别。例如，程鸿勋把学生上课的状态分为五级。

一级叫跟着上课。这是上课的最低级水平，学生只是被动地听，简单地抄笔记，他把这种上课比喻成"口袋式"上课；二级叫懂记上课。就是学生上课能积极思考，在懂的基础上有意识地记忆。一些学习有问题的学生，主要是因为他们不会思考，不会记忆，所以，二级上课还要在学生课后能复述出课堂上的主要内容；三级上课叫联想上课。要求学生上课积极思考、展开联想，还要求学生能主动积累掌握、运用、知识的经验。只要有了经验，并且把经验变成能力，学生在考试时就能考好，一般的中学生能较长时间地达到二、三级上课就不错了；四级是多上课。它的目标是学生能主动培养分析、综合、抽象、概括的能力以及充分发挥自己的特长；五级是专论上课。即让学生处于主动的自学状态，有自学的能力和方法，有自己的见解，能和老师、同学展开专题讨论。当然，也有的学生出现零级，即无效上课，如懒散、分心、有小动作等。

关于复习的阶梯目标及操作，程鸿勋认为，一级目标叫巩固复习。即巩固所学的知识是复习的基本任务。有的同学认为，复习不过是把书再看一遍。在这种错误的思想指导下，复习看书时，就会像看小说似的，看似什么都明白，都能记住，到应用时才发现问题很多，大多都已忘记。出现这一状况的原因是学生没有掌握巩固复习的方法，没有进行认真的思考。正确的做法是，要做好学习回想，或叫做尝试回忆。

江苏省江都县的徐国祥同学说："我有一个学习的好方法，叫做'过电影'学习法，就是晚上回家做作业之前，把老师在课堂上讲的内容像放电影一样，在脑子里再仔细回忆一遍，以加深印象。当然，运用这种学习方法的前提是上课认真听讲。"通过"过电影"式的回忆，可以促进思考，巩固知识，总结经验教训，提高学习效率。

二级目标叫重点复习。重点复习的目的是狠抓基础，有两点要求。一是对重点知识有自己的深入理解，要善于对学过的重点知识，反复深入质疑，发问思考。首先弄清它所表述的"是什么"，即"什么意思"，然后再考虑"为什么"？接着要弄清知识的来龙去脉。只有这样才能真正巩固知识，掌握知识。二是在深入理解和思考的基础上，有针对性地看教材、笔记、参考书。课本上的内容是最规范精确的表达。老师课堂讲解的板书、笔记上的主要内容，也是最有助于思维和记忆的要点。参考书可以从多角度、多层面帮助我们理解所学的知识。

三级目标叫系统复习。所谓系统复习是指单元系统复习、阶段系统复习、考前系统复习等。进行系统复习时，需要找出知识之间的内在联系，从整体和系统上掌握知识，培养总结概括能力。

四级目标是经验复习。经验复习有两个操作步骤。第一步是深入、系统学习。复习后在内容、程序、书写等方面，自己有什么好经验，要认真总结出来并保持下去，经验系统化就是一种概括复习的能力。第二步是培养解决问题的能力。要适当地选题试试。简单的题目要做到自己一看题，就明了要考的是什么基础知识。综合性的习题，要明确解决问题的整体思路，这样做可以检查自己学习、复习的效果，也可以提高对知识完整化和系统化的认识过程，培养综合运用知识和解决问题的能力，积累应用经验。

五级目标是探究复习。它的步骤是：一要进一步形成专题。搞专题或专题学习，是一种集中、透彻、突破一般标准，以达到更高水平的学习方法。二要运用公式专题。有的学生把与这章有关的公式整理成系统，写在一张纸上，并做一些有趣的命名，如爷爷公式、爸爸公式、儿子公式、孙子公式等等。既反映了它们之间的关系，也明确了它们应用的范围。同时，五级目标还要求善于讨论问题，善于合作学习。

运用阶梯方法进行学习，可以培养我们良好的学习习惯，有利于自主主动地探索发展。时代已经进入学习化社会，作为中学生，一定要真正成为学习的主人，努力找到适合自己的阶梯，奋力向知识的峰巅攀登。

022 勇于创新出佳作

作文之法，意在曲折者，宜写之以显浅；理之显浅者，宜运之以曲折之笔；题之熟者，参之以新奇之想；题之庸者深之以关系之论。至于窘者舒之使长，缛者删之使简，俚者文之使雅，闹者摄之以静，皆所谓裁制也。

——张　潮

你们必须向上代学习，必须掌握人类已经取得的最优秀的成果，然后再由此推陈出新。

——加里宁

古人云："文章切忌随人后"、"文若春华贵出新。"

大家知道，作文从本质上来说就是创新的产物。因为好的文章，一定是对人生与体验的沉思，是对经历与情感的升华，是对阅读与见闻的提炼，是对才情与见解的外化。

蕴涵着生命之光、人性之爱、自然之美的人文精神是创新之源。只有创新，才有生气，才有活力，才能动人，才能洗人耳目。遍览近年来涌现的高考满分作文，无一不是创新的佳作。以2009年的高考作文来看，无论以文言文写成的被称为“史上最牛高考作文”，还是被专家一致赞誉的《站在文学门口》，都是特别契合了高考作文“有创新”的要求的。

总结中考、高考满分作文，它们的共同特征是见解新奇，材料新鲜，构思新巧，想象独到，个性明显。文章的语言魅力、思想内涵、审美情趣体现了考生独特的生命感悟。

写出优秀作文的考生大都从自己的生活经验、认知水平和情感体验出发，用心灵去感受、思考，对文题进行认真地分析、解读、体验、锤炼，行文时体现了内心世界的真实感受和情感体验，发挥了个性思维和真情实感的表达，正可谓情动于衷，文发于外，泼墨于卷，铸魂于心。这不但是考生获得高分的重要条件，也是我们平时进行作文练习的努力目标。因此，可以肯定地说，要在高考作文中取胜，就必须勇于创新。

1. 改变观念勇于创新。有些同学“怕失求稳”，只会写保险文；有的老师也不主张写“放胆文”，怕脱离主题。因而在构思时不敢大胆创新，不敢施展求异思维、发散思维。这样是很难获得高分的。怎能写出有创新的文章呢？其实只要你围绕题目，不违反题意，无论怎么写，都不能算跑题。所以我们要改变观念，走出“怕失求稳”的误区，大胆创新。越是“怕失求稳”，失分可能越多，只要大胆创新，才能获得高分。因而在构思过程中，一定要使文章主题光明、高尚、美好。光明，而不是阴暗；高尚，而不是卑下；美好，而不是丑恶。好的文章总是教人求真、向善、臻美，可以化民成俗、纯净世风。

2. 突破传统创造性思维。会用全面的、联系的、发展的、一分为二的观点看问题，以获得正确的深刻的思想认识；学会换一个角度看问题，追求新的发现；学会将正向与反向、纵向与横向、发散与聚合等各种对立统一的思维形式有机地融为一体，使思路开阔，思维活跃，文思泉涌。

3. 大胆想象形式新奇。这几年的作文题目，体裁非常丰富，各种文体应有尽有，给人以耳目一新之感。这些都可以给我们平时练习作文以借鉴。

4. 善于联想巧用比喻。2009年满分作文的《站在文学门口》充分体现了这一点，使人在阅读时切实感受到诗词之美妙，文学之深邃，因而崇敬热爱之情油然而生。

5. 勤于思考见解新奇。“新”从何来？从思考中来。我们要勤于动脑，留心观察，紧扣时代脉搏，从丰富多彩的现实中“捕捉新意”；要充分展开联想，从无垠广阔的天地中“寻觅新意”：要善于逆向思维，从习以为常的素材中“挖掘新意”。这样，我们就能够推陈出新，标新立异，写出“有创新”的好文章了。

要使作文达到创新的层次，必须克服文章缺乏生气，缺乏灵性，缺乏个性的弊端。具体地说，有这样几个方面需要注意：

一是情感虚假化。在作文过程中，特别是在中、高考时，有的学生为了“感动”评卷老师，故意编造故事，打“悲情牌”。这种虚构的东西必然缺乏真情实感，是不会打动人心的。要想得高分也实在很难。另外，由于独生子女在家庭结构中的独特地位，造成独生子女自私冷漠，以自我为中心的现象较为严重，在日常生活中缺乏仁爱精神和生活经验，使得学生在作文时无病呻吟、胡编乱造，缺乏人文精神。

二是写作模式化。应试作文教学造成的大量死记硬背和极端模仿，使得学生在写作时人物脸谱一致性、遇到的事件一致性、思想感情一致性、作文布局一致性，甚至于语言一致性的现象相当严重，使为文之真、为人之诚丧失殆尽。

三是语言公式化。在中、高考作文时要取得高分，一定要使语言明丽、清新、雅致。明丽，而不是晦涩；清新，而不是烦琐；雅致，而不是粗俗。应试作文造成学生的作文思维模式化。学生作文思维的模式化，又导致学生语言表达的模式化。这样，原本是有个性的、丰富多彩的学生语言，在现实作文中，与课本、作文辅导书中的语言达到惊人一致，这种味同嚼蜡的公式化语言大量充斥于作文中，使得新颖性不仅在作文内容上丧失了，而且在语言上也进一步丧失。

北京大学学生崔婧谈到作文创新时说："创新并不意味着你一定要做所有人都没做过的事，而是可以在大家都做同一件事的时候，用不同的方式——甚至只需小小的不同，就能取得很好的效果。"事实上，有时就是因为角度的不同，让一个很平常的事情，呈现出让人"眼前一亮"的效果。因此，我们可以说，突破作文写作的瓶颈，关键在于在学习作文时一定要从构思、选材、文体、语言等各个方面进行创新。

1. 构思要新。构思就是一个总体设计，就像一个建筑的蓝图。在通常习作中，有的同学一般只知道根据老师或作文题目的要求，搜索枯肠，匆匆拼凑成文，以应付作业或考试，很少在构思上下工夫。其实，一篇优秀的作文，总是在构思上闪烁着迷人光芒。

逆向式构思。逆向构思是构思创新的一种常用法。逆向构思就是要反弹琵琶，反其意而用之。从与材料内容或题目相反的角度去思考分析，从超出一般常理的角度来确定文章的主题，一反传统看法，提出独到的见解。逆向构思在不违反时代精神，不违背科学常识的前提下，是对思维定式的"逆转"。它常常多方面、多角度、多起点、多层次地思考问题，遵循事物都是辩证的原则。

象征式构思。象征式构思是指在构思时，从题目的象征意义出发，挖掘出话题的深层含义。如在构思"桥"、"路"等文章时，"桥"不仅可以指实物桥，也可指心灵的纽带，感情之桥；"路"既可指实物路，又可指人生之路、求学之路、竞争之路、改革之路等。

发散式构思。进行发散式构思，就是要求在写作过程中不依常规，寻求变异，排除已有的习惯性认识，无拘无束地进行多方位、多侧面、多角度、多途径、多阶段地分析、思考，思维的触角伸向各个方向，从而提炼出鲜明、新颖的主题来。

2. 选材要新。材料是文章的血肉，只有新颖的材料，才能给文章输送新鲜的血液，文章才会充满生机活力。选材要新，首先指要善于在平常的材料上挖掘出新意。在平常的作文中，我们要立足于一些平时貌似普通的小人物、小事情，从中发现他们身上或事件中与众不同的地方，哪怕只是一点点闪光的地方，变换思维角度，拓宽思维空间，把它放大，从而完成选材的新颖性。

其次，所选的材料要体现作者的真实情感。作文笔端流露的情感应该是其在生活中长期积淀的反映，而不是为了作文而胡编乱造的文字。因此所选的材料中要渗透着作者的真情，这样的材料即使用最平常的文字表现出来，也会字字透露着真情，从而成为一篇好的文章。

3. 文体要新。李渔在《闲情偶寄》中曾说过“变则新，不变则腐；变则活，不变则板”。这就是说，只有将创新意识处处贯穿在写作中，在作文形式上进行独特的创造，通过对作文外部形态的加工，才能实现作文内容与形式的全面创新。文体要新，意味着文章构思巧妙，清新明快，既没有虎头蛇尾之弊，也没有旁逸斜出、意多文乱的芜蔓之感。

4. 语言要新。古代文学家说：“义虽深，理虽当，词不工者不成文，宜不能传神也。”说明了语言表达得好坏，直接影响着文章质量的高低。我们所提倡的作文创新，有时并不完全体现在立意的创新、布局的创新上，有的时候往往是一个或几个词的出现使之焕然一新。一篇洋溢着优秀词汇的文章，可以使这篇文章处处闪烁着亮点，而贫乏苍白的语言不能表达丰富多彩和深刻的思想，因此作文语言要像生活本身那样丰富多彩，赏心悦目，处处给人新奇的感觉。

其次是追求作文语言的富于文采和生动形象。所谓文采，就是要避免文字叙述干涩单调，枯燥无味，力争做到“平字见秀，常字见奇，陈字见新，朴字见色”，重在语汇丰富、组合清新、韵味醇厚、含蕴深远，这就要求学生阅读范围广泛，掌握的词汇量丰富，运用自如，给人以行云流水的感觉。所谓生动形象，重在凭借各种表达方式，力争做到语言生动活泼、句式灵活多变、修辞形象贴切，富有个性，渲染出各种美妙的意境诉诸感官，倾诉出各种感情沁人心脾，令人产生清馨扑鼻的审美愉悦。这样焕然一新的语言风格，将从整体上提升作文的创新质量。

一些学而有成的"中、高考状元"总结出了作文之"诀窍"："一曰乐之，唯乐之方使之善；二曰勤之，苦于读书，勤于积累，方有源头之活水；三曰思之，思其变通维新，思其独立特行而不落于造作。"这是可资同学们学习借鉴的创新作文之"法宝"。

023 问疑解难得真知

疑，是发现智能的引线；思，是获得打开知识之门的钥匙。

——华罗庚

怀疑是大家必须通过的大门，只有通过这个大门，才能进入真理的天堂。

——莎士比亚

问题既是思维的起点，又是思维的动力。早在两千多年前，孔子就要求自己的学生"每事问"。著名学者陆九渊的观点则更为精妙，他说："为学患无疑，疑者有进，小疑则小进，大疑则大进。"毋庸置疑，大至科学研究，小至生活琐事，其重大的发明或进展，与其说是解决问题的人促成的，不如说是提出问题的人所促成的。问题意识不仅体现了个体思维的灵活性，也反映了个体思维的独立性和创造性。全国优秀教师李盛华在《质疑是创新的阶梯》一文中提出，"质疑就是不做精神上的奴隶。创新，就是打破物质上原来的'盆盆罐罐'。这种思维的萌发与运转，就会拉升创新的阶梯，使教师和学生跨上更新更高的境界!”

朱熹是南宋哲学家、教育家、文学家,他一生博览群书,涉猎甚广,主要精力都投入在讲述和著书上。但正如孟子所云,“尽信书不如无书。”朱熹对于如何从读书中获益有着非常精湛的见解。

从宏观上来说,朱熹主张,“读书不可泥,且当看其大意。”这是朱熹读书的胸怀,这种胸怀能让我们现代中学生在读书的过程中捕获独特的思想,从而产生新的生活视野和思维境界。此外,孔子主张“学而不思则罔”,朱熹也很看重思考在读书中的重要性,他说:“读书,须是以自家之心体验圣人之心。少间体验得熟,自家之心便是圣人之心。”任何书籍所记录的思想,如果不能经过自我的审查而内化为自己的思想,那就是一堆没有生命力的文字。“问渠哪得清如许,为有源头活水来。”要使自己的思维活跃,就必须要用“自家之心体验圣人之心”。

朱熹读书治学最后所要达到的境界是,“读书无疑者,须教有疑;有疑者,却要无疑,到此方是进矣。”大致意思就是说,读书过程中要善于质疑,同时还要解决疑问,直到解决所有的困惑和疑问,才算是有所长进。“疑”是学习进取的关键,只有会“疑”,才能促进我们的积极思维。在不断地“生疑”、“质疑”、“问疑”、“释疑”的过程中,才能学到有益的知识。

明代著名文学家、学者宋濂自幼好学,很爱读书,遇到不明白的地方总要刨根问底。一次,宋濂为了搞清楚一个问题,冒雪步行数十里,去请教一个叫梦吉的老师,但老师不在家。宋濂并不气馁,几天后再次拜访那位老师,但老师并没有接见他。当宋濂第三次去拜访时,掉进了雪坑里,幸亏被人救起。当宋濂几乎晕倒在老师家门的时候,老师被他的诚心所感动,耐心地解答了宋濂的问题。后来,宋濂为了求得更多的学问,不畏艰辛,拜访了很多老师,最终成为闻名遐迩的明代“开国文臣之首”。

我们有幸生活在现代社会,享有衣食无忧的生活,学习条件不知比古代人好过多少倍。但我们是否感到学习时光的幸福呢?我们遇到学习上的疑问与困难时,可有宋濂等前贤的问疑精神?具体地说,你常向老师和同学请教吗？基于此，一定要在同学中倡导一种理念——每日都向他人求教。每天晚上都要回顾一下，我今天发问了吗？

2008 年以理科总成绩 647 分考入清华大学自动化系的丁旭同学认为，在学习过程中出现了问题，就一定要选择与老师进行发问、请教和沟通。他说："有着多年教学经验的老师会有许多不错的解决问题的方法，也许困扰你多时的问题能被他们一语道破。不要害羞，不要担心，老师永远不会嘲笑你，永远不会误导你。大胆地与他们沟通，宣泄内心的苦闷，必将对你的学习生活大有益处。"丁旭同学说，有一段时间他感到自己做题准确率过低，考试中总犯一些低级错误，却一直没有办法解决，他便找到了班主任老师。经过老师的认真分析，丁旭才知道原来是因为自己在考试中过于放松，以致精力不够集中，思想经常开小差。从此，他在考前总是静心冥想思考考试科目的知识要点，使自己在开考后尽快进入状态，这样的错误就不再发生了。老师作为过来人，拥有很多值得珍视的经验，及时向他们请教，不失为提高学习成绩的一条"捷径"。

摆在我们面前的各个学科，构成了一个个未知的领域，形成了一个个诱人的谜团，这就需要我们年轻一代坚持不懈地调动一切智力、毅力和体力去探索，去征服。面对光怪陆离的世界，面对芸芸众生，我们必须善于问疑：问天问地，问自己问他人，问书本问师友，以求探索出那些隐藏在现象背后的真理，从自然、社会和日常生活中得到灵感和答案。

问疑，是明确的目标，努力的动力。问疑，引发了思考，又能牵引思考。

问疑，是荒漠中水草丰美的绿洲，始终激励着在荒漠中勇敢穿越的旅人；问疑，是暗夜里永远悬在北方夜空中璀璨的北斗，始终为在探索中无畏的勇士们指明方向。问疑，是一种积极的学习态度，是进行科学研究的必备品质。问才能解答自己的疑惑，疑才能产生宝贵的思想火花，才能破旧创新。问疑，不但能使人类战胜自然，战胜自我，而且还能使人类占领高科技领域，走向一个又一个成功。

卢瑟福从阿尔法粒子小散射的实验中证实原子核存在后，发现原子核的质量数与质子数不符，他于是产生了疑问。于是，他不断地问古人问自己，积极思考，坚持实验，终于成功地证实了中子的存在。这对于一个只知道重复实验，不善于提出质疑并思考的人来说，是不可想象的。如果我们不能像卢瑟福那样，只知埋头工作，而不善于发问，不善于思考，成功了不知道为什么成功，失败了也不知道为什么失败，好像是在兢兢业业工作，其实这只是木偶度日。

教育实践已经反复证明，一个中学生要想获得优异的学习成绩，必须勇于在学习过程中，不断向文本、向作者、向老师、向同学提出大大小小的质疑。在这种质疑中激活我们每天生活其中的课堂，激发自己的求异思维和创新思维，并以此意识到自己头脑中所蕴藏着的巨大潜力，给自己以自由发展的空间，使我们的枯燥的学习活动变得轻松愉快，使我们的学习能够事半功倍，以此真正创造出一片属于自己学业上的新天地。

024 唯思远者学方博

学非有碍于思，而学愈博则思愈远；思正有功于学，而思之困则学必勤。

——王夫之

在泥土下面黑暗的地方，才能发现金刚钻；在深入缜密的思考中，才能发现真理。

——雨　果

康德曾经说过："感性无知性则盲，知性无感性则空。"学与思的关系亦如此——一个人学习而不思考，等于什么也没有学到；只有思考而不学习，那同样也没有学到什么。

须知道，学习和思考就像一对孪生兄弟，两者是不可分割的。学习和思考又像船和桨的关系，船没有了桨，它只能停留在原地不能前行；只有桨，没有船，桨也毫无用处，只不过是两块普通的木板而已。所以，要想在大海上乘风破浪，必须既有船又有桨。同样，要想在知识的海洋里尽情遨游，就必须既学习又思考。

1583 年，19 岁的青年伽利略到比萨大教堂做礼拜。悬挂在教堂半空的一盏吊灯被门洞里刮来的风吹得来回摆动。这引起了伽利略的注意，“奇怪！怎么每次摆动的时间相同呢?”伽利略发出这样的疑问。为了确切地肯定每次摆动的时间相同，当时在学医的伽利略忽然想到用自己的脉搏测试。“千真万确!”伽利略为自己的发现感到惊喜。接着他又想，“吊灯如果大小不一样，摆的时间会有什么不同?挂吊灯的绳子要有长有短又会怎样呢?”

回到家，伽利略做起了实验。结果发现摆动的快慢与物体的重量无关，而与其线长相关。当线长时摆动慢，当线短时摆动快。

1656 年，荷兰伟大的物理学家、天文学家和数学家惠更斯，根据伽利略发现的摆的等时性原理，发明了世界上第一架计时摆钟，从而代替了人们刻录和标记时间所使用的很不精确的日晷和机械发条式的钟表，也是人类第一台日误差在一分钟之内的计时器。这项伟大的发明正是源于思考的结果。

孔子曾指出：“君子有九思：视思明，听思聪，色思温，貌思恭，言思忠，事思敬，疑思问，忿思难，见得思义。”他认为，凡事都要打开感官去自我体验，自我思索。前人的思想固然有很多是珍贵正确的，但也可能有一些是不正确的。另外，还有一些问题可能是前人尚未回答的。因此，如果受到前人的思想的蒙蔽及限制，就难免陷入迷惑之中。

相反，如果只是苦思冥想而不读书，不通过读书继承前人的知识，就会“殆”，疑惑就会一直存在，用韩愈的话说，就是“其为惑也，终不解矣。”孔子结合自己的切身体会说：“吾尝终日不食，终夜难寝，以思，无益，不如学也。”也就是说，如果苦苦思考还是得不到答案，不如再多学一点现有的知识。正所谓“柳暗花明又一村”，你可能在学习过程中豁然明朗。否则，固执地想要靠自行思索而不知取法前人，则有可能误入歧途，导致虚掷精力，甚至走火入魔。

明末清初的思想家、哲学家王夫之认为，读书的目的有二：“辨其大义，以立修己治人之体也；察其微言，以善精义入神之用也。”也就是说，读书的作用就在于掌握修己治人的精深妙理，要做到这一点，就需要勤于思考，带有思想地去读书，才能明大义、察微言。如果不去思考，读万卷书者也可能仍是不学无术者。王夫之自己读书时，就坚持将“思”贯穿于“学”的始终，总是“以肃然之心临之，一节一目，一字一句，皆引归身心，求合于所志之大者。”在王夫之这一思想中，尽管前人所流传下来的知识都是经过千辛万苦的思索，绞尽脑汁而获得的“真理”般的认识，但后来者依然不能就此却步，而要“度之于吾心”，加以反复追问。这便是古人对于“学”与“思”的经验之谈。

现代有的学者认为，不论是通过读书、看报、上网或者其他途径来获取知识，都是将知识像水一样，用木桶将其盛起来。通过一段时间的积累，脑袋里就会装满很多桶“水”。但这些“水”彼此是隔离的，都是盛在各自的桶里。学习就是不断地将“水”盛到大脑里的空“木桶”中，思考则是将每一个“木桶”里的“水”激活，让激活的“水”相互撞击，洗刷“木桶”，更新每一个“木桶”里的“水”。如果固执地只相信自己的思考，不断地思考，那么，每一个“木桶”中的“水”就会渗漏出来，从而在大脑中形成涓涓细流，而“木桶”空空如也。但如果只学习而不思考，那么，所学到的知识就会被局限于“木桶”中，长期如此，“水”得不到更新，就将成为“死水”。学与思的融合境界就在于，“木桶”中的“水”渗透出来，完全冲破“木桶”，在不同的“木桶”间来回流淌，在头脑中形成奔腾不息的大河。

学习离不开思考。当年牛顿坐在苹果树下被苹果重重地砸了一下，他并不认为这事像看上去那样简单，于是牛顿陷入了思考中，苹果为什么会自己落下来？经过反复的思考，反复的试验和研究，他终于发现了万有引力定律。如果当时牛顿发现这个苹果落地的现象后，只是拍拍屁股、自认倒霉，换了地方坐下，不去思考它为什么会落下来的话，那么这个世界上也就少了一位伟大的科学家，少了一条真理。

思考也离不开学习。还以牛顿为例，牛顿被苹果砸到后想到苹果为什么会自己落下来呢？是不是有一种力吸引它落下来呢？如果只是坐在苹果树下对这些自己提出的疑问反复地想，即使在树下想一辈子，也终究只是一个疑问、一个谜团而已。要想解除疑惑解开谜底还得不断去获取解决问题的知识，发现解决问题的办法。所以，学习对于思考来说是关键，离开了学习，思考将不能称之为思考，只是空想而已。

两千多年前的古人就充分认识到了学习与思考的密切关系，两千多年后的我们这些现代的中学生，是不是更得重视前人的教诲呢？的确，对于在读的中学生来说，只有具有读书与思考的完美结合，才能发挥其内在的价值，才能促进个人心智的成长。还是让我们牢牢记住孔子的这句古训，作为鞭策自己在学习道路上不断前进的座右铭吧——“学而不思则罔，思而不学则殆。”

025 日积月累获才智

合抱之木，生于毫末；九层之台，起于垒土；千里之行，始于足下。

——老　子

涓滴之水终可以磨损大石，不是由于它力量强大，而是由于昼夜不舍地滴坠。

——贝多芬

古往今来，有学问的人总是十分注意积累的。刘勰有一句名言“积学以储宝”；苏东坡教人为学之道要“厚积而薄发”；鲁迅先生也曾说过：“无论做什么事，如果不断地收集资料，积之十年，总可成一学者。”

知识的增长，是一个日复一日、年复一年的积累过程。在这个过程中，始终要牢记“业精于勤荒于嬉”的古训。何以为“勤”？邓拓先生曾作过一个生动的比喻，他说：“你看农民出门，总随手带粪筐，见粪就捡。积累知识，也应该有农民积肥的劲头。”积学如捡粪，要非常勤快，既要眼勤，处处留心；又要手勤，不怕麻烦。诸如写笔记、作摘要、制卡片、搞剪贴等等。邓拓先生常用的办法是，准备一个小本子，平常读书报杂志，看到有用的东西就随手记下。

古今中外勤于涉猎，随时随地积累知识的传闻逸事不胜枚举。

清朝著名小说家蒲松龄为了写《聊斋志异》，就在自己家门前的道路旁设了个茶摊，“见行者过，必强与语，搜奇说异，随人所知。”就是这种“闲聊”使作者积累到了广泛的素材，才使他写出了这部伟大的著作。

清代诗人袁枚十分注意积累语言，他许多的好词佳句都是从村夫僧人那里得到的。有一次，在二月梅花盛开的时节，站在梅树下的一个村夫很高兴地对袁枚说："你看，梅树有了一身花了！"袁枚听了，心想："这不是诗吗？"他便默默地记下来，久久地咀嚼，后来就写出了"月映竹成千个字，霜高梅孕一身花"的名句。还有一次，一位给袁枚送行的僧人惋惜地说："可惜园里的梅花正盛开，您带不去！"袁枚受此启发，吟得"只怜香梅千百树，不得随身带上船。"

已故数学家苏步青曾说："我在国内连续出版了几本专著，还和刘鼎元副教授合著了《计算几何》，最近又编写了《等周问题》、《拓扑学初步》等教材，为中学教师举办讲座。我已经年逾八旬，而且还有一些社会工作，哪有时间搞科研、著书立说呢？我的办法是见缝插针。我常常利用零碎的时间，积沙成塔，积少成多。当时外国同行寄来国外最新出版的微分几何新书，我就细读，写了几万字的笔记……"

法国科幻小说家儒勒·凡尔纳每研究一个科学问题，总是事先收集大量资料。他去世后，人们在他的书房中发现他亲自摘录的笔记竟达到 2.5 万多本。

革命导师列宁为了研究资本主义社会的发展规律，曾浏览了数以百计的书籍，其中重点对 148 本书和 49 种刊物上的 232 篇文章认真进行了阅读，做了笔记摘录和批注，写下了 60 多万字的札记。在此基础上进行分析、批判、吸收，写作了著名的《帝国主义是资本主义的最高阶段》。

爱迪生口袋里经常放着一个小笔记本，有时还画上草图，写下一些计算公式，这个笔记本像是爱迪生盛知识的"金碗"，一有空，他就拿出来进行研究。

古人云："学贵而能专。未有不博而能专者也"，说明了"博"与"专"的辩证关系。因为各种知识是互相联系的、互为作用的，掌握的知识越多，就越能左右逢源，豁然开朗。试想古典文学名著《红楼梦》的作者曹雪芹，如果没有极其丰富的园林、服装、医药、诗词、绘画、建筑、宗教等各方面的知识，他能为后世绘制出那么瑰丽多彩的历史画卷吗？奠定经典力学理论基础的科学大师牛顿，倘若只是懂得意大利科学家伽利略的物理学，而不精通德国科学家开普勒的天文学，他能提出“牛顿力学三定律”吗？著名的美国物理学家富兰克林，在当印刷徒工期间，一方面利用工余间隙，学习正在印刷、装订的书刊，另一方面利用和书铺学徒熟悉的关系，从他们那里借书看，抓紧业余时间攻读，多年来一直如此，终于成为了一名大科学家。

作为正在广泛积累知识的中学生，一定会从上面的事例中获得深刻的启示。季羡林老先生平常遇到重要的文字都会马上找个纸片摘抄下来；清华大学博士生高皓不但记下重要的知识点，还专设一个笔记本记下自己的错误；有的同学还专门准备随身携带的小本子，把需要机械记忆的内容写在上面，利用打饭、候车等零碎时间拿出来背一背；有的同学已经养成了听报告一定带笔记的习惯……这些做法对于积累、丰富自己的知识显然是大有助益的，也是值得我们借鉴的。从小事做起，从点滴积累，是获取知识的重要途径和方法。

积累知识是个长期的、艰苦的过程，企图一蹴而就是绝不可能的。重要的在于有恒心和毅力。有一副名联说的就是这个道理：“若有恒，何必三更眠五更起；最无益，莫过一日曝十日寒。”没有持之以恒的意志，缺乏坚持不懈的精神，就不可能攀上知识的高峰，就不可能在各种知识竞技中游刃有余。

随时随地地积累知识，目的是加深理解，帮助消化，丰富思想，提高水平，使自己的知识基础更加丰厚和坚实。

积累使人知识丰富，学问渊博。作为风华正茂的中学生，一定要把握住这个黄金时节，勤于积累，广泛吸纳，只有这样才能实现自己人生的美好目标。

第三章

见微知著　寻觅核心兴趣点

“任何一种兴趣都包含着天性中有倾向性的呼声，也许还包含着一种处在原始状态中的天才的闪光。”兴趣对于中学生来说，是真诚的投入，是倾情的关注，是愉快的欣赏，是深刻的感悟。美好事物的存在总是合理的，精炼的，艺术的，都会产生使人心旷神怡、流连忘返的快感。或许你暂时感到中学课程繁冗而深奥，艰涩而枯燥，因而对其没有兴趣，不能带着愉快的心情去学习，那势必会造成心理和体力上的双重负担。每一位中学生要取得优异成绩，就要想办法去发现、去寻找知识所蕴涵的美和潜藏的智，主动拉近与知识的距离，把貌似冷漠的知识当成挚友。这样，学习兴趣就会随着年轮的增长而与时俱进，学习热情也会随着时间的推移与日俱增，从而收到事半功倍的效果。

026 兴趣是位好老师

爱好出勤奋，勤奋出天才。兴趣能使我们的注意力高度集中，从而使得人们能完善地完成自己的工作。

——郭沫若

好奇的目光常常可以看到比他所希望看到的东西更多。

——莱　辛

人们常说，兴趣是最好的老师，是成功的开端。从另一个角度来说，对任何事物都不感兴趣的人，他的生命是不会燃起智慧的火焰的，当然也就品尝不到理想的果实。

在我国的宝岛台湾，曾经有一个被老师们公认的"问题"孩子，他被好几所学校像皮球一样踢来踢去。长到十几岁，他一直屈从于外界的评价，认为自己非常笨。但是，他并没有因此而沉沦，而是逐渐发现自己虽然在文字等方面反应迟钝，但对图形很敏感。于是，他开始了独特的自娱自乐活动——画画：在学校里画，回到家画，书上、作业本上，凡是有空白的地方都被他画得满满的。后来，一家媒体发现了他的特长，并为他开设漫画专栏，他渐渐声名鹊起，成了专职漫画家。

这位传奇之子就是朱德庸，25 岁红透宝岛。他的《双响炮》、《涩女郎》、《醋溜族》等漫画集一直畅销不衰。现在，根据这些漫画作品改编的电视剧也在热播，"朱德庸"三个字更是炙手可热。

对于中学生来说，肯定记得爱因斯坦的那句名言："我认为对于一切情况，只有‘热爱’才是最好的老师。”是的，成功，从某种意义上来说就是一种寻找的艺术。在奋斗的路上，我们若能看清自身的条件和特点，找到自己的兴趣所在，也就等于穿上了最适合自己奔跑的鞋子，就已经成功了一半。反之，若穿上了一双不适合自己的鞋子，即使它再昂贵精美，跑起路来也会很痛苦。只有拥有一双适合自己奔跑的鞋子，我们才会跑得更快更远。

孔子说："知之者不如好之者，好之者不如乐之者。"如果我们对某个学科充满了好奇，充满了兴趣，充满了激情，充满了渴望，就完全有可能在这方面发挥出自己所有的潜力，甚至为之废寝忘食。这时候，我们已经不是为了学习精疲力竭，而是为了"享受"这种快乐而学习了。这时，主动性也会空前高涨，且思路敏捷，收效显著。

那么，什么才是自己的兴趣点呢？我们的核心兴趣又是什么呢？

也许是应试教育和填鸭式教育的副作用，很多中学生对自己都没有过多关注，甚至到了高考后报志愿也不知如何选择学校和专业，根本不知道自己的兴趣到底在哪里。

有人曾经比喻说，中考、高考好比是一根独木桥，不管每个学生与生俱来的差异有多么大，也不管他们的"腿长腿短"，是更适合"举重"还是"跳高"，都要在"标准答案"的指挥下，裹挟进千军万马的洪流中，拼命地厮杀和挣扎着过桥。

为了一个现实而功利的升学目标，苦读十年寒窗，不惜舍弃一切与之无关的东西，当然也包括了对每个中学生来说本来十分宝贵的兴趣。然而，当我们终于十年寒窗挤过了独木桥，有了自己选择如何发展的自由时，却蓦然发现，自己真正感兴趣的东西已经丢失了！

正是因为找不到自己的兴趣点，有人为此付出了沉重的代价。2003 年夏天，清华大学博士生刘立早主动退学参加高考成为人们街谈巷议的热点话题。因为刘立早的博士研究方向是化工专业中他最不感兴趣的那个领域，而且进行研究必须利用的工具是他最不擅长的复变函数等数学方法，不得已只好放弃……

为了避免这种情况的发生，作为中学生现在就把你的核心兴趣爱好找出来，并牢牢地抓住它，把握它。要找到自己的兴趣点，最好的方法就是开拓自己的视野，接触众多的领域。要从社会实践中寻找自己的兴奋点，逐渐将它转化为自己的职业理想、人生目标。唯有多接触才能有足够的尝试，唯有多尝试才能找到自己的最爱。

其次，在寻找兴趣点时，要注意客观地评估自己，不要把老师、家人、同学或朋友认可和看重的事就当做是自己的爱好。比如家人和社会都认为医生或者老师这些职业很崇高，尽管你也认同，但也不应仅仅因此就认为自己喜欢医学，就把它当成是自己的真正兴趣所在。也许你的思维并非医生、教师所需的那么缜密，也许你的心理素质属于紧张、易于波动型，而这并非适合你的发展。

同时也不要以为有趣的事就是自己的兴趣所在，更不要以为有兴趣就意味着自己有这方面的天赋，而是要亲身体验它，并用自己的头脑做出判断。比如说，色彩丰富、内容大胆夸张、包含了一切时尚前卫元素的网络游戏，人们大都对它很有兴趣，可这却不表示你真的会做好，更不表示你将来就能够去做开发网络游戏的工作。

兴趣对我们中学生来说，可以有很多种，但绝不能面面俱到地都抓到手，那样很可能会迷失了发展方向，眉毛胡子一把抓，结果是竹篮打水——徒劳无功。

我们可以尽量寻找天赋和兴趣的最佳结合点，例如，如果你对数学有天赋但又喜欢计算机专业，那么你完全可以在计算机理论方面多下些工夫，把它当成自己的核心兴趣点。

对于中学生而言，抓住兴趣点的目的，一是要让自己充实；二是为自己将来的职业发展做好准备。这才是寻找自己核心兴趣点的真正意义所在！兴趣虽然可以有很多种，但不能全都成为我们未来的职业，假如让兴趣和职业找到一个共鸣点，那么，将来我们的工作将会变得事半功倍。反过来，如果自己的职业并非你的兴趣所在，那你工作起来，即使不会很辛苦，恐怕也会缺少很多乐趣的。

尽管我们还是中学生，但我们毕竟要跨入大学，与其到那时还找不到自己的“所爱”，何不现在就寻找它、抓住它呢？管理大师吉姆·柯林斯对核心兴趣提出了“三环理论”，应该对中学生有所帮助。

所谓三环理论就是找到下面三个问题的交集点，即同时能满足下面三个条件的部分：第一，你对从事的工作具有与生俱来或上帝赐予的天赋，并且运用天赋有可能成为最好的（“我觉得我天生就是干这个的”）。第二，你从事的工作有可观的回报。第三，你对从事的工作充满激情，完全乐意去干，完全能够享受工作过程本身带来的乐趣（“我希望一起床就立刻投入工作，并且笃信我做的一切”）。

只有这三个条件全部都能满足的，才是我们真正的核心兴趣所在，也是我们将来应该为之奋斗的职业。对中学生来说，核心兴趣应该是一根纤绳，它不但能激发我们的学习激情，更应该是通向未来的桥梁。现在就重点培养它，可以说是至关重要的一步！

找出核心兴趣点的有效措施，一是通过开阔视野和接触尝试，如果你发现了自己真正的兴趣爱好，这时就可以在这方面多做一些课外练习，把自己的主攻点放在它上面。二是除了“选你所爱”外，对其他课程也不可荒废，必须在把其他基础课程学好的情况下，再把自己的精力和时间转移到真正感兴趣的方向去。否则，不但会顾此失彼，还很可能得不偿失。

人生的路很长，每个人都可以有很多不同的兴趣爱好。在追寻兴趣之外，更重要的是要找寻自己终身不变的志向。兴趣固然关键，但志向更为重要。兴趣可以改变，但自己的志向则应坚定不渝。

027 突出优势显潜能

知人者智也，自知者明也。

——老　子

每个人应当了解自己的人性，便可胜不骄，败不馁，保持情绪稳定。

——艾尔·叶海雅

顾名思义，潜能就是潜在的能量，它深藏在我们的深层意识当中，是人类原本具备却忘了使用的能力，这种能力我们称为“潜力”。潜能包含三大要素，即高度的自信、坚定的意志、强烈的愿望。

高度的自信是一切成功的基础。如果你对自己非常自信，以致你的激情被彻底唤起的时候，你就会进入一种特殊的状态。这时你的思维和精神力量的速度和数量都会大大增加，你的精神力量好像增加了数倍思维机器以神奇的速度顺利地运转，此刻你会真正感觉到灵感四溢，才思敏捷。可以说，高度的自信是成就一切事业的根本。

意志，是为了达到既定目标而自觉努力的心理过程。简单地说，意志就是坚定的决心。一位哲人说过，大多数失败皆因软弱的意志造成。

一个人在其梦想、雄心、目标、表现、行为和工作中显现的精力、能量、意志、决心、毅力和持久的努力的程度主要是由“想”和“想要”某件事的程度来决定的，这就是所谓的愿望。当人强烈渴望某个事物，尤其当这种渴望的强烈程度已深入影响到潜意识时，他便会求助于潜意识中的意志和智慧的潜在力量，这些力量在愿望的推动和刺激下，会表现出不同寻常的超人力量。

在国外有一个孩子，开始读中学时，先是遵从父母的要求去学文学，没想到学期末老师的评语却是："他很用功，但过分拘泥。这样的孩子即使有完美的品德，也绝不可能在文学上发挥出来。"无奈之下，父母亲只好尊重儿子的意见，让他改学油画。他学得很认真，可是他的成绩却在班上是倒数第一，老师的评语更让父母无法接受，"你是绘画艺术方面的不可造就之才。"

面对老师的讥讽、父母的责备，他自己也开始怀疑自己是不是真的没有天分可言？这时，他的化学老师建议他去试学化学，因为这位老师发现他做事情一丝不苟，而这一点正是做好化学实验必备的品格。父母亲抱着最后一线希望将宝贝儿子送去学化学，没想到这一次一发不可收拾，他那智慧的火花一下子被点着了，其他老师眼里的"不可造就之才"最后成了大家眼里公认的化学方面的"高才生"。他就是 1910 年的诺贝尔化学奖得主之一——德国化学家奥托·瓦拉赫。

在这个世界上，每一个成功者都是抓住了自己的长处，突出了自己的优势，发展了自己的潜能，最后才达到了无往不胜的境界——

比尔·盖茨空手打造出一个微软帝国，迪斯尼画出了一个天才的老鼠，麦当劳将美国式的快餐文化传遍了世界上每一个国家，李彦宏创造了"中国不打折"的网络神话……

松下幸之助曾说，人生成功的诀窍在于经营自己的个性长处，发挥自己的优势，发展自己的潜能。高中生尤其如此，在我们每个人身上，都隐藏着巨大的潜力，在那里你可以破译成功的密码，找到实现自己梦想的魔杖。

只有善于运用自己的优势才能使我们原本平凡的人生增值，而使用弱势则会使自己可能辉煌的人生贬值。想想看，你周围的同学是不是能者如云、强手如林？一时间"乱花渐欲迷人眼"，自己差一点儿被别人的光环照晕了头？会不会也情不自禁地希望自己也能像别人那样出色？

但是，在社交上你有些不善言谈、表情木讷；在学习上你做不到出类拔萃；你的身高并不挺拔，你的容颜并不秀美，甚至很像丑小鸭；你的家庭并不优越，父母亦非权贵，只是最普通的劳动者；你在很多方面并不优秀，也许从来没有吸引老师的眼球……于是你苦闷消沉，心中不停地问，为什么我就不如别人，为什么别人能做得好我却连门都入不了？我是不是很笨？

其实你并不笨，只是"笨"在将自己的优势掩藏了起来。富兰克林说过："宝贝放错地方就成了废物。"那么，我们的优势在哪里？优势在每个人天性中的某个地方，在最感兴趣的事物身上。如果我们不甘于自己的平庸，它就会立即被唤醒。而它一旦被唤醒，就会带我们到达往昔从未登临过的高峰！

生活中，每个人都是平等的，每个人都会有自己的闪光之处，都会潜藏着独特的天赋和才能。优势如同脚下的一片沃土，成功的种子就埋在泥土下面，如果我们在这里辛苦耕耘，就会得到意想不到的收获，从而会品尝到成功带来的甘甜，体味到收获之后的喜悦。

不论是在今天的学校里还是在未来的社会上，发现自己的优势并善于经营，是一种聪慧的生存方式，也是摆脱局限、超越自我、超越别人的最好捷径。其实，人的一生中，不清楚自己的弱点并不可怕，最可怕的是不了解自己的长处，因为只有长处才可以让自己在这个世界上立足。

复旦大学教授钱文忠在读高中时，老师非常担心他考不上大学。在 1984 年临近毕业时，学校找到他，要求他转学到其他学校去报考。理由是根据钱文忠当时的成绩，他在这所学校报考，会影响学校的升学率。钱文忠听到这个消息很是震惊，但是他还是耐心地向学校领导和老师说明了情况，坚持要在这所学校报考，并坚定地表示，一定要考出好成绩来报答母校。结果，在当年的高考中，钱文忠以上海市外语类文科第二名的成绩考入北京大学东方语言文学系梵文巴利文专业。

事实上，钱文忠对自己的兴趣和潜能早有充分的衡量和估计，他在高中二年级时，就和北京大学的著名教授、国学大师季羡林取得了联系，并在相关知识上与季老有过深入的交流和探讨。所以，老师所看到的只是钱文忠平时特别普通的成绩，甚至对他能否考上大学都有怀疑。而实际上钱文忠只是"含而不露"而已。

正因为钱文忠对自己的潜能有充分的认识和发挥，才使得他不但顺利考入了理想的大学，而且在学术上也取得了令人瞩目的成就。他的恩师季羡林评价他为"予惟文忠，英年岐嶷，苦读不倦。开电灯以继晷，恒通宵以达旦。中西兼通，古今同娴。刮垢磨光，探幽钩玄。手不停披，梵书佛典。张皇妙谛于字里，犀照真理于行间。故多能发前人未发之覆，士林中多有知之者。"因此可见，发现自己的长处，并突出自己的优势，我们就会像其他同学一样令人羡慕。

作为中学生，千万不要因为自己某个方面弱于他人，就自卑气馁。其实，一个人的弱势或者说缺点，就像物理学上的位置变化一样，是一个相对的概念，也就是相对于不同的参照物而言的：从这个角度来说是缺点；而从另外一个角度来看，则可能是优点，完全没必要"耿耿于怀"。

每个人最大的成长空间在于其最强的优势领域，只有多花点时间把自己的优势发挥到极致，才有可能一步步登上成功的顶峰。

此外，发现了自己的优势，还要善于运用，否则我们的优势就会白白浪费，变得毫无价值。就像一颗钻石，如果沉在海底，就无异于沙砾，只有把它捞出来，把它镶嵌在王冠上，才能体现它的价值。

突出自己的优势，对现在读初中或高中的我们是一种智慧，对将来是一种生存之道，也是一种淡定从容的生活态度！唯有如此，我们才能在竞争激烈的中学生涯里拔得头筹，才能在即将进入的大学生活里如鱼得水，因为每一所大学都是靠优势取胜的地方。

028 统筹兼顾不偏狭

读书无嗜好，就不能尽其多。不先泛览群书，则会无所适从或失之偏好，广然后博，博然后专。

——鲁 迅

读书足以怡情，足以长才。……读史使人明智，读诗使人灵秀，数学使人周密，科学使人深刻，伦理学使人庄重，逻辑修辞之学使人善辩，凡有所学，皆我性格。

——培 根

2009年，湖北省汉南二中学生周海洋可谓一夜间红遍全国。他在高考作文中写出的《站在黄花岗陵园的门口》的古体长诗，全文1080字，文首是一段170多字的文言文，诗歌共51行102句，每句七言；后记约70字，也是文言文写成。他的这篇作文被称为“最牛湖北高考作文”，有3500多家网站转载，数十家媒体跟进，引来热议如潮。

但到高考成绩一揭晓，周海洋的成绩却让人大跌眼镜，他的语文110分、数学45分、英语80分、综合科目135分，总分370分。这使周海洋陷入作文很“牛”、成绩很“熊”的尴尬境地。周海洋自己承认，虽然拥有卓尔不群的古文水准，但当初因为消极备考导致其余各科出现“短板”并且严重拉分，这也是非常遗憾的。他表示自己会再复读两年，尽自己最大努力争取考上一个不错的大学。

2010年，类似的事例又出现在人们的视线。在福建寿宁，老师将寿宁一中高三(11)班杨华的作文《士运论》和照片贴在最繁华的街头，寿宁县有人描述当时的情况说：“里三层、外三层，许多的人民在寿宁街头看此秀才的文章”。

6月24日，杨华的高考成绩出来了，语文126分、数学49分、英语64分、文科综合182分，总分421分，全省排名第53838名，而他的作文成绩排名全省20万考生前9名。全省优秀作文《士运论》作者杨华，因为严重偏科，未达本科线。

对于每一位中学生来说，如果他不对某一学科产生浓厚的兴趣，就无法在这个学科内取得好成绩。但是，如果仅仅对某一学科感兴趣，而放弃其他学科，那么他取得成功的概率依然很小，就像偏食的孩子不健康一样。周海洋、杨华就是很好的例证。

曾经有一个人对雕刻产生了兴趣，便拜一位雕刻家为师。这位雕刻家每天带着这个新徒弟在深山老林里游历，教他辨认各种各样的石头，欣赏大千世界的千姿百态。几天过后，这个人有些不耐烦了，说："我是来向你学习雕刻的，不是来认石头的。你为什么不把真本领教给我呢？"雕刻家问："那你想学些什么本领呢？"那个人说："我喜欢的是雕刻，只想学习你运用斧子雕刻的本事。"雕刻家说："仅有兴趣是不行的，你不了解石头的质地，就会对美感把握不够，雕出来的作品也不会精彩，甚至不好看。换了另外一种，就根本掌握不了雕刻的力道了。这样，你怎么能成为令人景仰的艺术家呢？"那人恍然大悟，原来师傅教我认识石头、欣赏美景都是有深意的啊！

一个人对雕刻有了兴趣和爱好，经过勤学苦练，是有可能成为雕刻家的。但是，他只想学雕刻的技艺，而不想在艺术素养上下工夫，最后，也只能浪费了他的兴趣爱好，肯定不会有大的作为和高深的造诣。如果说雕刻是一门学问，那么构成这门学问的，就不仅仅是雕刻技法，还有许许多多与之相关、相辅相成的知识和学问。所有这些知识的综合，构成了一条完善的"链条"，才能让他的雕刻家梦想得以成真。如果只是喜欢这根链条的某一环节，只对这个环节兴趣盎然，即使付出再艰苦的训练，也不能将爱好转化为特长。

学习也是如此，刚开始的时候，中学生往往只看到一个点，而且常常只顾一点而不顾其余了。其实，只有点多了，才能连成一条线；只有线多了，才能构成一个面；只有面多了，所学的知识才能构成一个空间、一个领域，而且有助于自己的全面发展，有助于综合素质的提高。

中学阶段是人生重要的打基础的过程。如何建构一个完善的知识体系，将自己锻造成为文理兼备的高素质人才，是我们必须面对的课题。

在高中，对于文科班学生来说，最讨厌、最畏惧的可能就是数学课了。其实，无论是学文还是学理，都应充分地认识到，我们所生活的世界，包括我们人类自身，无非是质与量两个方面。数学就是从量的角度把握和解释世界的一种工具，所以数学是一种思想、一种解释世界的方式，一种精密的语言系统。数学是对现实世界的数量关系和空间形式的概括和反映。数学知识源于生活，但并不等于生活本身的摹本，它是生活中数量关系与空间形式的提炼。因此，它高于生活，概括生活，有高度的抽象性。“数学，作为人类思维的表达形式，反映了人们积极进取的意志、缜密周详的推理，以及对完美境界的追求。”所以，可以说数学是思维的体操，对于我们的成长是特别重要和有意义的。只要我们深入学习，就会从中感受到人性之美、人伦之美、人道之美，感受到理性之美、科学之美、智慧之美，感受到人类心灵的博大与深邃，感受到人类所创造文化的灿烂与辉煌，能够唤起对于生活的热爱与柔情，唤起对未来生活的热烈和乐观、光明、正直的期待，能够以新的眼光审视生活、洞察人生。从这种认识出发，相信文科学生也会逐渐喜欢上数学的，从而会避免重蹈周海洋的覆辙的。

不同学科知识间的联系，是学科能力向综合能力转化的基础。综合能力是建立在多个辅助载体上的。我们的爱好和兴趣只是链条中的一个环节，只有把整根链条全部连接起来，才能将爱好转化为特长，才能提高自己的综合能力，才能在未来的中考、高考中无往而不胜。

我们应清醒地认识到，在中学阶段，各门功课之间都有必然的联系。只有将文与理的抽象思维结合起来，将各门功课融会贯通，才能做到全面发展并互有补充，所以说，统筹兼顾，全面进步是打好知识基础的重要一步。

用系统观点看，一个人的特长是包括爱好与兴趣、知识结构、能力和精神智慧等几大要素的有机组成。其中，爱好与兴趣是特长的胚胎，知识是特长的源泉，能力是特长成熟的表现，精神智慧则是一个人特长发挥的核心和灵魂。学校通过不断教育，启迪、熏陶我们的兴趣点，用实践磨炼我们的毅力和意志，使我们的潜能得到充分开发，同时，不断优化自己的知识结构和能力层次，并使之升华、内化、凝聚为创新智慧，从而激发创新欲望，最大可能地实现人生的全面发展。

这是一项系统工程，就好比在我们的爱好与兴趣之上建一座为航海导航的灯塔。完美的知识结构，就是在夯实塔基；优化能力结构，就是在建牢塔身；凝聚创新智慧，就是给灯塔安放光彩夺目的航标灯。只有坚实地走好每一步，我们才能成为一名有智慧、有内涵的中学生。因此，每一位中学生都要明白在学习上偏食甚至厌食是万万要不得的。

029 三种方法增兴趣

浓厚的兴趣超过一百种良好的教学方法。

——杨胜利

对任何事物都不着迷，都不感兴趣，这就是凡人的特征，这种庸庸碌碌的凡人，是难以创造奇迹和造就天才的。

——木村久一

兴趣是指个体对特定的事物、活动所产生的积极的和带有倾向性、选择性的态度和情绪，是推动人们认识世界和改造世界的精神力量。每个人都会对他感兴趣的事物优先注意和积极探索，所以说兴趣是最好的老师,是创造力的源泉。学习兴趣是学习动机的一个非常重要的来源,是学习积极性中一个最活跃的心理因素。没有了学习兴趣就会缺乏学习动力,学习就没有了劲头。

韩干是唐代著名的画家,尤以画马最为有名。他原来在长安一家酒店当伙计,酒店紧靠大道,门口常常拴满饮酒客人的坐骑。他日日观察,对画马产生了极大兴趣,于是他利用干活的空隙,用一根竹枝代笔,在泥地上练习基本功,勾勒马的骨架、外形,描摹马的各种情态。天天练,月月练,天长日久,他在地上能画出一匹匹体形优美、神态各异的马匹来,获得了人们的交口称赞。就是凭着这股兴趣与不懈的努力,韩干终于成为画马的名家。

从韩干的故事我们可以看出,兴趣和动机一样,是在需要基础上,在社会活动中产生和发展的。譬如,由于历史的原因,二十世纪六七十年代的很多青少年失去了宝贵的学习机会,他们缺乏知识,给工作和生活带来诸多困难和不便,因此,他们中的许多人就产生了进一步学习知识、不断充电的需要,从而促使他们去努力学习,逐渐对学习产生了兴趣。他们通过成人高等教育等各种渠道弥补了知识上的欠缺,解决了没有机会接受高等教育的缺憾。但是,人的需要和兴趣并不是一成不变的,随着时间的推移和年龄的增长以及社会的发展进步,人们的需要和兴趣也会随之发展和变化。

兴趣对人们的活动起着积极的作用,特别是对于中学生来说,它对于我们的学习起着重要的推动作用。如果我们对自己的学业产生了浓厚的兴趣,就会自觉地、积极主动地进行学习和探索。这时,学习就会变成一种乐趣,而不是一种负担,一种苦痛,一种烦忧,当然也会使我们的学习如虎添翼。因此才有人说,“兴趣是最好的老师”。它对于我们的学习、成长和智力开发都具有重要的意义。

实践证明,人一旦对某一事物产生兴趣后,就会主动地、积极地、执著地去探索并思考。相反,若在学习过程中丧失学习兴趣,就容易产生烦躁、厌倦甚至逆反心理。所以,有意识地培养我们的学习兴趣十分重要。激发了兴趣就等于找到了推动学习的内在动力,打开了我们创造性思维的大门，使我们的学习“其进不能已矣”。

也许有的同学会有这样的抱怨，上课时有的老师只是在照本宣科，语言干瘪，既无逻辑又不生动，简直就像“催眠曲”一样让人感到乏味困倦，怎么让我们提起精神来听课啊，学习的兴趣自然也就不存在了。这似乎是一种很正常、很自然的现象。可是，不知同学们是否认识到，真正的学习兴趣并不是从外部得来的，而是发自内心的一种需求，是自己内心的一种倾向，是把学校、家庭、社会的客观要求转化成自己的一种主观意愿。

要培养自己浓厚的学习兴趣，就要学会克服外部各种干扰和障碍，学会正确的学习方法。下面介绍几种方法，对于同学们提高学习兴趣或许有些帮助。

一是在成功中建立兴趣。有人做过这样的实验，叫一些三至五岁的小孩识字。读第一课时，有几个小孩很顺利地完成了任务，不但受到了老师的表扬，自己的心里也充满了快乐，第二天他们依然兴致勃勃地来读书。而有几个小孩第一天就没完成任务，第二天他们就不再热心了。接下来又受到了几次挫折，他们极其厌恶这种学习活动，不再愿意坚持下去了。后来，其中有的小孩经过再三劝诱鼓励，他们自己切实感受到了在识字上取得了一些成功，获得了老师和家长的认可，他们才逐渐对识字活动重新表现出积极的态度。

所以，学习的成功是最足以让我们感到满意、愿意继续学习的一种动力。如果我们克服了较大困难而获得成功，那么以后的学习就会更加积极，兴趣就会更加浓郁。所以我们说，成功感是激励我们努力学习的强大动机。

有些同学往往只是把受到老师表扬或考进前十名才算作成功。其实，每个人的起点不同，基础各异，只要给自己定一个切合实际的目标，“每天进步一点点”，就是成功的重要标志。只要有些微的进步，就要认真地对自己说，我进步了，我成功了。从而给自己创造一个良好的心境。这样，在一次次自我鼓励下，我们的学习兴趣就会慢慢提升，成功就会慢慢累积起来。对于中学生来说，一定不要苛求自己，漫无边际地要求自己。而是要切实认识到，“有点进步就可以算是成功”。试想一下，如果我们每个人都能“天天向上”，那么还有什么学习上的困难不能克服，什么成功不能取得呢？

二是在竞争中培养兴趣。班集体是除了家庭以外，在我们成长过程中非常重要的场所。在这个集体中，有同学之间深厚的友谊，有团队活动的乐趣，有互相帮助的温暖，也有互相竞争的动力。所有的这些都是人生的重要课程。特别值得重视的是，我们今天所处的社会，处处充满着竞争。谁不会竞争，谁没有能力竞争，就很难在社会上立足，就很容易被淘汰出局。因此，我们应珍惜中学阶段的宝贵时光，学会学习，学会竞争，在相互竞争中找到学习的动力，从而激发出更加浓烈的学习兴趣。

在我们的学生中有这样一位典型，他把“永不言败”当做自己的座右铭。他在学习上特别喜欢和他人进行“竞争”。他的初步竞争对手主要在自己班级里，他认为，只有先在班级里把所有的同学“打败”，才能有资格和全年级的同学进行比赛。所以，他在和同学们友好相处的基础上，暗暗地和学习成绩与自己相当以及比自己好的同学竞争，不断地超越自己。好多次，有几个原来和他水平差不多的同学名次超过了他，但他不灰心，总是及时查找原因，并且主动向学习较好的同学请教学习方法，解决疑难问题。然后结合自己的实际情况，重新制订学习计划，并且严格执行。

在这个“竞争”过程中，他不但激发自己的学习兴趣，还体会到了竞争所带来的快意和成功的愉悦。而且这种竞争只要不间断，兴趣就一定不会消退。

三是在志向中开发兴趣。心理学的研究表明，最大的兴趣是来自我们的理想和信念。很多同学都有非常伟大的理想和信念，具体地说，就是有一定的职业理想，例如想当记者、作家、教师、艺人等等。虽然要实现我们的职业理想还需要相当长的一段时间，还要经历初中、高中、大学的历练，但是，我们的学习兴趣与个人的理想和信念密不可分，息息相关。我们现在要做的，就是要结合我们的志向和职业理想，脚踏实地地搞好学习，或者说，用伟大的志向来指导激励我们的学习。

一般说来，有什么样的志向就会有什么样的兴趣爱好。比方说如果我们将来想当个文学家，就会对一些文学作品感兴趣，喜欢读散文、诗歌等等。如果我们将来想当体育健将，就会喜欢看一些体育节目，喜欢体育活动……作为中学生，应该结合自己的爱好志向，把对其他事物的兴趣和学习结合起来，在学习中逐步加深自己的爱好，并且为将来实现自己的理想打下坚实的基础。

离开了兴趣，孔子发愤苦读，“韦编三绝”的佳话，牛顿的科学定律，爱迪生的各种伟大的发明都无从谈起。愿我们努力培养追求知识的兴趣，早日迈入科学文化的殿堂。

030 培养兴趣筑天才

兴趣是成功的发源地，奋斗是成功的保证。

——李俊琪

学习是成长中的能力的信号和象征。

——杜　威

日本教育学家木村久一强烈地推崇个人兴趣在个人成长中的决定性作用。在他看来，天才就是强烈的兴趣和顽强的入迷。他说：“制造凡人的方法是极为简单的，那就是不让孩子热衷于某一事物，只这一点就够了。对任何事物都不着迷，都不感兴趣，这就是凡人的特征。”但是，如果一个人的兴趣和热情一开始就得到顺利发展的话，大多数青少年都可能成为英才或天才。因此，对于中学生来说，保持和提高对学习的浓厚兴趣，是取得成功的重要条件。

美籍华裔物理学家丁肇中在学生时代就对物理有了浓厚的兴趣。20 岁时就带着仅有的 100 美元，远涉重洋到美国一所大学学习数学和物理。在三年多的时间里，他刻苦读书，把全部精力都倾注于学业。有人问他："你这样刻苦，不觉得苦吗？"

丁肇中笑着回答道："不，一点儿也不，没有任何人强迫我这样做。正相反，我觉得很快乐，因为我有兴趣，我急于要探索物理世界的秘密。"

正因为如此，丁肇中以优异的成绩毕业，并被留在普林斯顿从事研究工作，又成为哥伦比亚大学的助理研究员，后来他与里奇特共同获得了诺贝尔物理学奖。

我国青年速算专家史丰收，速算赛过电子计算机。他在小学二年级时就想到了一个"怪"问题：读、写、看都是从左到右，从高位开始，而运算为什么偏要从右到左，从低位算起呢？这个问题引起了他对数学的强烈兴趣。从此，他把玩的时间都用到思考和计算中。正是这种入迷的兴趣，使他创造了快速计算法，被誉为速算天才。

在文学方面也不乏这样的典型事例。郭绍虞先生是中国语言文学专家、中国文学批评史专家，新中国成立后任复旦大学中文系主任。郭绍虞先生晚年时每天起得很早，午饭后略微休息一下，就继续工作到傍晚。郭先生很少料理家务，将全部时间和精力都投入到自己的专业上。有人问他："你这样一年到头，一天到晚地钻在书本里，不感到枯燥吗？"郭老回答说："与古人交友，其乐无穷。"可见他对学问是如何地有感情，有兴趣。正因如此，他才在学术上取得了极大的成绩。

孔老夫子的那句"知之者不如好之者，好之者不如乐之者"这句话，对于中学生来说已是耳熟能详。这句话的意思是说，知道它的人不如喜欢它的人，喜欢它的人不如以它为乐的人。

这也就是告诉我们，学习有三种境界，即“知道——喜欢——乐在其中”。“知道”偏重理性，你是你，我是我，只是被动学习知识，不能把握自如。因此，“知之”只是最初级的层次。要使学习变得有吸引力，还要引起主体的情感反应。“喜欢”则触及情感，代表了个人的志趣，只要发自内心地喜欢，就能积极地投入学习，持之以恒，卓然有成。但是不喜欢就轻易放弃，过于率性而为。因此，“好之”也仅仅是次级境界，远远不够。要使学习成为一种习惯，一种享受，就必须要提升至“乐之”。“乐在其中”才是学习的最佳境界，“乐之者”学习起来非常“投入”，几乎是“陶醉”，丝毫不感到疲倦。

正是孔子“乐学”的治学境界，使得他在带弟子周游列国期间，留下不少勤学好问的佳话。对他而言，处处是学习之处，时时是学习之时，事事是学习之事。

有一次，孔子进入鲁国的太庙。太庙是古代帝王祭祀祖先的地方，里面陈列着许多文物古器，还常举行祭祀活动。在这里，可以了解历史和有关的典章制度。孔子进太庙后，就下工夫认真地进行考察，对每一件不明白的事情都要虚心地向别人请教。从庙里陈列的件件文物古器到举行仪式时的伴奏和音乐，样样都要找人问个究竟。

活动结束后，他还拉住别人继续问一些自己不明白的问题。他这样做，曾被人看不起。有人说：“谁说这个年轻人懂得礼貌呢？他跑进太庙，什么事都要问。”孔子听了说：“不懂就问，这就是礼啊！”

孔子的一生，实现了治学与人生的完美相融。在他的治学思想中，行万里路，也读万卷书，因为人生就是一本永远读不完的巨著。

作为中学生，在我们紧张的学习过程中，一定要正确理解和懂得学习兴趣和学习成果、学习效率之间的关系。浓厚的学习兴趣可以使我们对学习充满热情，能主动克服各种困难，全力以赴地实现自己的学习愿望和人生理想。如果对学习不感兴趣，仅仅由于强制而求知，则味同嚼蜡，苦不堪言。

通过上面的介绍，我们可以将名联“书山有路勤为径，学海无涯苦作舟”略作修改——“书山有路情为径，学海无涯乐作舟”。也就是说，学习绝不应是苦役。“苦”学固然可能学有所成，但从心理学的角度来看，只有当一个人在积极的状态下，大脑神经才能活跃起来，学得的知识才能更扎实，更有效，记忆才能更牢固，更灵活。

有人说，假如成为“天才”是一种人生的幸福，那么获得幸福的道路只有一条，那就是培养自己的兴趣并乐学。

第四章

尽显魅力　校园生活展风采

中学阶段的学习生活，紧张刺激，热烈充实，既充满机遇又充满挑战，只要能把握住难得的学习和锻炼机会，中学的岁月就留下精彩的回忆而不会虚度。珍视自己的求学机会，把握自己的人生风景，在中学这座五彩缤纷的大花园里广采花蜜，频酿琼浆，为自己将来步入社会储存足够的营养，这才是中学生最应该做的。中学阶段是培养学生多方面能力的关键阶段，勇敢地走出自己，直面生活，去迎接各类困难的挑战，去经受社会风雨的洗礼，我们才能快速成长。封闭是成长的大敌，对于已经步入成人行列的中学生来说，一定要学会独立，学会思考，要学会展示自己，推销自己，让每一天的中学生活都充满色彩，充满阳光。通过几年的锤炼，力争使自己的才干更加丰富，能力更加完备，精神更加壮硕，意志更加坚强，品格更加高尚。

031 广交益友善合作

友情是生命中的一盏明灯，离开它，生存就没有了光彩；离开它，生命就不会开花结果。

——巴　金

不论是多情的诗句，漂亮的文章，还是闲暇的欢乐，什么都不能代替无比亲密的友谊。

——普希金

古人云：与善人居，如入芝兰之室，久而不闻其香；与恶人居，如入鲍鱼之肆，久而不闻其臭。一个人一生的道德与事业，都不可避免地要受到身边朋友的影响。从这个意义上讲，选择朋友就是选择命运。

我们知道，没有真正友情的人生是暗淡的，就像大地失去了太阳的照耀而没有光彩，就像原野失去水分变成了荒漠，就像鲜花失去了绿叶而缺少了生动，就像受潮的火柴失去了燃烧的希望。

没有友情的人生是不完整的人生。一个人生活在世上，如果没有真正的朋友，没有来自朋友发自内心的关怀和支持，就不能理解体会人生的真正乐趣。友谊是生命中的最美好的情感，没有友谊的生活将是不可想象的灰暗。只有充满了友情的人生才是充盈的，有意义的。

俗话说，一个篱笆三个桩，一个好汉三个帮。人总是生活在一定的社会关系之中，无论是物质生活还是精神生活，都不能孤立地进行，必须互相依存，互相协作，互相支持，于是在客观上就产生了这种相互交往的内心需要。

当你在学习中遇到困难时，不要一味地苦思冥想，孤军作战，而是要与朋友一起来探讨解决问题的办法，共同寻求突破难关的思路。这时的你不但会感受到友情的温暖，还会感到茅塞顿开，心中豁然开朗，如同拨云见日，灵感顿生。

当你陷入窘困之境时，忽然得到朋友的真诚帮助，即使只是平常的一句安慰，简单的一声鼓励，你的心情定会释然，心灵得到一种释放，会觉得一股暖流从心中涌起，于是便立即充满信心，浑身是劲，最大的困难也都不在话下。

当你在学习或工作中取得一定的成功，你正为此欣喜万分时，若得到朋友的真诚祝福和道贺，你一定会顿感幸福倍增。更重要的是你将会再接再厉，将这成功变为进一步努力取得更大成就的无限动力。这也正证明了一位哲人那句话的正确性，"两个人分担痛苦，痛苦就会减轻一半；两个人分享快乐，快乐则翻成双倍。"因此，我们的人生必须要有友情，必须要有真心实意的朋友。

一个人的智力有限，所考虑的问题免不了有所欠缺，朋友的忠告可以使你少走一段弯路；一个人的精力有限，不可能遍游天下明山秀水，居住在城里的同学可以为你讲述那里的繁华，居住在乡村的伙伴可以为你讲述那里的淳朴，这样你就可以开阔视野，了解各地的风土人情，丰富自己的人生阅历。

说到这里，也许你想起了自己童年时的友谊，纯洁如雪花般晶莹剔透，回忆起来似乎闻到淡雅的荷香，时时飘来清新的气息；也许你记起了少年时的友谊，真挚如夏日阳光般热烈奔放，回忆起来如甘冽的美酒，缕缕让人沉醉其中。而如今，我们已经成为意气风发的中学生，我们的下一站将是朝思暮想的高中或大学。在此紧张而富有魅力的人生时刻，我们更应广交善交朋友，寻找真正的、纯洁的、高尚的友谊。

同时，我们还应清醒地认识到，交朋友虽然是好事，但却非一件易事。广交朋友很容易，可是真正获得友谊却是需要付出一番心血的。

有人说，朋友之间应该是这样一种境界，在理想上，他们具有高度的一致；在配合上，他们具有完全的默契。总之，他们要志同道合，其间的相互关照则没有人为的因素，没有做作表演，没有故作姿态，完全是真情的自然流露。还有人说，朋友之间应该遵循这样的准则，他们相交，不以貌取人，不以利取悦，不是为投桃报李，不是为拉帮结派……真正的友谊是将一切私利的诱惑排除在外的。

由此可见，对朋友也要有所选择，交友不可不慎。需要朋友，并不代表需要很多很多。因为真正的友谊不在于朋友的数量，而在于有知心的密友挚友，更要有敢于直言相谏的畏友诤友。这才是最为重要的。

当然，交朋友要有宽大的胸怀，对朋友不要苛求，更不要过于计较小节，要知道世界上没有十全十美的东西，更没有白璧无瑕的完人。要有“海纳百川，有容乃大”的精神，要有“大腹能容天下难容之事”的胸怀。廉颇、蔺相如如果没有先国家之急而后私怨的宽大胸怀，便不会有负荆请罪的动人场面。

诗人贾岛有诗曰：“君子忌苟合，择交如求师。”作为涉世未深的中学生，我们一定要认真寻找自己真正的朋友，才能真正享受友情带给我们的乐趣，才能增加学习的动力和激情，而如果随便找一些“狐朋狗友”，则难免会“白沙大涅，与之俱黑”。另外，作为中学生，交友不在多也不宜多，而在精和志同道合。朋友多了虽然能享受到友谊带来的快乐，却难免占用许多精力。更要切忌交友只是为了一起玩耍，为了相互照应。而应该有目的地追求具有高尚理想的朋友，存留一份诚挚纯洁的友谊。而这，对我们未来的成长和发展，无疑是大有益处的。

中国古代著名思想家、教育家孔子说过：“益者三友，损者三友。友直，友谅，友多闻，益矣；友便辟，友善柔，友便佞，损矣。”这里的友直，是指正直。这种朋友为人真诚坦荡，刚正不阿，具有朗朗人格，没有谄媚之色；友谅，《说文解字》中“谅，信也。”信，就是诚实、诚恳；友多闻，就是见闻广博，知识面宽。所谓便辟，是指专门喜谄媚逢迎，溜须拍马的人；善柔，就是典型的“两面派”。当面奉承恭维，背后传播谣言，恶意诽谤；便佞，指的是言过其实，夸夸其谈的人。正确理解孔子的话语，我们在中学阶段一定要确定交朋友的范围，明白什么样的人可以交，什么样的人万万不能交；诚实友善、光明磊落的人可以作为朋友发展，因为他们可以相互帮助，携手并进，向着光明前行；善恶不分，唯利是图的人要“敬而远之”，因为他们只能给你带来麻烦，甚至可以把你引向违法犯罪的深渊。东汉时，管宁与华歆两人是同窗好友。有一天，两人一块儿在园子里锄草，发现地里有块金子，管宁对金子视若无睹，挥锄不止，而华歆则拾起金子放在一旁。又有一次，两人同席读书，有达官显贵乘车路过，管宁没受任何干扰，认真读书；而华歆却出门观看，羡慕不已。管宁见华歆与自己并非真正志同道合的朋友，便割席分坐。自此以后，再也不把华歆当做朋友了。

对于中学生来说，需要交的朋友大致可分为四类，一为挚友，指的是那些恳切真诚，既讲感情更讲原则的真心朋友。二为畏友，指的是朋友之间敢于直言规谏，直陈人过，能够“道义相砥，过失相规”的朋友。畏友乃是我们生活中的一面镜子，照出自己脸上的尘土和污垢，可使自己及时发现缺点并予以改正。三为密友，指亲密无间，感情深厚，能与自己同甘共苦分担风雨的朋友。四为学友，即勤于学习或学识渊博的朋友。这样的朋友才可能从他们身上获得进步的动力和知识上的补充，才可能开阔视野，互相配合，取长补短，相互促进，相互激励鞭策。

让我们用自己的人格去追求友谊，用聪慧的心灵去选择友谊，用广博的胸襟去呵护友谊，用真诚的感情去面对友谊。

032 课余活动强素质

宁可在尝试中失败，也不在保守中成功！

——杨　澜

哪怕只有百分之一的希望，也值得去试一试。

——洛克菲勒

关于这个话题，还是让我们先了解下面的两个事例。

据媒体报道，在网络文化日益泛滥的今天，吉林省长春市的中小学生们，却开始对中国传统国学喜爱有加，纷纷利用课余时间走入各类国学讲堂，认真地钻研起了中国传统的文化。据了解，在长春，由吉林省社会科学联合会、孔子学会、图书馆机构主办的各类正规国学讲堂就有几十个。很多中小学生积极参加了这种活动，他们中的大部分人都可以熟练背诵并准确解释《论语》等国学经典中的词句。

一次，在北京长城饭店会议厅，正在举行一个为期 4 天的国际性经济会议——亚洲国际关系研讨会，来自全球 50 多个国家的学术界权威、国家政要以及优秀人才 300 多人济济一堂，为亚洲的未来与发展进行国际性的研讨。可令人难以置信的是，如此大型世界性经济会议的组织者，竟然会是几个稚气未脱的哈佛大学的学生，而其中就有来自中国的、时年刚刚 19 岁的“哈佛女孩”刘亦婷。刘亦婷在国内学习时，特别积极参与各种课外活动，并且还参加了电视连续剧的演出，在多个方面培养锻炼了自己的才能。到了哈佛以后，使刘亦婷切实感受到，哈佛这样的世界名校不仅有浓郁的学习氛围，而且各种课外活动搞得有声有色，学生社团林林总总：有专门为患有兔唇的孩子募捐的社团；有专门请成功女性来演讲的社团；有专攻某一科研课题的社团……有的社团即便在全球范围内都颇具影响。刘亦婷的上佳表现亦可反映该校社团活动之一斑。

进入中学以后，可能同学们已经感受到了学校生活的丰富多彩，我们除了继续努力学习准备迎接中考、高考以外，还有更多的课外活动在等待着你。正是这些课外活动，将中学阶段的生活变成了一块涂满青春色彩与活力的画板，能使你的学习生活变得更加精彩，更加富有意义。

对此，个别同学不免会产生一些疑虑，学习压力如此之大，升学考试前的准备如此紧张和繁忙，哪里还有时间参加这些活动，如果因此影响了高考可是得不偿失的。

在刚刚进入中学时，几乎所有的学生都会报名参加各种课外活动，参加其中的某个组织，但很多同学却因为没有经验等原因，在活动中只能当旁观者或者无所作为。进入八年级或高二以后，很多同学对于课外活动降低了兴趣，很多课外活动时间已改作他用。到了九年级或高三，因为备考任务繁重，很多同学会因为准备毕业迎考而停止参加各种活动。因此，在中学生中，也常常会有“参加课外活动是利大还是弊大”的讨论，甚至是争论。其实，如果作为一场辩论赛的辩题，这没有什么不妥，但是若作为一个对将来发展的探究，那么，多参加一些课外活动则是不应该怀疑和犹豫的。

香港科技大学中国内地学生及学术事务主任朱力径，在为高皓的著作《通向大学之路》所作的序言中写道，从小学五年级起，高皓就开始向如《新少年》一类的杂志投稿。高考前后，在《数理天地》、《中学生数学》、《中学生学习报》等报刊上发表如习题详解之类的文章。入读清华大学自动化系后，他担任过班长、系学生会部长和秘书长、校学生会副主席，竞选过校学生会主席，加入学生通讯社担任记者并开创人物专访栏目，进入“首都大学生新世纪英才学校”学习。本科毕业后，高皓就越发忙碌了。研究生由本校保送经管学院攻读博士，同时在北大经济研究中心修读经济学双学位。忙里偷闲，在北京市朝阳区政府和麦肯锡咨询公司办事处参加实习；率领团队夺得在北京举行的微软“未来企业家”创业大赛冠军之后，又在由美国马里兰大学主办的第二届“史密斯”中国商业计划书大赛中夺得冠军；创办北京快豹传媒科技有限公司并担任首席执行官；参加北京奥运志愿者领袖训练营。在本科和研究生学习期间，高皓因担任各级各类职务，参与了项目种类繁多的社会活动。与此同时，他还为《中国青年》、《求学》、《大学生》等杂志撰稿；接受邀请到全国各地的大学和中学演讲近百场。

2010 年，出生于 1994 年 12 月的应届毕业赵仪从太原五中参加高考，轻轻松松甚至是漫不经心地就拿到了 638 分，成为山西省当年高考文科的第一名。

赵仪不但学习优秀，还是班里的卫生委员，班里工作从来都是抢着干，从不推诿，同时还担任了学校模拟联合国社团的主席，成功组织了 2009 年太原市模拟联合国大会。老师们说，组织这次活动占用了她两三个月的时间，沟通、协调、讨论、培训、选拔、正式举行，所有这一切都是她带着同学独立完成的，甚至联系场地、文件制作、迎来送往等琐事也都一一应付自如。学校的运动会上赵仪是一丝不苟的田径裁判，演讲比赛、志愿者活动中也少不了她的身影，有同学说，看上去似乎赵仪并不怎么好好学习，可人家成绩就是好。

还有同学们没有看到的。在紧张的高中阶段，赵仪依然坚持高效阅读，文学、哲学和科学著作都在她的涉猎范围内，《资本论》、霍金的著作乃至研究红学的专著等大部头也委实读了不少。有时，她还写点文章，或者用中文或者用英文，并刊发在学校的《流火》杂志上。

赵仪对学生工作的热情，有时连老师都觉得应该降降温。太原五中团委书记刘志强告诉记者，都高三了，她还惦记着又一轮的模拟联合国事宜，积极出谋划策甚至跃跃欲试想再度操盘。其实正是这一切，让赵仪的综合素质得到了极大提高，在潜移默化中让其所学的知识融合成了能力。

从高皓和赵仪身上，我们不可以得到一些有益的启示吗？

的确，升入中学后，学习作为一个不能弱化的主流，固然应引起我们足够的充分的重视，但是，你是否考虑过除了学习上要殚精竭虑、有所作为的同时，还应在其他方面一展风采，挖掘一下自身的潜能，为我们未来的大学生活和参与社会做一些准备呢？

据共青团中央和中国青少年发展研究中心曾经进行的一项调查结果显示，有80%以上的大学生参加过校内的社团、跨校社团或网络社团，平均每人参加社团为1.5个以上。也就是说，参加社团活动几乎是每个大学生校园生活的重要组成部分。

在不远的将来，当你满怀朝气迈进大学校门的时候，你就会看见许多新颖别致的广告，许多面带书卷气而又意气风发的学兄学姐在对着新来的学弟学妹们口若悬河般地作着讲解，处处都是一片热闹而充满活力的景象，大学生活的精彩可窥一斑。其实这些胸有成竹的学兄学姐都是各个学生社团的成员，正在进行新学年的“招兵买马”、“扩充实力”。文学社、艺术社、京剧社、体育队、舞蹈团，还有摄影组织、演讲组织、环保组织、志愿组织……还有一些让你想都想不到的组织，他们都是在为自己的组织寻找志同道合者。

其实，中学阶段的课外活动也好，大学生活中的社团组织也罢，作为继承传播文化的一种载体，它所举办的各项活动正是起到了为将来自己的就业乃至创业奠定基础。这些活动和社团，可以极大地丰富我们的课余生活，并能极大地提高、锻炼自己的综合素质和多方面的能力。

目前，中学里的社团组织也在不断增多，课外活动日益蓬勃，功能越来越完善，已经成为解读校园文化的向导。作为学校中的一分子，我们每一位同学都应为学校的文化建设贡献一份力量。同学们可以在其中锻炼自己的社交能力、组织能力和各种艺术才华，增进人际关系，让我们与同学间的感情得到更好的沟通，也会让我们真正体会到什么是“恰同学少年，风华正茂”。

有了课外活动的洗礼与打磨，品尝了其中的喜悦和苦痛，会使我们年轻气盛的棱角渐渐圆润，会懂得“人外有人，天外有天”的意涵，会让我们懂得人生活在世上应该将姿态放得低一些，从而使自己飞得更高。而在活动中积极协调各方面的关系，充分展示个人魅力，学会包容，学会谦让，学会乐观地看待困难，则又是我们人生中的又一种课堂内所学不到的收获。

很多过来人深有感触地介绍说，学校的课外活动无论酸、甜、苦、辣，对于成长中的中学生来说，都是一种经历，更是一种独有的人生财富。若干年后，当我们回忆起中学阶段的生活时，悠悠万事中，可能唯有中学阶段参加的课外活动最令人难以忘怀，这些经历不仅成为成才路上的重要阶梯，而且是我们人生最为美好记忆的组成部分。

中学阶段的生活仅有短暂的几年时间，可以说是转瞬即逝，我们更应倍加珍惜。像刘亦婷、高皓、赵仪一样，积极地义无反顾地参加学校组织的各种课外活动，并在活动中好好地锻炼自己，这不仅是为不久的将来的高中、大学生活做一番准备，更是为更长久的更精彩的人生奠定基础。

033 沟通架起心灵桥

不患人之不己知，患不知人也。

——孔　子

交谈是生活中最有意义的事。

——爱默生

架起心灵的桥梁，人与人之间才有理解；架起心灵的桥梁，人与人之间才有默契；架起心灵的桥梁，人与人之间才有快乐。

心灵的桥梁，是情感交流的通道，是灵魂共舞的纽带，是世间美的连接，是人际爱的永恒。要架起心灵的桥梁，重要的是敞开自己的心扉，善于与人进行顺畅的沟通。

被誉为20世纪最伟大的成功学导师卡耐基小时候是个非常淘气的孩子，在他9岁时，父亲把继母娶进家门。父亲一边向她介绍卡耐基一边说："亲爱的，你小心这个全郡最坏的孩子，真让我头疼，说不定很快就拿石头扔向你，或者做出别的什么坏事，总之让你防不胜防。"

继母微笑着走到卡耐基面前，仔细地端详他，又看着丈夫说："他不是全郡最坏的男孩，而是最聪明、但还没有找到发泄热忱的地方的男孩。"继母说得卡耐基心里热乎乎的，眼泪几乎滴落下来。凭着她这句话，他和继母开始建立友谊。在卡耐基14岁的时候，继母给他买了一部二手打字机，希望他成为一位作家。卡耐基接受了继母的想法，开始向一家报社投稿。继母的理解，激发了卡耐基的想象力和创造力，创造了成功的28项黄金法则，帮助众多普通人走向成功之路。

卡耐基的成功来源于继母的信任和鼓励，继母的成功靠的是善于沟通的技巧和能力。她在与卡耐基的交往之中，不是相互封闭，而是用语言的智慧架起彼此心灵间的桥梁。

作为新时代的中学生，都应该拥有开放的心灵，应该意气风发，蓬勃向上，因为我们正拥有着最美好的青春，拥有着人生中的黄金年华。但事实上，有些同学却是性格孤僻，离群索居，整日愁眉苦脸，心事重重，很少甚至从不与老师、同学交流，一副对任何事情都无动于衷、漠不关心的样子。其结果是，他们封闭的生活只能阻挡住自己心灵对外界的渴望，阻挡住温暖美好的阳光照射进来。要知道，只有开放的心灵才能让人变得勇敢坚强和快乐。

现在的在校学生中，独生子女占有较大比例，在他们的成长过程中，受到了更多的无微不至的呵护和关爱，而很少遭遇过什么大的挫折与打击。有的家长只关心自己孩子的学习，而忽略了孩子其他方面的能力培养。因此使有的学生形成了较高的自尊心和较强的自信心。但也正因为如此，有的学生也产生了过度的虚荣心，甚至发展成为自负。他们争强好胜，不关心他人的感受与需求，将自己封闭在一个狭小的圈子里不能与外界顺畅沟通，这将为日后的高中、大学生活及将来的社会生活埋下隐患。

某校一名初中生本来较有能力，他是班里的团支部书记，经常组织同学办板报，搞一些课外活动，学习成绩也不错，文笔也很好，还写得一手好的书法……虽然他很优秀，可是进了高中以后，却总是不"顺利"，广播站播音员选拔落选，学生会主席竞争失败，文学社参与遭到拒绝等等。这种接连不断的受挫的经历，强烈地打击了他的自信心，使他只能看到自己的缺点，总是觉得自己一事无成，一无是处，因而开始对自己感到沮丧，变得自卑起来。

通常自卑的人往往自尊心又是极强的，也是很脆弱的。为了避免再让自己受挫，他便选择了逃避，以后再有什么活动也很少参加，常找借口推辞逃避。慢慢地他对任何活动都失去了信心，失去了兴趣，渐渐把自己孤立起来了。只是偶尔感叹一下生不逢时，怀才不遇。日子一长，便不能自拔了。结果不但影响了学生成绩，而且也干扰了自己心理的健康成长。

中学生的内心世界虽然已经逐渐变得越来越成熟，但相对来说，毕竟经历有限，还是比较纯真直率，也很容易对同龄人特别是"知己"表露自己思想。当我们在一些诸如课外活动、竞选班干部等事情上受挫时，千万不要像蜗牛一样把自己封闭起来。和你要好的同学谈谈内心的感受，向父母表达自己的心声，发表一些自己的见解，跟老师多多进行沟通，这样才能驱散心头上的阴云，让自己的心豁然开朗起来。要知道，人作为社会的一分子，是离不开交往和交流的。一个高中生的发展，也取决于他是否具有良好的沟通和化解消极情绪的能力。

每一个中学生都不要拒绝与同龄人、老师和家长之间的沟通与交流。要主动加强与同学们的正常交际，并不要因为受到一些挫折与打击就产生一些"远离世俗"的"归隐"心态。等待中学生的是未来的大学和社会，只有让自己变得开朗乐观起来，掌握与人沟通的技巧，架起心灵沟通的桥梁，才能集中精力为即将进入的大学生活做好精心的准备！

034 从容交往蕴才华

从古至今，那些人与人之间美好的友情，成为人与人之间事业的纽带，在创造美好事业的过程中，它使人们凝结成一种美好的力量。

——李燕杰

一个人从另一个人的诤言中所得来的光明比从他自己的理解力、判断力中所得出的光明更是干净纯粹……

——培　根

有一次，中央电视台《小崔说事》栏目组请了三个小孩，都是十一二岁，一个是北京通州的，一个是北京密云的，一个是四川的。每个孩子都表演了自己的绝活。四川小孩发明了一个洗脚器，一按按钮，水就可以灌进来，再按按钮水就停了，按个按钮就开始加热，把脚放进去，洗完后再按个按钮水就排出去了，不用动就洗完脚了。他说，“我看书的时候我妈妈老让我洗脚，我觉得很烦，所以就发明了这个洗脚器。”崔永元问他这个发明难吗？他觉得不难，很简单。崔永元问他什么是困难，小孩说：“最困难的是和人打交道。”他说因为发明洗脚器很容易，和人打交道是很难的。这个男孩说出一个真理，人与人的关系不像物理、数学关系那样简单，擅长社会性发展和擅长技术难度是不一样的。社会交往是一门很重要的才华和素质。

作为中学生，可能每个人都会常常构想自己的未来，描摹长大以后的成功形象：职场上应对自如的管理人士，商场里妙语生花的谈判高手，讲台上侃侃而谈的渊博教师，政坛上深谋远虑的领袖人物，企业里叱咤风云的决策高管……不可否认，这一切成功都需要有很强的与人交往的能力。

然而，在现实生活中，很多中学生的表现却令人担心，以个别男生为例，他们常常是以自我为中心，攻击性强，不合群，女性化严重……因此，他们有时会表现为不愿见陌生人、不敢与陌生人说话、无法与别人正常相处等现象。这样的表现如何能与那些成功人士的形象挂上钩呢？

卡耐基曾经说过，一个成功者，专业知识所起的作用是15%，而交际能力却占85%。这也就是说，人际关系的和谐，交往本领的高强，是社会判断成功者的重要标准。

通过上面的叙述，我们可以理解，所谓社交能力，就是指在一个团体、群体内与他人和谐相处的能力，以及与他人传递思想感情与信息的能力。社交能力是一个人的知识、人品、修养以及各种心理能力的综合，反映了一个人的综合素质。

我们的一切教育，归根结底就是要使每个自然人顺利地社会化，成为一个社会人。很难想象，离开了社会，离开了与社会的交流，一个人的生活将会怎样。每个人都必须与人交往，这对于我们中学生来说，显得尤为重要。因为将来我们步入大学，走向社会，都必须与各种各样的人打交道，而在与人交往的过程中，能否得到别人的支持和帮助，主要在于我们是否具备足够的社交能力。

简单地分析一下，中学生在学校以及社会实践活动中所表现出来的问题，主要有以下几个方面：

第一是不敢进行交往。在学校生活和社会实践活动中，有的同学存在着不同程度的恐惧心理，只是每个人反映出来的程度不同，有一部分同学由于害羞、自卑等心理问题，在这方面反应特别强烈。他们常常表现为容易紧张，心跳气喘，面红耳赤，两眼不敢直视对方，交谈时语无伦次，词不达意，在人多的场合或者在集体活动中尤其感到恐惧，不敢和人打交道，不敢表现自己，严重时还可能导致社交恐惧症。

第二是不愿与人进行交往。例如，有的同学缺乏基本的合作精神，甚至视同学为敌对；有的同学群体意识淡薄，以自我为中心，对周围的人与事漠不关心，我高兴开心时就可以理你，否则就拒人千里之外；有的同学遇事总是回避退让，整日郁郁寡欢，缺乏参加社交活动的愿望和兴趣，习惯于自我封闭，孤芳自赏，喜欢独往独来，不愿抛头露面……

第三是不善于交往。有的同学未了解和掌握社交的一些知识和技巧，在交谈的过程中显得过于生硬，书生气太足，不容易被他人理解；有的同学不注意交往中的"首因效应"、"第一印象"，不注意沟通方式，在劝说他人、批评他人、拒绝他人时不讲究艺术性；有些同学不注意交往的原则，开玩笑不注意场合，不懂得给人留面子，或出言伤人，伤害对方的自尊心，或不懂得尊重对方的风俗习惯，或不懂装懂夸夸其谈……

其实，进入中学以后，从我们所处的年龄阶段来说，每个人都会有强烈的社交欲望，这是心理发展的必然需求。但有的学生却常常感到社交的困难。究其原因，是许多学生对社交追求往往带有较浓的理想色彩，以理想模式为标准来衡量生活中的社交关系，从而导致了高期待与高挫折感并存。这样一来，便很容易让自己陷入一种矛盾之中，一方面恐惧于社会交往，不懂得如何与人相处；另一方面，却又非常渴望与别人建立良好的互动关系，渴望形成一个良性的社交圈。而造成这种矛盾的主要原因，正是由于欠缺一定程度的人际交往能力造成的。比如在日常生活中，想关心别人却不知从何处做起，想赞美别人却不知如何开口，想协调人际关系却越协调越复杂，想与人为善却控制不了自己的冲动而语言生硬……

通过社会实践，我们都能看到，在现代社会中，良好的社交能力可以使自己的设想和创造得到实践的检验和认可，这是一个人带来成功的重要条件；而在未来，我们在社会里和在工作中，与人相处的能力会变得越来越重要，甚至超过工作本身。一项针对中学生社交适应能力的调查显示，有41.98%的学生认为，社交能力的训练是“找工作时对自己特别有帮助的内容”，大大超过了专业能力训练、基本知识与技能训练等其他知识能力。在回答“你感到自己特别欠缺的素质是什么”时，选择“社交能力”的比例高达34.8%，排在分析与解决问题的能力、操作技能、基础知识等之前，位列榜首。

身为一名当代的中学生，在我们进入校门的那一刻，就已经决定了自己的社交需要——良好的社交能力以及良好的社会关系是每个中学生快乐学习和发展的必要条件，也是中学生的必修内容，更是让自己更加成熟而必须掌握的技能。

要善于与他人进行恰当的交往，一定要注意以下几个细节：一是快速记住他人的名字，主动与人打招呼。卡耐基认为，人最喜欢听到的是自己的名字。当你能准确地叫出他人的名字时，实际上你与他的距离已经拉近了。如果称呼得当，会让人觉得受到了礼遇，备受重视，这样就会给人留下良好的第一印象。二是要举止大方，坦然自若，这样会让别人感到轻松自在，能极大地激发对方与你进一步交往的动机和欲望。三是培养幽默风趣的语言风格和举止特点。做到幽默而不失分寸，风趣而不显得轻浮，从而形成自己独特的个性魅力。四是注意语言的分寸尺度和技巧，用真心去安慰受创伤的人，鼓励失败的人，赞美真正取得成就的人，帮助暂时遇到困难的人。

细心的同学也许早有感悟：我们在学校生活中，常与同学交往，可以交流各自的思想观点，可以交谈对社会现象的不同认识，在论辩中提高自己的思辨能力与语言表达能力；常与老师在一起，可以交换读书心得体会，理清不同的解题思路，从中了解为人处事的一些经验与智慧，受到深刻的启迪与教益；常与学校领导交流，可以充分交换自己对一些问题的不同见解，锻炼自己在“大人物”面前不怯场的胆量；常与学校的员工打交道，可以让我们了解到不同阶层人士的工作状态和奉献精神，从中学到很多书本上学不到的东西。

在中学阶段建立起良好的社交圈，形成一种团结友爱、朝气蓬勃的环境，培养自己健康的社会交往能力，将有利于我们形成和发展自己的个性品质，更能让我们在未来的大学和社会生活中焕发出更加灿烂的光彩！

035 广泛交际长才干

一堆沙子是松散的，可是它和水泥、石子、水混合后，比花岗岩还坚韧。

——王 杰

不管努力的目标是什么，不管他干什么，单枪匹马总是没有力量的。合群永远是一切善良思想的人的最高需要。

——歌 德

一位心理学家曾说过："一个缺乏合作精神和合作能力的人，其职业生涯、人际关系以及爱情婚姻方面都会出现严重问题甚至遭到失败。"在今天这个讲究"双赢"的现代社会，具有合作精神，建立有属于自己的、有利于自我成长和发展的交际圈就显得尤为重要。

我们都知道这样一个道理，你有一个苹果，我有一个苹果，彼此交换，每个人还只有一个苹果；你有一个思想，我有一个思想，彼此交换，每个人就有两个思想。如果推而广之，我们有了自己相对稳定的交际圈，所获得的帮助和收获将更多。

2004年2月13日，云南大学学生马家爵，因与同学发生矛盾，为报复泄愤，先后杀害了自己的4名同学，其手段之残忍，震惊全国。

根据有关专家分析，贫困与人际交往障碍正是导致马家爵做出这一极端行为的主要原因。

马家爵在同学的眼里是个很不起眼的角色。他曾试图在人群中做个活跃分子，看着别的同学滔滔不绝地谈论，他也很想融入其中，但往往不得要领。开学第一次班会，他在作自我介绍时，几分钟时间里，他不断地用手摸头发、拉衣角，说话断断续续，除了报出名字、家乡外，很多同学只听到他说他喜欢象棋，其他什么也没有听明白。显然，他没有面对众人表达和表现自己的经验和能力。

而在平时，马家爵的表达方式也很特殊蹩脚，常常讲个笑话其他人还没弄懂是什么意思，他自己已经捂着嘴笑个不停，这样倒成了别人眼里的笑柄。有时，他也尝试和女同学说话，但没说几句就陷入沉默之中。所以，除了宿舍同学和几个老乡以外，马家爵的交际圈实在是小得可怜。

作为一名当代的大学生，马家爵理应是快乐健康、自信乐观的。然而，因缺乏正当的交际而出现的迷茫自卑、惆怅恐惧等灰暗的情绪却占据了他的内心世界，使他变得偏激易怒、残忍无情。之所以出现这种状况，按照马家爵自己的说法，贫困并不是造成他心理扭曲的决定因素，因为他相信毕业以后只要努力工作就可以改变生活状况。这也就是说，人际交往障碍对他来说才是最大的难题，这导致他逐渐形成了敏感自卑的心理，并由此丧失了理智，也失去了金色的青春年华，葬送了自己的宝贵生命。

从马家爵身上，我们可以清楚地看到，积极的人际交往，良好的人际关系，可以使我们精神愉快，情绪饱满，信心充足，从而正确认识对待各种现实问题，化解学习、生活中的各种矛盾，形成积极向上的优秀品质，迅速适应不断变化的学校生活。

其实，在学校中具有类似马家爵境遇和不健康心理的学生还大有人在，他们在人际交往方面经常存在这样的困惑：人际交往能力不强，人际圈子不广，但又没有什么特长可以吸引大家注意，在课外活动中也不会与其他人有效地建立联系。特别是有些同学在踏入高中校门时，是第一次离开父母，离开自己熟悉的生长环境，开始了全新的集体生活，以致在人际交往的对象和要求等方面都发生了十分巨大的变化。有的同学在家里是独居一室，安静自由惯了。现在一下子与几个同学共处一室，往往会因脾气、习惯的不尽相同而难以适应，甚至出现严重的矛盾。渐渐地形成了"踏着铃声进出课堂，宿舍里面不声不响，只在互联网上诉说衷肠"的生活和交际现状。

在实践中，我们会逐渐体会到，如果缺乏积极的人际交往，不能正确地对待自己和别人，心胸狭隘，目光短浅，则很容易造成精神上、心理上的巨大压力，形成难以化解的心理矛盾，严重的还可能导致病态心理。如果得不到及时疏导，甚至可能形成恶性循环而影响身心健康。

同时，良好的人际交往，也是我们交流信息、获得知识的重要途径。由于知识的局限，加上社会经验不足，我们在看问题时难免会陷入僵局。而在与老师、同学的交往中，我们尽可能畅所欲言，从而产生新的思维火花，使自己茅塞顿开。

良好的人际交往，更是我们认识自我、完善自我的重要手段。古人云："独学而无友，则孤陋而寡闻。"人际交往可以帮助我们提高对自己的认识以及自己对别人的认识。而且交往面越宽，交往越深，对同学们的认识也就越完整，对自己的认识也会越深刻。只有对他人的认识全面，对自己的认识深刻，我们才能真正得到别人的理解、同情、关怀和帮助，自我完善才可能有效实现。

人们常说，在家靠的是父母，在外就要靠朋友。环境的变化是人生的必然。特别是对于我们这些中学生来说，全新的环境，全新的人际关系，意味着我们只有通过建立良好的人际关系，才能从老师、同学和朋友等构成的人际圈子中，得到感情寄托和心灵慰藉，才能从他们那里获得生活的经验和知识，才能为自己迅速融入群体生活以及将来的工作环境打好基础。

作为中学生，一定要在思想上重视人际关系，并愿意为之付出努力，以勇敢和坦然的心态付诸行动，多为自己创造与别人合作交流的机会，并主动与别人进行沟通。具体地说，就是要在生活中学会体谅他人，尊重他人，学会与他人分享，并真诚地怀有一颗感恩的心。在自己的交际圈中，要学会以德报怨，多用“换位思考”的方式，尽量从别人的角度去思考问题，这样会使人际关系更加和谐稳定。

中学阶段可以说是人生中难得的可以在相对宽松的环境中学习、培养、训练如何与人相处的机会，如何建立适合自己并有利于自己成长和发展的交际圈，与同学、朋友以及老师和谐相处也就成了我们每个学生必须学会和掌握的重要内容。在中学阶段，不但是各种知识蓄积的关键时期，交际水平也应该不断修炼提高，因为这是学生时代的一门必修课。

第五章

言为心声　锻炼语言表达力

文雅、和气、热情、谦逊的话语给人以善良、坦诚、美好、可敬的美好感受，因而有人称语言为心灵之窗。祖国的语言宝库如同浩瀚的大海，深邃而高远。善于使用良言嘉语，巧妙地与人沟通，已经成为走入社会必备的一门学问。通过恰当的语言表达，开诚布公地与人进行心灵的沟通，可以缩短彼此间的距离，加深人与人之间的了解。语言的表达既是一门学问，又是一门艺术，是远远超出课本内容的一门社会课程。中学生整日生活在校园里，接触社会的机会很少，一定要创造条件，巧抓机会，努力掌握基本的语言技巧，培养必要的语言能力，锻炼自己与他人进行沟通、协调的素养：学会与同学交融，与父母交心，与师长交流，与生人交往。使自己的语言质朴而不浮华，文雅而不粗俗，简洁而不冗长，含蓄而不直露，热情而不过度，丰富而不苍白，流畅而不涩滞，用自己美好的语言展示美好的心灵和崇高的境界。

036 善驭语言巧沟通

语言是心灵的窗口。文质彬彬的人说话文雅、和气、热情、谦逊，给人以善良、坦诚、美好之感受。言语粗鄙、冷漠、骄横，则是粗野庸俗、缺乏教养的表现。

——高占祥

说话是一种艺术，但人们往往忽视这一艺术。假使你的口才好，谈话锋健，可以使人家倾向你，可以用你的口才，交结着好友，替你开辟着途径，使你获得成功。

——卡耐基

生活是多姿多彩的，有科学的严谨，艺术的缤纷，更有文学的亮丽，思想的深邃。而这一切，又都是以语言为依托的，没有语言这个工具，一切都将无法表达，无法诠释。语言是一位能千变万化的女神，每时每刻都在社会的各个领域展现她的魅力。在我们熟识的课堂，她是打开知识大门的钥匙，是解开心结的巧手；在风云变幻的谈判桌上，她既是犀利的刀枪，也是化雨的春风；在传达讯息时，她实事求是，像一位公正的法官；在公文写作中，她有板有眼，像一位冷峻的儒生……

我们每天都生活在各种各样的语言中，这是最起码的一种人际社会关系。可是，如果你不很好的运用自己的语言，可能你“直”了，别人却不“爽”了。因为你的语言伤害了别人。这就是说，我们如果要很好地与人相处，做一个受欢迎的人，就必须学会善于运用自己语言的艺术。

在一个寒冷的冬天，一个衣衫褴褛、双目失明的老人，忍着刺骨的寒风，在街道上行乞。他的脖子上挂着一块木牌，上面写着“自幼失明”四个字。

这时，一位诗人走近老人，老人向他乞讨。诗人摸了摸干瘪的口袋，无奈地说，我也很穷，但是我却可以给你一点别的东西。说完，他拿出笔，在木牌上写了几个字，告别了老人。从那以后，老人得到了很多人的同情与施舍，可他对此大惑不解。

不久老人与那位诗人邂逅，老人问：“那天，你在我的木牌上写了什么呀?”诗人指着木牌念道：“春天来了，可我不能见到它……”老人听着，眼眶里立即闪出晶莹的泪花。这就是语言的艺术，它是人与人恰当交往和沟通的一道桥梁。

然而并不是所有会说话的人都能理解、运用这门艺术。能说还要善说会说，才能打动人心，取得信任，以便更进一步地交流。有人提出关于驾驭语言艺术的几种要素值得我们借鉴。

有效交谈的法则：(1)激发他人谈话，有条理地说话，避免更多地使用“我”；(2)不要插嘴，避免枯燥无味的谈话，不要触怒或得罪他人；(3)不要说长道短、散布谣言、谈论而非争辩；(4)不要忽略他人，聆听他人讲话。

提高语言表达的四种技巧：(1)正确表达自己的意思；(2)回答时恰当使用“抱歉，我还不太清楚”；(3)注重谈话的开始与结束；(4)培养自己的语体风格。

还有人提出，我们在与人进行交流和沟通时，一定要从对方的角度来考虑问题。在运用语言时一定要提醒自己随时注意这样几个问题：我在适当的时候微笑了吗？我的微笑是真诚的吗？我的身体姿势适当吗？我是否注意不交叉双臂没有摆出防卫姿势？我是否注意将身体倾向讲话者而不是后仰了？我的声音是否充满了热情？我表示出对别人讲话的兴趣了吗？我是否做到在百分之八十的时间里眼睛在看着讲话者？我有没有不停地转移视线或死死盯住讲话的人？也就是说，良好的沟通既需要得体恰当的言谈，又要善于控制自己的感受与想法，多留心培养自己幽默、积极向上的语言风格，尽可能地在交流中将自己的闪光点展现无余。也就是说，会说话并不一定要“滔滔不绝”、“口若悬河”，上至天文，下至地理，通古晓今地侃侃而谈，最主要的还是在于能否打动聆听者。而说话过程中察言观色，语言简捷而不失幽默感，则会让人觉得和你进行交谈是件轻松而愉快的事情。

对于中学生来说，要提高自己驾驭语言的能力，首先要注意讲话的严密的逻辑性。说话的逻辑是否严密与完善，是说明和论证问题能否站得住脚的关键所在。成功的口才，不论是委婉曲折，一针见血，也不论是旁敲侧击，借古讽今，还是褒贬时弊，正言直辩，即使是三言两语，也都要具有一定的逻辑思维程序。其次，要培养思维的敏捷性。语言交流不可能像文学创作那样有充裕的时间深思熟虑。在许多场合对答或辩论中，思维的跳跃往往瞬息万变，这就要求参与者必须迅速地做出相应的反应。从某种意义上说来，口才就是急才，是一种灵感的闪现与智慧的迸发。再次，要掌握一定的语言表达技巧，或借古讽今，以物喻理；或以近喻远，以小喻大；或虚张声势，明知故问；或借题发挥，跌宕起伏；或高谈阔论，妙语连珠；或真诚坦荡，朴实无华……而熟练掌握这些技巧，需要我们长期艰苦地积累和锻炼。最后，还要重视培养自己进行语言交流时的气度。说话是面对面的交流，讲话人的气质和风度，对突出表达效果极为重要。良好的气质和风度可以弥补说话的不足。一个人的气质和风度可以形成各自不同的表达风格。所以，我们不仅要学习善于表达的语言技巧，更要培养自己严密的逻辑思维能力，提高观察、分析问题的敏锐性。

通过以上的分析与描述，我们可以清楚地认识到，作为中学生，不要以为学好功课，扎实掌握知识就算完成任务。其实更多的时候要学会怎样与人交往与交流，因为在现代这个信息化的时代，与人攀谈交流不仅能使我们更多地了解信息、掌握信息、传递信息，而且还能帮助我们调节人际关系，对于提高自己的处事能力大有裨益。同时，提高自己的语言表达能力，不但可以使我们有更清晰的思考力，并能促进我们完美人格的快速形成，甚至还可以进一步扩大自己的人际关系。

语言是沟通的重要媒介与桥梁，掌握了语言沟通的艺术，就等于掌握了沟通的全部精髓，就等于找到了一把打开成功之门的金钥匙。掌握了语言沟通的艺术，我们将在学习、工作与生活中游刃有余，为实现个人的自我价值创造良好的条件。

037 顺畅交流显魅力

可与言而不与言，失人；不可与言而与之言，失言；言不顺，则事不成。

——孔 子

如果有一天神秘莫测的天意将我从这里把我的全部天赋和能力夺走，而只给我留下选择其中一样保留的机会，我将会毫不犹豫地要求将口才留下，如此一来我将能够快速恢复其余。

——丹尼尔韦伯·斯特

作为中学生，能够熟练掌握日常说话与交流的技巧，打开交际大门，畅通交流渠道，真诚地待人处世，才能获得知心朋友，显示个人魅力，奠定成功的人际关系基础。

美国化学家路易斯于 1916 年在一篇论文中提出了共价键理论，但在 20 世纪 20 年代曾一度被称为朗缪尔理论。原因是路易斯虽很聪明，但性格内向，不善言谈，他提出共价键理论后，并未引起多大反响，致使这一理论濒临泯灭的困境。幸亏 3 年后，一位思想敏锐的化学家朗缪尔看出了共价键理念的重大意义，于是，一方面凭借生动活泼流畅的文笔在有影响的《美国化学学会志》等刊物发表系列论文，一方面以滔滔不绝的口才在国内大型学术会议上多次发表演说，终于使这一理论走出了困境，得到普遍承认。

著名物理学家法拉第，早在1873年就已经发现了电磁感应现象，但由于在论述这一现象时，用语晦涩，致使这一项重大科学发现在长达26年的时间里被束之高阁。后来幸亏酷爱诗歌的物理学家麦克期韦以他特有的形象思维和精练的语言，把电磁感应描述出来，才使这一重大科学发现被认识并得到应用。

我国早期无产阶级革命家肖楚女，靠平时的艰苦训练，练就了非凡的语言表达能力。肖楚女在重庆国立第二女子师范教书时，除了认真备课外，他还每天天刚亮就跑到学校后面的山上，找一处僻静的地方，把一面镜子挂在树上，对着镜子练习说话，从镜子中观察自己的表情和动作。经过这样的刻苦训练，他掌握了高超的语言表达能力，他的教学水平也很快提高了。1926年，他年方30岁，就在毛泽东主办的广州农民运动讲习所工作，他的演讲至今仍备受世人的推崇。

日本前首相田中角荣少年时曾患有口吃病，但他不被困难所吓倒。为了克服口吃，提高自己的语言表达能力，他常常朗诵、慢读课文，为了准确发音，他对着镜子纠正口形和舌根的部位，严肃认真，一丝不苟，终于为他成为政治人物在语言方面铺平了道路。

对于在校的中学生，要提高自己的语言表达能力，以达到与人顺畅交流、准确说明自己的意愿的目的，就要注意从日常生活入手，不断锻炼自己的“口才”。

第一，决心与勇气。不善交流或者说不善表达的人，往往是由于和人交流的最初时候所养成的。而怕难为情是造成口才不好的主要因素。要提高自己的交流水平，首先要下极大的决心，鼓起勇气来。要从学会主动地向别人问好开始训练自己的表达能力。这件事似乎看来很简单，其实这不仅可以增进与他人之间的沟通，还可以增添自己与人沟通的勇气和信心。因此，应该把“您好”作为我们生活的常用语。这句看似普通、实则亲切,充满人情味的问候语,一般都会得到别人的应和,也为进一步交谈打通渠道。

第二,恳切与诚实。这是说话的主要元素。你的说话艺术虽然不完善,你不能像别人一样健谈。但是如果你的语气恳切,态度诚实,人家也同样会因你的态度而和你亲近,并愿意和你交往。你的每一句话,都充满着情感与诚实,这样由你的情感可以影响别人对你的印象。你能给人家留下美好的印象,你的语言便获得了别人的认同,你的交流大门随之打开。

第三,幽默与诙谐。你在平时说话的时候,不妨将幽默的语言、诙谐的口气穿插在语句之中,使听你讲话的能够增加兴趣。但是这种幽默和诙谐不能哗众取宠,矫揉造作,不要超过所要表达意思中的十分之一以上。假如你和对方谈话五分钟,可以用一两句笑话,使你们的谈话进行得顺畅而不至于枯燥乏味。如果因为你的幽默诙谐不当,而破坏了谈话的氛围,影响了交流的效果,那便是得不偿失了。

第四,简明与准确。说话啰唆,是令人讨厌的不良习惯,而且会给人留下不良印象。所以,你的每一句话,都要简洁准确,一般不用许多不必要的形容词,也不要说一个意思,就像我们平时背课文一样弄出一大套来。每一句话都要严密有力,使人听了不为之厌倦,并且有一种愉悦感。

第五,情通与理达。与人交往的总原则是以情感人,以理服人。情通才能理达,理达而后悦服。在日常的交往过程中,不可避免地要遇到各种障碍或麻烦,此时,最好的办法是要克制自己的情绪,切忌嗔怒。否则,就会有损于自身形象,从而陷自己于更加不利的地位。正确的方法是要用“理”作为有力的武器,所谓“动之以情,晓之以理”,讲的就是这个道理。同时,也要注意不要“得理不饶人”。只要善于驾驭情理,就能准确掌握交往的原则,就会在交往中面对各种情况而应对自如。

第六,语句与结构。说话就是一种口头式作文。你假如能够掌握良好的表达与交流能力,那么你的作文肯定也差不了,甚至可以写出非常棒的作文来。因为，我们在作文时，所使用的语言文字都要认真进行组织。口头表达也是一样的，也需要精密地进行组织，做到用词准确，意思明显。

第七，说话与阅读。格言警句往往一语点醒世事，片言只语可以指点迷津。字字珠玑，令人开启思维，解惑悟道，终生受益。要做到这一点，必须要有充分的阅读。人们学习语言，获得交流的能力除在课堂上通过老师讲课外，重要渠道就是阅读。没有大量阅读作为基础，想获得良好的与人沟通的能力是很困难的。因此，一定要扩大自己的阅读量。

第八，感谢与赞赏。感谢的话语虽然简单，但是真诚地随口说出来，不但会表现你内在的修养，还会让人感到你对他人的付出或帮助的重视与尊重。它会在不经意间的一瞬，悄悄地触动他人的心灵，使你与他人之间的距离缩得更短。赞赏别人同样是人生的一种智慧。我们日常生活当中最容易忽略的美德之一便是赞赏。同学取得了优异成绩，老师讲了一节非常精彩的课，父母工作中取得了成就……我们都没有及时送上我们的赞赏。不是忽略了，就是不好意思。其实，在我们的人生旅途中，经常给人间留下一点赞赏的温馨，这一点点小火花一定会燃起友谊与亲情的火焰。当你下次再与人发生联系时，你会惊奇地发现，这种由衷的赞赏留下了多么鲜明的痕迹。

特别值得注意的是，实事求是是立言之本，也是与人交流的第一要素。离开了这一点，无论你的口气多么温柔，口才多么流利，辞藻多么华美，语势多么夺人，至多只能是一些好听的话，并不会给你的交流带来多少正面的帮助。作为中学生，能否顺利地与人交流沟通，不单是语言问题，而更主要的还是待人态度问题。一个人只有对他人怀有深厚的感情，才能待人热情，才能嘉语温馨。

要做到语言质朴而不浮华，简洁而不冗长，含蓄而不直露，热情而不过度，不单需要有语言的表述能力，而更重要的是要有美好的心灵和崇高的境界。一个虚伪的人，很难口出嘉言，一些好听的话也许是口是心非，甚至是口蜜腹剑。如果一个人有良好的心地和教养，那么这心地与教养就像是座花园，而从他内心里流淌出来的美好的语言便是这座花园里怒放的花朵。这种花朵式的语言正如古人所说的那样："赠人以言，重于金石珠玉；劝人以言，美于黼黻文章。听人以言，乐于钟鼓琴瑟。"这样的语言是一个人高尚情怀和良好心灵的表现和标志，也是我们每一位中学生所应追求的。

038 真诚赞美胜糖饴

赠人以言，重于金石珠玉。

——荀　况

友谊也像花朵，好好地培养，可以开得心花怒放，可是一旦任情或者不幸从根本上破坏了友谊，这朵心上盛开的花，可以立刻萎颓凋谢的。

——大仲马

在一所小学里，有一个功课不太好且唱歌五音不全的小女孩，她常常为自己的平庸而自卑，上课不敢举手发言，下课也不敢与同学一起玩。可是在图画课上，老师却发现她画的画比谁都好：观察仔细，想象独特，对色彩的运用也很有个性。于是，老师就把她的画贴在黑板上让同学们欣赏，而且说了许多赞美的话。

从此以后，这个小女孩就像变了一个人似的，性格开朗起来，连笑容里都有了自信。后来，她的画还参加了中外少儿作品比赛，并获得奖项。这位老师的赞美激发了学生身上的潜质，实现了教学上的成就，谱写了精彩的教育诗篇。

俗话说，"送人玫瑰，手有余香。"真诚的赞美别人，对人对己都有重要的意义。这种真诚的赞美在给别人带来良好心情的同时，自己也会得到恰当的报偿。奥黛丽·赫本甚至认为："美丽的双眼要善于看到人的优点，魅力的双唇要说出亲切友善的语言。"

人们常叹在世界上所有的道路中，心与心之间的道路是最难行走的，很多人找不到通往心灵的方向。其实，走进他人的心灵有时又是一件轻而易举的事情，因为语言是人与人之间沟通的桥梁，而真诚赞赏他人就是走进他人心灵的最好路径。因为每个人都会认为自己很重要，都有对自己的满足感、重要感、成就感。因为他们自己感到不满足，他们需要外界的认同，在这种认同中他们方能感受到自己在社会中的价值。而且，每个人都希望得到别人的注意和重视，赞扬或者赞美是对他人的肯定。当你用真诚的语言赞扬对方的时候，他会认为你是一个信任并了解他的人，自然就拉近了距离。赞扬别人可以还让人觉得你很在意他、欣赏他，你只要是真心诚意的，对方也会用同样友善的态度对你，你们之间的关系氛围就会因互相谦逊和欣赏而顷刻间变得和谐美妙。

约翰·洛克菲勒在人际交往中善于运用真诚来赞美他人，以此来维系良好的人际关系。一次，洛克菲勒的一个合伙人爱德华·贝德福特在南美的一次生意中，使公司损失了100万美元。贝德福特垂头丧气地回来见洛克菲勒，等待接受处罚和批评。但洛克菲勒并没有这样做，他知道贝德福特已经尽力了，更何况事情已经发生，并不能因此把他过去的功劳全部抹杀。于是洛克菲勒另外寻找了一些话题来称赞贝德福特。对他说："这太好了，你不仅节省了60%的投资金融，而且为我们敲响了警钟。我们一直都在努力，并且取得了几乎所有的成功，还没有尝到失败的滋味。这样我们可以更好地发现自己的错误缺点，争取更好的业绩。更何况，我们并不能总是处在事业的巅峰时期。"几句话，使得贝德福特心里暖呼呼的，并下定决心东山再起。

赞扬还能激励一个人潜藏的能量，能给人以自尊和自信，即使再优秀的人也都需要别人的赞扬，因为这样，他才更有斗志和信心踏上下一个征程去创造新的业绩，实现其更有意义的人生价值，去把优秀进行到底。

赞扬有如此大的魅力，我们应该学会赞美他人。当然赞美他人也要有技巧，那么怎样才能把握好赞扬的度呢？首先，你的赞扬必须是真诚的、由衷的。也就是说，从动机上讲，需要的是纯真；从态度上看，需要的是诚恳。因为每个人都有他的特色，你只要针对他与众不同的优点赞美他，才能让他感受到你是真正了解他、赞赏他；如果你的赞扬与他的实际情况不符，他会觉得你虚伪，甚至有阿谀奉承、拍马屁之嫌。比如，一女子相貌平平但她文笔很好，工作业绩也很突出，你却赞扬她："你长得真漂亮，是难得一见的美女"，你的不符合事实、不真诚的赞美，不但不会让她高兴，反而会让他觉得你是多么的虚伪。你应该根据他人的具体情况，寻找他身上的优点和特色，哪怕是微小的优点或者特色，只要是事实，而且你是发自内心的真诚、由衷的赞美，那么，这样的赞美就能起到良好的效果。赞美时的言不由衷和虚假客套，留给赞美者的有时只是窘迫和尴尬，也让被赞美者无所适从，难以下台，于人于己都是有弊无利的。

其次，你的赞美必须具体明确，不能笼统地、抽象地赞扬。比如，"你真棒！""你好优秀哟"，"你是一个出色的老师"等等。但"棒"在哪里，"优秀"的表现是什么，"出色"在哪些方面，没有具体的"点"，那么这样的"面"就显得很"虚"，这些模糊广泛的概念性语言，有时候会造成他人的误解，达不到你期望的赞扬效果。

如你要赞扬一个同学，你可以赞扬他："你长期坚持读积极向上的书籍，还认真做笔记，写心得体会，真是难能可贵，这样持之以恒的学习，让我们看到你坚韧的品格，也知道了你语言表达能力强、文章写得好的秘诀了……"假如你只简单地给予抽象赞美："你人品很好，学习成绩好，是一个非常优秀的人……"这样给人就有点虚伪甚至拍马屁的感觉。

再次，时间上要及时。生活中同学、朋友或家人的优点，随时都可能显现，个别时候还犹如昙花一现。所以，一个会赞美他人的人，总是能抓住时机，奉献赞美，赢得对方和在场人的好感，起到一种征服人心的效果。

最后，也是最重要的一点，那就是如何驾驭语言。华丽的辞藻于赞美固然很好，但平实的话语运用得当，也毫不逊色。那就看你怎样因人因时因地地使用你的语言。

美国的一位学者这样提醒学生："努力去发现你能对别人加以夸奖的极小的事情，寻找你与之交往的那些人的优点，那些成为你能够赞美的地方，要形成一种每天至少五次真诚地赞美别人的习惯。这样，你与别人的关系将会变得更加和睦。"欣赏别人，就是要认真挖掘、指明、学习别人的优点和品德，如果你真心地欣赏他人的某些优点、内在潜质或品德的话，那么他也会由衷地感激你，他的优点会因我们的赞美而显得更加光彩夺目，同时也表明你已经被别人的优点和长处所吸引和征服，也会随之效仿与借鉴。

在现实生活中，我们也经常看见这样的人，他们对别人的优点、长处熟视无睹，常常以自我为中心，无胸襟包容别人的小小缺点，对他人说话尖酸刻薄，喜欢恶语伤人。我想他们是忘记了"恶语伤人胜过刀枪"、"丧家亡身言语占八分"的古代明训。本来，赞美他人既然能体现你的优良品质，又能给予他人以鼓励，我们何乐而不为呢？

多些真诚的赞美，就会多些真挚的朋友；多些真诚的赞美，就会多些温暖，多些春天。让我们学会赞美他人吧！用漂亮的语言去赢得他人对你的尊重，用漂亮的语言为你赢得好的人缘。不吝惜赞美，我们应从今天做起，为自己的中学时光增添快乐而丰富的色彩！

039 沉默亦非总是金

言为心声。言，往往是行动的先导。一事当前，离开必要的说话是不行的。“说”可以明理，可以释疑，可以去非，可以除恶，可以扬善，其作用可谓大矣。

——高占祥

语言作为工具，对于我们之重要，正如骏马对于骑士的重要。最好的骏马适合最好的骑士，最好的语言适合于最好的思想。

——但丁

卡莱尔曾说过：“雄辩是银，沉默是金。”这无疑是一句很深刻的格言。它能历经久远而驻留在人们的记忆之中，一定有根深蒂固的理由。

沉默是人生的一种境界。年轻的生命喧闹活泼，不能沉默；浅薄的生命哗众取宠，做不到沉默。沉默如果不是羞怯和木讷的话，便是渗透人生之后的一种智慧，是经历过风霜雪雨后的一种成熟。沉默是一种最有力的语言，是一种坚韧，是一种成竹在胸的自信。

然而，沉默亦非永远是金。沉默有时是怯懦，是麻木，是虚伪，是丑恶，有时还可能是奴性。当朋友需要我们以诚相待、答疑解惑的时候，当我们需要真诚地感谢或赞美他人的时候，当我们简单的几句话就能使人摆脱艰险或窘境的时候，当我们的语言能够给别人以支持或安慰的时候，我们还能保持沉默吗？

如果学者只是沉默，稳重中保持学者的风度，缄默着应对学问和挑战，并不是痛痛快快地发表自己的见解，纵然心中满腹经纶和韬略，也无法奉献给社会，也无法造福人民，更是无法推动历史的进步。社会需要新的科技，新的理论，新的思想，这些全新的观念必然要活跃在人们的思维中，徜徉在社会的进步中。一贯地保持沉默，就不会萌发新的观念去适应社会，一直生活在颓废的过去时中。对于蓬勃发展的和谐社会，沉默并非是金，沉默会停滞前进的车轮，会扼杀萌动的观念。

如果朋友彼此都保持沉默，没有互动，没有笑容，那样会是怎样的尴尬，又怎会促进友谊的升华。现在的社会，朋友间应相互坦诚，畅所欲言，在欢笑中沟通，把友谊凝结成深厚的人生堡垒。何必让沉默是金束缚人的心灵，何必让金子般的友谊流失在古语的束缚中，脱离朋友，脱离社会。

对于中学生而言，如果人人在班会讨论中默不作声，在课堂讨论中沉默不语，再到文体活动中缩手缩脚，那就会因表现为过度的“谦虚”而将自己的特长掩藏和湮灭。在很多情况下，沉默并不能解决任何问题，这样只是掩盖了矛盾而不能消除它。每一次沉默只能徒增焦虑、愤怒和怨恨等消极情绪。当然也可能长期装得若无其事，欺骗别人也欺骗自己。沉默还会使个人在心理上付出沉重的代价，使人产生屈辱、愤怒、怨恨、郁闷等诸如此类的感觉，如果这些情感不能及时表达释放出来，还会对人际互动关系产生负面的影响。对于学校来说，可能因为这种沉默付出更沉重的代价，它能极大地影响师生的士气和创造力，从而降低绩效水平。

作为中学生，要有勇于表现自我的精神。从根本上建立坚定的信心，不要犹豫，不要彷徨，要积极表现自我，表现自己的才华和特长。要争取和抓住一切展现自己的机会，因为机会是走向前途和成功的阶梯。同时，我们要清楚地意识到，机会不是上帝赐予的，不是他人赠与的，而是自己争取到的。

要勇于开拓创新。创新是打破沉默的利剑。中学生要勇于创新，勇于提出自己的新的观点，新的主张，新的见解，新的思路。创新能力是当代中学生必备的能力和素质。只会随声附和的人，是不能应对未来社会的激烈竞争的。同时，创新也能让我们变换不同的角度思索同一个问题，培养自己的综合思考能力。常常保持沉默是不会有创新的成果产生的。

要勇于承认错误。知错能改，善莫大焉。有时候沉默是由于自己的错误引起的。只有承认错误，并分析它、改正它，我们才能取得更大的进步。同样，在交流和沟通中，如果不能及时地发现自己的错误，便不能和别人取得一致的意见。如果在出现错误时，仍坚持沉默，不但不会得到他人的理解和原谅，反而是自己拒不改正的一种抵抗，对于事件的处理和自己的进步都是毫无益处的。

对于中学生来说，切记在如下几种场合，一定不能保持沉默：

一是学习时不能沉默。许多学生由于语言表达问题导致心理障碍，不敢与老师沟通，这样自卑地沉默下去，最终会毁掉中学阶段几年的美好光阴。还有的学生遇到不懂的问题不好意思向别人请教，最终将问题积攒下来，成为不可逾越的“大山”，直接影响了学业上的进步。

二是遇到问题时不能沉默。有的同学错误地理解“沉默是金”，将沉默与谦虚等同起来，上课时不积极进行发言，讨论的时候将与他人的分歧和自己的意见藏在心里，学校组织的各种活动明明自己有能力胜任甚至可以说是出类拔萃，但就是躲躲藏藏，畏葸退缩，关键时刻不能挺身而出，从而丧失了珍贵的锻炼自己的机会，使自己的才华埋没。我们既要知道“沉默是金”，更要懂得“当仁不让”。就是说，当我们能比别人干得更好，表现更出色时，不能过分谦虚，而是要挺身而出，敢于承担责任和重担。

三是是非原则面前不能沉默。在是非原则面前也保持沉默，就丧失了自己最起码的立场，有时甚至会使自己陷入特别被动的局面而不可挽回，给自己造成终生的遗憾，影响个人的健康发展。

对于我们中学生来说，劈开阻挡着视线的沉默，将瞭望到依山的白日，入海的黄河，否则也只能在沉默的困顿中，拾捡遗憾的记忆。打破沉默有如将一潭死水引入汪洋大海，好像漆黑沉闷的雨夜里划过一道耀眼的闪电，它将照亮我们的眼睛，指明我们的前程。

“沉默亦非总是金”，对于走过的岁月，许多事实已经证明了这句话的真理性。一味的沉默是消极，是忐忑，是迷惑，是停滞，主要是因为内心矛盾无法找到充分的论据而保持低调。对于如今的社会，一味的沉默，会迷失方向，会丧失机遇，更会断送锦绣前程。

第六章

体味人生　融入社会大学堂

社会是个永恒的课堂，一出出或悲或喜的人生活剧将在社会这个舞台上演。现今的中学生，大部分都是在家里过惯了娇生惯养的生活，不肯吃苦，不能受累，受不了挫折和打击，更欠缺融入社会的能力。暖棚温室开不出傲雪寒梅，鸡笼鸭舍飞不出冲天雄鹰。中学阶段，应该注重培养自己多方面的素质。时代在发展，社会最需要的是全面发展的复合型人才。尝试着走出象牙塔，融入大社会，既开阔了我们的眼界，又锻炼了我们的能力，何乐而不为呢？学会生活，学会做人，学会用自信去掌舵，用自强去挂帆，用智慧和热血划出青春生命的鲜活轨迹，在古老的而又年轻的中华大地上，写下撼人心魄的动人诗章。

040 不断加重财商码

君子之为利，利人；小人之为利，利己。

——方孝孺

假使一个人不在金钱里埋葬自己，而能用理性支配金钱，这对于他是荣耀，对于别人也有益处。

——高尔基

所谓财商是一个人认识金钱和驾驭金钱的能力，是一个人在财务方面的智力，是理财的智慧。它包括正确认识、应用金钱及掌握金钱规律的能力。

财商是与智商、情商并列的现代社会能力三大不可或缺的素质。可以这样理解，智商反映人作为一般生物的生存能力；情商反映人作为社会生物的生存能力；而财商则是人作为经纪人在经济社会中的生存能力。

2010 年 7 月 14 日，香港凤凰网以《名牌大学毕业生买错车票流浪南昌街头》为题，转载了一条消息：7 月 12 日 10 时许，南昌市筷子巷派出所接到报警，在站前西路与前进路交界处，一名乞丐躺在人行道上奄奄一息了。民警赶到现场后，立即将男子送往医院治疗。在上警车的时候，民警发现了一些不寻常的地方。虽然男子身上很脏，但是擦去污垢之处的皮肤很白皙，不像长期流浪的乞丐……

在医院，乞丐断断续续说出了自己的名字，民警意外发现，原来这名男子竟是中国政法大学的毕业生。

7 月 13 日清晨，接到民警电话的男子母亲，连夜从福建赶到了南昌。通过男子母亲的叙述民警了解到，男子名叫黄某，福建人，性格一直很内向。今年6月份从中国政法大学毕业后，黄某希望回福建找一份工作，结果因为出来得匆忙，手机忘了带，而且不小心买了前往南昌的火车票。来到南昌后，只剩几十元钱了。为了生存下来，到处找工作，但因为无法与人正面沟通，没找到工作。没有生活来源的黄某就在南昌流浪，因为天气炎热和食用了霉变食物，黄某倒在了站前西路与前进路交界处的人行道上，幸好路人发现报警。

很多网友质疑黄某，作为名牌大学的毕业生，生存能力竟低到如此程度。不仅买错了车票，而且没有与人沟通的能力，"无法与人正面沟通"。这既有学校的责任，也有家庭的责任。从本文的角度来看，学校缺少财商培养，家庭缺乏财商教育，才出现了南昌街头的一幕悲剧。

财商是一个人判断金钱的敏锐性以及对怎样才能形成财富的了解。它被越来越多的人认为是实现成功人生的关键。财商和智商、情商一起被教育学家们列入了青少年的"三商"教育。例如犹太人，他们把财商教育作为教育中的最重要的一点，是培养孩子延后享受的理念。所谓延后享受，就是指延期满足自己的欲望，以追求自己未来更大的回报，这几乎是犹太人教育的核心，也是犹太人成功的最大秘密。犹太人是如何教育小孩的呢？"如果你喜欢玩，就需要去赚取你的自由时间，这需要良好的教育和学业成绩。然后你可以找到很好的工作，赚到很多钱，等赚到钱以后，你可以玩更长的时间，玩更昂贵的玩具。如果你搞错了顺序，整个系统就不会正常工作，你就只能玩很短的时间，最后的结果是你拥有一些最终会坏掉的便宜玩具，然后你一辈子就得更努力地工作，没有玩具，没有快乐。"

在犹太人的财商教育思维里面已经融入了现代社会的价值观，个人的一生是其规划的范围。个人追求，个人资源，都有理性规划，其最高目标是幸福的一生，财商是其规划的总体理论。随着社会的发展，很多国家对于下一代的理财能力的培养，早已逐渐提前。例如法国，早在儿童3～4岁阶段，家长们便开展家庭理财课程，教育基本的货币观念。约摸10岁左右，法国家长就开始为小孩设立独立的银行账户，积极培养孩子的理财观。美国也是如此，对于儿童理财教育的要求，是3岁能辨认硬币和纸币，6岁具有“自己的钱”的意识，13岁开始打工赚钱，学习如何运用基金与股票等投资工具理财。

例如美国的“石油大王”约翰·戴维森·洛克菲勒，从小就接受父亲严格的“金钱教育”——父亲从不白白给他零花钱，而是要他做“雇工”去挣，而“雇主”就是他的父亲。他清晨便到田里干农活，有时也挤牛奶。他有一个专用于记账的小本子，每天干完活，他就会把自己的工作进行量化，按每小时0.37美元入账，然后与父亲结算。当他在日后成为美国的“石油大王”时，虽然他已拥有了巨额财富，但他却始终保持着这种锱铢必较的理财态度：他的各种花费开支都要记录，就连三分钱邮票也不漏记；他的记账本从不离身，以便随时记录下开支；他的每一笔账都记得清清楚楚、一目了然……正是这一“绝招”，令他在经营石油公司时，总是能准确无误地掌握成本与开支、销售与利润等数据，最终成就了他石油霸主的地位。

但是，5～14岁的中国孩子在干什么？不是伸手找家长要钱去买零食，就是要家长帮他去买会打子弹的小手枪……据调查显示，中国孩子在四五岁时就能做到美国孩子11岁的事——发现广告中的事实，并准确无误地告诉家长“去买”；而美国孩子在12～13岁学会的东西——熟悉银行的业务以及金融投资等技能，中国孩子要到20岁左右才开始去学习。由此不难看出，我们在理财这方面的起点上就已经输了。

回头看一看我们的中学生群体，有多少人是不会“理财”的。在没进初、高中前，我们一直生活在父母身边，花钱全由父母管着，父母给多用多，给少用少，几乎完全不为花钱操心，更不用担心没钱可花，只要敢伸手“要”就有了。可是现在离开了父母，有了独立的“财政大权”，可以自由支配任意消费了。看着满世界的“花花绿绿”，手里的钞票似乎一不小心就哗哗地流出去了，银行卡上的钱也说不清楚到哪里去了……而这种钱不会花、不够花的现象比较普遍。一项针对中学生理财的调查发现，大部分受访者认为自己理财知识不足，约占四成的高中生经常入不敷出。他们身上的深层次问题，其实并不是钱不够花，而是不会花，而是缺乏合理支配资金的能力，没有形成正确的理财观，他们面临的迫切问题是需要提高财商，学会理财。

美国前联邦储备局主席格林斯潘曾在华盛顿发言时说，财务管理教育对年轻人至关重要。年轻人应趁早理解基本的预算和储蓄概念，以免财政上做出错误的决定。有专家认为，中学时代是独立生活的第一阶段，不仅需要学习基础知识，更要培养自己的生活能力，而理财正是中学生活的必修课。在此阶段，如果我们能够养成一些较好的理财习惯，掌握一些必需的理财常识，往往可以受益终身。

具体地说，要努力做到：

1. 你即使减少衣着方面的开支，也能穿出自己的风格，并且更能符合高中生的特征和大众的心理期待。

2. 请留心家庭的财务收支，包括将来上大学的费用是否有稳定的来源，是否能够得到保障。

3. 你可以不准备账本，但你必须对金钱有所计划，做到收支平衡，并优先保证最基本的生活需要，切不可“寅吃卯粮”。

4. 要创造机会参与打工赚钱，并把打工挣来的钱省下一半，补充自己的学业开销，为自己的大学生活留下一些储蓄。

5. 多观察生活，多接触社会，只要付出劳动，开动脑筋，你可以体会到父母赚钱的不易和艰辛。

6. 要保证钱一定要花到“刀刃”上，不能左手刚刚进账右手马上就花出。要知道，由俭入奢易，由奢入俭难。

作为中学生，年轻有活力，头脑灵活，追求时尚，具有一定的知识文化水平，对新生事物有强烈的兴趣，完全可以在假期及休息时间去“创收”。有一位学生在假期中，在长辈的帮助下，联系到一个卖西瓜的生意。一个暑假下来，他竟赚到了 1000 多元。除了买了自己喜欢的自行车外，还为父母买了礼物。这的确是一个一箭双雕的理财方式，既让这位同学在赚钱的过程中了解了人情世故，又让他体验了一把做生意的艰辛与乐趣，增长了自己的财商。因此，我们应该在中学阶段就把创造财富、挖掘第一桶金、积累理财经验当作自己进入大学和社会大舞台的热身赛，在实际生活中逐渐学会理财，学会创造财富和管理财富的技能，为自己的现在和将来精打细算，做一个善于管理自己财富的人！

041 尝试赚钱炼人生

伟大的成绩和辛勤的劳动是成正比的，有一分劳动就有一分收获，日积月累，从少到多，奇迹就可以创造出来。

——鲁　迅

人，不管是什么人，应当从事劳动，汗流满面地工作，他的生活的意义和目的、他的幸福、他的欢乐就在于此。

——契诃夫

曾经连续两年排名“财富五百强”首位的沃尔顿家族，是世界上最富有的家族之一。可谁能想到，身为这样一个公司的董事长山姆·沃尔顿，竟会叫自己的孩子从小时候就开始为自己挣零花钱。

在孩子们很小的时候，老沃尔顿的四个孩子就都开始给父亲“打工”，干一些力所能及的活。他们跪在商店里擦地板，帮忙修补仓库的房顶，晚上帮助装卸简单的货物。父亲按照一般工人标准付给他们“工资”。

杰克·韦尔奇是通用电气公司的前总经理，也是世界上最杰出的 CEO。他少年时曾在家乡打过三次工。12 岁时，他便开始在乡村俱乐部里给高尔夫球手背球棒、捡球。他也很喜欢看着那些富有的生意人和医生谈论生意，并观察他们如何相处。第二次打工是在一家游戏厅。他的工作是在一块块软木板上钻小孔，用来做一种叫做“淘金”的游戏用具。第三次打工是在一家鞋店。在这里，他学到了一条很重要的生意经：一切都是为了做成买卖，不能让顾客没买上一双鞋就离开商店。

这些打工经历让他知道了自己应该怎样和人相处，怎样才能做成交易，并且对他的未来产生了重要的影响。

美国孩子经常会从父母那里听到的口号是“要花钱，自己挣”，许多孩子通过修剪草坪或照看小孩等工作挣钱，不仅有了劳动的体验，而且对金钱的价值也理解得更深了一些。中国是个盛产口号的地方，“自力更生”、“奋发图强”的意义绝不逊于美国的“要花钱，自己挣”。但是，中国孩子所缺乏的是实施这些口号的勇气。

中国青少年研究中心联合日、美、韩进行调查，对象是四个国家的高中和中等职业学校一至三年级的在校生，结果发现，74.4％的美国高中生打过工，日本和韩国有打工经历的比例分别是 49.2％和 44.9％，中国高中生打工比例最低，为 39.6％。定期打工比例，美国为 28.2％，日本为 16.7％，中国和韩国分别为 4.8％和 4.3％。而日本、美国、韩国的高中生，打工的原因更多是为赚钱，66.5％的日本高中生和 73.3％的美国高中生为自己存钱而打工，60.8％的韩国高中生因钱不够用而打工。

即使到了大学，国外也不乏打工者。英国最新调查显示，过去 10 年中，英国全日制大学生打工人数增长了 54％，这些打工的大学生多数每周工作 14 小时，近 1/5 学生每周工作超过 20 小时。

这足以提醒今天的中学生，不应该再是“两耳不闻窗外事，一心只读圣贤书”的书呆子，而是应该到社会的大课堂中去看一看、闯一闯，看看外面的精彩世界，充实和丰富自己青春的生命。

浙江媒体学院数字媒体技术专业大二学生巫小宾家庭贫困，全家的经济来源主要是靠橘子收成和销售。当年家里橘子大丰收，原以为橘子卖出去之后，可以支付拖欠学校的学费，但没想到橘子卖不出去。“上个学期的学费还一直欠着，如果这次橘子卖不出去，整整一年的学费就没有着落了。”父亲再也没有办法筹集到任何资金，所以就交给巫小宾一万斤橘子，让他带到学校想办法卖出去筹集学费。

著名教育咨询、职业规划与人生发展问题专家徐小平，透过这则消息并没有往常看到类似消息时那种辛酸和叹息，相反为巫小宾敢于挑战贫穷、巧于谋生的做法叫好。他认为，巫小宾这种行为其实也是勤工俭学、打工赚钱的一种。而勤工俭学和打工赚钱的意识和能力，直接和大学生毕业时的就业出路直接挂钩，是一种水到渠成、量变质变的关系，对毕业后与社会接轨、走向职场工作谋生，有重要的预习和见习作用。在他销售的一筐筐橘子里，蕴藏着一个未来专业人士、未来企业家的萌芽。

现在，在一些较为发达的城市，“打工潮”已经在校园中涌动许久，“尝试打工”已经不再是一种时髦和名词。有些同学甚至响亮地提出“流自己的汗，吃自己的饭；让自己多吃点苦，让父母少受点累”的口号。据2006年中国社会调查事务所在京、津、沪、穗进行的一项调查表明，现代中学生选择打工种类时，22％选择网络公司；4％选择暑假家庭教师；19％选择市场调研员；13％选择营销策划员；16％选择做志愿者；5％到快餐厅做钟点工。可以看出，社会竞争的激烈和观念意识的变化，在中学生们的身上已经显现出强大的冲击力，尽管他们的打工看上去都是一些小打小闹，但无论如何这都是进步的一种标志，是值得欣慰和肯定的。

当我们想尝试去打工赚钱时，一定要注意下面这样几个问题。

一是打工不能放弃或影响自己的学业。我们的第一身份是学生，我们的首要任务是掌握知识，准备中考、高考。因此，在处理打工和学习时，应以学习为主，打工为辅。如果颠倒了主次，甚至为了打工而完全放弃了学业，造成了学业的荒废、知识缺漏，甚至被“劝”退学。这样的结果就真的是得不偿失了。比如，某大学有一名高才生，一直成绩优秀，更因写得一手好文章而被称为“才子”。一次偶然的机会他结识了一位出版商并答应为其写书，在丰厚的酬金面前，他开始终日忙于写稿而无暇顾及学业，结果好几门功课不及格，结果被学校劝退连毕业证都拿不到。

二是打工要以获取经验、知识，锻炼能力为目的。挣钱确实也是打工的目的之一，但这不应该是唯一目的。对我们而言，如果能利用打工增加自己的社会能力，这无疑是一笔无形的财富。但打工最好找自己感兴趣、能胜任的工作，这样对我们日后就业也会有一定的帮助。

三是打工时要擦亮自己的眼睛，不做无谓的损失和牺牲。比如某校的一名学生，在暑假期间看到市中心某职业介绍所的招聘广告后前去应聘，对方在问了他一些情况后，搅动三寸不烂之舌，让他先交了 30 元的报名费，10 元的资料费，以及 300 元的货物押金……为了能打工赚钱，他狠心交了这一系列的费用，领了一大批货，结果是东西根本卖不出去。因为这些货物虽然外观精美，但实为次品，根本不能用。当他提着这些货回到职业介绍所讨个公道时，工作人员却矢口否认。像这样打工不成反被坑骗的教训在中学生甚至在大学生中并不少见。所以，必须有一双洞察社会的慧眼，在思想上多一道防线，提防一些居心险恶的人。

四是事前做好充分准备，不打无把握之仗。要向有打工经历的同学多吸取一些成功的经验，借鉴他们失败的教训。要了解各种行业打工的基本情况，与自身条件相结合。

我们知道，蛹化为蝴蝶，虽然结果是美丽而快乐的，但过程却是痛苦而漫长的。打工如若为了成长，为了磨炼，为了丰富自己的阅历，吃苦、受累、受委屈也是在所难免的，也是值得的。不要担心打工失败，不要惧怕肉体酸痛。人生不可能没有失败，人生需要失败。没有失败，怎能为成功积累经验；没有酸痛，怎能让身体更加强健？

打工本身就是一种磨砺的过程，他可以锻炼我们的能力，磨炼我们的意志，增长我们的社会经验，拓宽我们的人际交往，为我们以后的高中、大学学习和社会生活奠定基础。对于结果，我们应该有广阔的胸怀和承受能力。不以赚钱数量来论英雄，只把这种体会和磨砺当做人生的收获和积累就好！

042 善从小事觅成功

巨大的建筑，总是由一木一石叠起来的，我们何妨做做这一木一石呢？我时常做些零碎的事，就是为此。

——鲁　迅

一旦我们不停地关注那些我们能够完成的小事，不久我们就会惊奇地发现，我们不能完成的事情实在是微乎其微。

——塞·巴特勒

生活中的“凡人小事”，因为它“凡”，它“小”，有的人常常看不起，而不屑去做。然而，“汪洋大海汇聚于小溪”的道理却是人人皆知的，可惜的是我们的同学中却有人并没有从中受到教益。

中国古代思想家老子曰：“合抱之木，生于毫末；九层之台，起于累土；千里之行，始于足下。”这句话深刻地指出了大与小的辩证关系。然而有些人却常常把大与小割裂开来，以为大就是大，小就是小，而不能看到这其中的有机联系。无独有偶，三国时刘备在给后主刘禅的遗诏中曾提到：“勿以恶小而为之，勿以善小而不为。惟贤惟德，能服于人。”如果说老子的话是用生动、形象的比喻揭示了“毫末”与“合抱之木”，“累土”与“九层之台”，“足下”与“千里之行”小与大的辩证关系，晓喻人们要重视“毫末”、“累土”、“足下”的话，那么刘备便是直言不讳地告诫人们:不要轻视“小事”,“小事”是“大业”的基础。

日本本田公司的创始人本田宗一郎在初创业的时候,曾在公司的走廊上摆放了不少鲜花,并聘请了专门的花匠来管理。但不久公司就出现了严重的财政危机,花匠因为收入的问题辞职了,公司也就一直没有再配备专人去照料那些花。然而过去了好长一段时间以后,本田宗一郎却突然发现,那些乏人管理的花不但没有凋零,反而更加娇艳。他很奇怪,便开始留心观察,发现原来是设计部的一个年轻人每天都来得非常早,主动为那些花浇水、培土。

本田宗一郎由此立刻做出决定,将这个年轻人提拔为部门经理。因为本田宗一郎认为,能够全心全意做好公司里的小事的人,更能够做好公司里的大事。虽然这个年轻人在业务上并不是很突出,但是单凭他能够义务管理花木这件小事就足以赋予重任。

后来,这位部门经理果然以自己的不凡才干证实了本田宗一郎的看法,最终成为本田公司开拓海外市场的骨干力量。浇花,这个在很多人眼里堪为微不足道的小事,却成就了一个年轻人的美好未来,也充分证明了“人人身边无小事”这句话所蕴涵的深刻的生活哲理。

前苏联著名昆虫学家柳比歇夫从青年时代开始实行时间统计法。他详细地记下了自己时间的支出,掌握了支配时间的主动权,避免了时间的浪费。出门旅行,他看小部头的书;学习外语,利用时间的“下脚料”;在实地考察各种害虫工作时的空闲里,他搜集了一万三千多只、三百多种地蚤标本,比当时动物研究所的标本还多出五倍。正是这个对时间“斤斤计较”的人,在一生中取得了丰硕的科研成果:发表了七十来部学术著作,写了一万二千五百张打字稿纸的论文,内容涉及昆虫学、哲学、遗传学等等。柳比歇夫的实践告诉我们:伟大的成就正是在分分秒秒的时间里,在一点一滴的辛勤劳动中获得的。分分秒秒,点点滴滴,日积月累,奇迹就是这样创造的。巴甫洛夫曾要求青年科学工作者要学习做科学上的琐碎工作,应当“研究、对比,积累事实”,以便有朝一日使理论张开“翅膀”“飞翔”。而“事实”的“积累”“需要科学家以谨慎耐心的态度不懈地观察,专心致志,反复地实验和研究”。柳比歇夫如果不是抓紧零星时间学习研究，科学工作者如果不是一次次地探求，一个个地积累数据，那么众多的学术论文，划时代的科学发现又从何而来？所以，毫末般的“小事”是摘取事业成功桂冠的阶梯，是事业结出丰硕果实的沃土。如果拒绝做“小事”，那么伟大的理想永远是空中楼阁。

然而，在如今的校园里，能够安心去做“小事”的学生，能够真正做好“小事”的学生并不是很多。很多学生大都忙着所谓的“大事”。在这些人眼中，只有做“大事”才能体现自己出奇不凡的价值，才能够让人感受其真正的“分量”。因此，宿舍的垃圾没有人倒，教室里的黑板没有人擦，走廊里的废物没有人拾，甚至有人连行李都懒得叠……

可见，在一种浮躁的社会风气中，这些学生真可谓是心比蓝天高，却不能脚踏实地做一些力所能及的小事情。他们喜欢设计自己的未来，幻想着以后怎样怎样，但就是不能从现在做起，从小事做起，从自身做起。所以，对家长的批评置若罔闻，对老师的教诲反感对抗，对学校的管理抵触敌视，经常在自我想象中补偿其实际的挫折或失败。于是，“从小事做起”这个从幼儿园阿姨那里便学来的生活哲理，正在被越来越多的“大”道理所取代，更多的学生成了忙“大事”的人，而“小事”却被越来越被他们遗忘甚至是不屑一顾。

对于当代的中学生来说，“从小事做起”不仅十分重要，也是十分必要的。因为这句话包含了人在成长过程中的许多值得用心培养的要素在其中：

从小事做起是一种良好的习惯，它督促我们不要浪费一点一滴的时间，懂得一寸光阴一寸金，寸金难买寸光阴。

从小事做起是一种正确的心态，它要求我们不好高骛远，要脚踏实地，懂得成功来自长期的坚持不懈，遇到挫折不要气馁。

从小事做起是一种优秀的品质，它鼓励人们细致入微地关心别人，激励我们讲求诚信，做到一言九鼎，一诺千金……

作为中学生的我们，正处在风华正茂的黄金时代，美好的未来在召唤我们，请记住，“使人疲惫的不是远方的高山，而可能是鞋里的一粒沙子。”所以，当我们追求完美的时候，一定要以对未来负责的精神，踏踏实实，兢兢业业，认认真真，全力以赴地从小事做起，从身边的一点一滴做起，善从小事铺就成功的大道，走向真实的生活，筑就美好的未来。

每当我们谈到理想，每个人头脑中都会出现一个未来的自己：科学家、艺术家、企业家、社会活动家、体育冠军……这些理想的实现，全在于今天每一堂课、每一次作业、每一次锻炼、每一次活动的努力啊！如果忽视眼前的努力，忽视思想上、学习上、作风上的小小漏洞，那么，你未来事业的大厦，有朝一日将会坍塌，毁于一旦。同学们，让我们都以对未来负责的精神，踏踏实实，兢兢业业，认真从小事做起，从身边的一点一滴做起，踏着小事情铺成的道路，走向伟大光明的未来吧！

043 吃苦耐劳强素质

在劳力上劳心，是一切发明之母。事事在劳力上劳心，便可得事物之真理。

——陶行知

世间没有一种具有真正价值的东西，可以不经过艰苦辛勤劳动而能够得到的。

——爱迪生

北京师范大学教授于丹讲过这么一个故事，说是一座山上有个石佛，很灵验。于是有很多人踏着这座山上的石阶来参拜这个石佛像，而这些石阶和这个石佛像都是用的这座山上的同一块石头做出来的。于是有一天，石阶极为不满地对石佛像说：“你我来自同一块大石，凭什么你要受人参拜，而我要接受人的践踏……”石佛像很镇定地说：“因为你是由三两刀切成的，而我是经过了千刀万割修得成佛的。”简短的故事蕴藏着深刻的哲理——一切成功均缘于磨砺与苦难，只有勇于吃苦耐劳，才能走向理想的彼岸。

吃苦耐劳是一切成就大事业的人所必须具有的特征。这些人或许缺乏其他良好的品质，或许有各种弱点与缺陷，然而他们具备了吃苦耐劳的意志品质。这是所有成就大事业的人所绝不可少的特质。青年人可以用“吃苦耐劳”的品质作为资本，去从事他们所追求的事业。人类的成功史已经证明“吃苦耐劳”可以使人摆脱贫穷，可以使弱者变成强者，可以使无用变成有用。

没有吃苦耐劳的精神的人，往往最容易被困难打倒，而当他们一旦失败，他便会感到自己是世界上最痛苦的人。而具有吃苦耐劳精神的人则不同，在困难面前，他们往往表现得勇敢、坚强，并还会继续乐观地向前进。因此，作为新时期的中学生，只有拥有了吃苦耐劳的精神，才能拥有勇敢坚强的性格，才能经得起更大的风浪。

但不幸的是，我们的学校中有不少学生在家里衣来伸手，饭来张口。进入初中或高中后，有的人甚至连衣服都不会洗，连最简单的衣物都要送到洗衣房或者要母亲赶老远的路去帮他洗……

除了表现在生活上的低能外，他们的心理承受力也弱得惊人。有人因为被老师罚抄作业就想退学，因为挨家长一顿骂就离家出走，因为同学间的口角就动刀杀人，这些事实就够让人触目惊心的了。

生活自理能力如此差，心理承受力如此低，怎能不令人忧心忡忡。这都是由于他们从小没吃过苦的缘故。现在的学生大多是独子女。可以说他们是在温室里成长的，没经历过风雨，一旦受挫，就承受不住了。

要改变这种现状，解决这一存在于中学生中的问题，提高学生的心理承受能力，自己尝试一些吃苦耐劳的经历，增加一种吃苦耐劳的精神，努力提高自己的心理承受力是一种很好的途径。据报载，日本阳光幼儿园，让幼儿只穿一条短裤在冰天雪地里跑，岩手县的学校为了教育孩子们“珍惜盘中餐”能吃苦，一个月中，连续三天给他们吃祖辈们在二次大战后饥荒岁月里吃过的东西。正是因为有了此种教育，在前几年举行的中日青少年对抗赛中，中国孩子败了，而且败得很惨。日本的孩子吃苦能力和自主能力明显高出中国孩子许多。这是不是应该给我们一些启示呢？我们的社会、家庭和学校在智力投资上，各方面是舍得下本钱的，但在意志磨炼上，则显得重视不够，这不能不引起我们的高度重视和思考。

现实生活和科学研究表明，人的心理素质是人的各种素质的基础，对人的成功和成才有极其重要的作用。当代学生是参与未来国际竞争的主力军。他们的文化科学技术水平无疑具有重要作用，但更具决定性作用的是他们的理想、信念和吃苦耐劳的坚强意志。作为高中学生，行为习惯尚未形成，可塑性大，正是自我教育的最佳时机。只要我们提高认识，勇于参与社会实践，创造机会让自己经历一些吃苦耐劳的考验，才能培养出社会所希望并需要具有的各种良好品质。

有位哲人说过：“吃苦耐劳是成人的门槛”。迈过这道门槛，在经历了生活艰辛和艰苦磨炼之后，才能尝到成熟之果，可以说，吃苦耐劳是生活的必修课。如果其成长过程中缺了这一“课”，就容易在走向社会、走向生活中摔跟斗，甚至要用更多的教训来“补课”。现在有些学生之所以被称为总是“长不大”，其实就在于吃苦太少，导致“精神缺钙”，执意享受“轻松”，结果在走向社会时反而更加“不轻松”，这就是生活的辩证法。

如今青少年随着生活条件的不断改善，一直处在“娇生惯养”的氛围中。在这种情况下，我们更应该自觉进行吃苦耐劳、艰苦奋斗的教育，要经常采取多种手段，强化自己的吃苦、自强意识，促使我们健康成长和素质的全面提高。要做到这一点，一定要从小事做起，从自己的个人卫生，教室、宿舍的环境卫生抓起。如果连简单的打扫卫生都不能去做，“一屋不扫何以扫天下”？树立理想，锻炼能力，磨炼意志又从何谈起？连起码的责任意识都没有，怎么能实现伟大抱负，又怎么实现自我价值呢？如果我们养成只想踢球而不想洗球衣，只想吃饭而不想洗碗，进而养成“四体不勤、五谷不分”，好吃懒做的恶习，那将来走向社会时，又该如何承担属于自己的那份工作呢？难道还要雇人代替自己上班吗？假如连自己的内务都要别人代劳，那当未来遇到艰苦的环境、艰难的事情时，我们有能力去独自面对、独立解决吗？

每一位同学回到家中，一定要承担一定的家务劳动，分担一些家长的负担，从中体会“哀哀父母，生我劬劳”的艰辛，拒绝父母处处包办代替的溺爱，给自己创造一片广阔的天空，让自己在吃苦耐劳中锻炼成长，让自己在生活的风吹雨淋中变得坚强。

吃苦耐劳、艰苦奋斗是中华儿女的美德，是中华民族的优良传统。随着改革开放的深入，我国经济的飞跃发展，社会繁荣，人民生活水准逐步提高，也促使人们的心理素质、思想观念发生更迭。因此，使我们这些在糖水中泡大的青少年一代继承发扬艰苦奋斗的优良传统是自我成长的一门必修之课。

044 安全防卫心常存

使一个人的有限生命更加有效，也即等于延长了人的生命。

——鲁　迅

人生是各种不同的变故、循环不已的痛苦和欢乐组成的。那种永远不变的蓝天只存在于心灵中间，向现实的人生去要求未免是奢望。

——巴尔扎克

中学阶段的生活是进入社会的第一站，也是开始独立人生的第一站。然而，当学生们独立意识日益增强的时候，有些同学却丝毫没有安全防卫意识，有一部分还特别缺乏足够的安全防卫心理。他们中有人被敲诈，有人被欺侮，有人被挟持，甚至有人被杀害，此类案件在全国各地有上升趋势。据综合分析表明，这些问题发生的主要原因是由于学生自身安全防范意识淡薄，思想麻痹，财物保管不当，轻信他人，交友不慎等原因造成的。

据《扬子晚报》报道，重庆某中学生，在网吧中结识了一社会青年，该青年常以向家长、老师通报他去网吧为由，向该生勒索香烟等钱物。后来有一次发展到在路上争吵时，该同学被社会青年动手毒打，幸好被巡警发现才幸免一死。

另据《中国教育报》报道，武汉某中学有两名高二女生由于考试成绩不理想，从家里偷了一千元钱后离家出走，在北京火车站，她俩遇到了人贩子。人贩子以介绍工作为由，将她俩带至广州，逼良为娼。一女生誓不相从，从高楼窗户跳下后虽被救，但落下终身残疾。

某校一女生正在校门口打电话，这时过来一男一女。女子跟女生说，他们从外地来，到银行取款时卡被吃了，他们急需用钱，能不能用一下她的银行卡，让家里人把钱汇到账户上，然后再取出来。这位女生“急人所急”，想都没想就把银行卡借给了这两个陌生人。过了一会儿，两人让女生到一柜员机查看钱到了没有。该女生在柜员机上查了三遍，钱都没有到位。那男子又把女生的银行卡要了过去，并打电话催家里打钱。等两人走后，该女生发现银行卡被“调包”，自己的全部生活费被骗子取走。

也有少数同学在遇到多次被敲诈、欺负后，不是告诉家长，求助于老师，而是请“小哥们”来“摆平”，甚至同流合污，给家庭、学校带来负面影响。

俗话说：害人之心不可有，防人之心不可无。当今的社会是一个竞争的社会，每一名中学生固然不可有“害人之心”，但必须树立起正确的安全防卫意识，做到“防人之心不可无”。第一，要有懂法、守法、用法的意识。中学生学法的目的是为了懂法和用法。当我们被欺负时，要学会用法律的途径和手段来解决，不必惧怕对方的淫威，屈服对方的气势，更切忌意气用事，行为鲁莽，触犯法律，人毁家亡。第二，要有及时报告的意识。有的受欺侮学生常因自己体单力薄而忍气吞声，花钱消灾；有的同学则事不关己，高高挂起，甚至助纣为虐。这样的行为既损害了自己或同学的利益，又滋生了社会恶势的蔓延。所以请同学在被欺时要及时告诉家长、老师，相信正义的力量。第三，要有机警报警的意识。即遇危急时临危不惧，寻找脱身之计，求助于警方的帮助。如吉林某一女生，被人挟持困在楼上，她乘看守不注意时，迅速扔下一张写有“救救我”的纸币，被人发现后送交警方，后被警方解救。第四，要有谨慎处事和交友的意识。同学在回家路上或外出游玩时，不要轻率地跟陌生人交往或做陌生人要你做的事。有时你所结交的“铁哥们”或所谓朋友，会让你身不由己，你的单纯，你的热情容易被别人利用。中学生思维还未成熟，常凭感情来判断是非。这往往会酿成大错。

一些同学向来养尊处优，思想单纯，安全意识淡薄，更缺乏正当的防卫心理，这是十分危险的。例如，在宿舍没有养成随手关门的习惯；夏季开门休息；贵重物品或现金随意乱放；现金不及时存入银行或将银行密码告诉别人；存折或银行卡与身份证放在一起，等等。这一方面可以诱发犯罪，另一方面也给不法分子提供了便利，也是导致校内失窃发生的重要原因。

另外，近年来由于互联网的逐步普及，一些学生通过上网结交朋友，由于缺乏识别能力而上当受骗。还有一些学生在假期进行勤工俭学时求职急于求成，不通过合法机构求职，给不法分子造成可乘之机，使自己的合法权益受到侵害。不轻易相信陌生人，保管好自己的存折、银行卡、密码和身份证，不要轻易示人或供给陌生人使用，这些最基本的安全防范常识，却总是被一些同学抛在脑后。很多学生从小学到中学，除了学习外社会其他方面的东西很少涉及，社会上的一些复杂情况很少了解。有的同学平时没有看报纸的习惯，看电视也只是看一些电视剧、卡通片以及娱乐性节目，因此对如何保护自己的信息获得的太少。有些学生或许认为只要学习好了就行了，怎么也不会想到自己有被骗的那一天。事实不断地告诉我们，作为中学生，不仅要有学习知识的能力，还应有一定的辩证思维能力，要能对各种异常事件做出理智的分析，对是非、好坏能够具有识别的能力。

因此，我们说，正确树立安全防卫心理，保护自己的合法权益不受丝毫侵害，这于己于人、于家庭于学校、于社会都大有益处。同学们，校园安全，人人有责，平安校园，你我共创。

第七章

打造成功 细微之处见素质

对于每个人来说，细节都是不可忽略的。细节表现修养，细节体现风格，细节蕴藏机会，细节凝结效率，细节产生效益。正是无数细节的组合才能构成人生伟大的气象，才能连接我们未来生命和前程的无限。提前规划自己的职业，认真确定未来的定位，让自己从精神到筋骨都得到舒展，让生命蒸发出属于自己的精彩世界。自理能力是一个人独立生活的基础，是融入社会的先决条件。当今社会，已越来越强调个体素质，能够从点滴做起，从基础做起，才会积少成多，集腋成裘，才会拥有草原的视野，海洋的胸襟。学会放弃也是一种境界，一种素养，一种雷鸣电闪后的空明。放弃之后才是纯真，才是本我，才是沧海桑田后的超脱。青年人没有目标地追求享乐，追求奢侈，追求虚无缥缈的名利，到头来往往会失足于阴沟峭壁，留给自己与家庭的只是绵绵的悔恨、声声的叹息和终生的遗憾。

045 职业生涯早规划

每一个人的禀赋和能力的基本性质是早已确定的，因此，在这个世界上必定有一种最适合他的事业。自己应该有一种自觉，尽量缩短寻找的过程。

——周国平

在选择职业时，我们应该遵循的主要方针是人类的幸福和我们自身的完美。

——马克思

每年高考结束填报志愿的时候，都会遇到一些盲目听从、依赖老师或他人的“指点”的学生，自己毫无主见。他们以可以升学为最高准则，对职业兴趣和职业理想一无所知，似乎自己是“万金油”，报什么专业都可以。结果进入大学后，才发现所学专业与个人兴趣相悖，苦不堪言，后悔晚矣！

清华大学心理学教授、博士生导师樊富珉曾讲过一个典型事例：原浙江大学非常优秀的学生刘某，在报考浙大时因成绩的原因没有进入自己喜欢的专业，而被调配到化工系。大学毕业后由于成绩优异，被推荐到清华大学直接读博。刘某在清华读了一年博士后，才开始认真思考自己的未来：自己真正喜欢的是要做城市的建筑师，并不是要做化工方面的工程师。

经过无数个日夜的反复思考，刘某做出了一个大胆的决定——退学。他又回到了他当年就读的高中，回到五年前的起点重新参加高考，最后如愿以偿考进清华大学建筑系读本科。这件事在社会反响强烈，有人认为他不体恤父母的艰辛，父母省吃俭用供他读完大学，又到清华读博士，为何选择重新读大学？有人说他读到博士又重读本科，浪费了国家尚不丰富的教育资源……从社会和家庭的角度来看，这些说法的确是有道理的。但是从个人的职业规划和发展来看，也未必全错，只不过是在短暂的生命中，走了不该走的弯路。说得严重点，是因为没有进行职业规划而浪费了宝贵的生命资源。

刘某在接受中央电视台采访时说，他最终思考的是：自己是在一个不喜欢的专业里痛苦地挣扎，还是在喜欢的专业里快乐地做事。人生是有限的，人的精力也是有限的。我们不可能什么都做好，什么都能干。如果能在选择未来职业发展的时候，选择自己擅长的和自己有兴趣的，那将有助于你更好地成长，更快地获得成功。

不知刘某的事例能否对在读的中学生有所启示。美国学者研究发现，94％的人是因为做自己喜欢的事情才获得了成功。在中国这样的事例亦屡见不鲜。文学巨匠鲁迅，著名作家毕淑敏、余华，上海电视台节目主持人曹可凡，原来所学都是医学，后来都放弃本专业而寻找到自己的“真爱”，最终才取得令人瞩目的成就。

创新工场董事长兼首席执行官李开复，是一位信息产业的执行官和计算机科学的研究者，是在IT行业获得骄人业绩的科学家。1998年，李开复加盟微软公司，并随后创立了微软中国研究院（现微软亚洲研究院）。2005年7月20日加入Google公司，并担任Google全球副总裁兼中国区总裁一职。2009年9月4日，宣布离职并创办创新工场任董事长兼首席执行官。李开复在他的著作《做最好的自己》中介绍他的人生发展时有这样的一段话：“我刚进大学的时候，想从事法律或者政治方面的工作。”因为他考的是哥伦比亚大学，哥伦比亚大学法律系在全美排名第三，是非常有名的院系。他想从事法律，所以考上了美国法律方面最好的学校。"一年后我发现我对法律没有兴趣，学习成绩也只是中等，但我爱上了计算机，每天疯狂地编程，很快引起老师同学的重视。大二的一天我做出一个重大的决定，放弃此前一年多在哥伦比亚大学法律系修成的学分，到计算机系重新开始。"

很多老师和同学对李开复的这个决定非常不理解，告诉他改系会付出巨大的代价。但李开复认为，人生只有一次，不应该浪费在没有快乐、没有成就感的领域。如果你对一个行业没有激情，没有热爱，没有兴趣，是不可能做好的。

李开复庆幸自己这一选择，当他转系后心花怒放，精神振奋。他给自己设定的目标是门门功课考 A。他说，若不是那天做出转系的决定，今天我就不会拥有在计算机行业取得的成就，而我很可能是美国某个小镇上一个既不成功又不快乐的律师。

也有的学生正是因为对自己的兴趣不清楚，对所报专业不了解，所以进入大学后，会陷入极端的苦闷之中。清华大学计算机系有一名学生，是某省的文科"状元"，以很高的分数考进清华。因为分高可以随便选择清华大学的专业。当时他不知道计算机是做什么的，只听说计算机专业将来好找工作，于是便选择了计算机专业。入学后发现自己对这个专业既不喜欢，又不擅长。大二时开始逃课，到图书馆里去读书。但问题是，他的功课不好，其他书读得再多，知识再丰富，也拿不到毕业证。当年被敲锣打鼓送进清华园的状元，极有被勒令退学回家的危险。

选择以上事例，无非是要说明，职业生涯规划对人的成长和成功是何等重要；进入大学前没有认真选择专业必然要走弯路。因而，我们在中学起始阶段，就要对自己的未来专业趋向做仔细的思考和选择，对自己的职业生涯进行认真规划。

所谓职业生涯规划是指个人和组织相结合，在对一个人职业生涯的主客观条件进行测定、分析、总结研究的基础上，对自己的兴趣、爱好、能力、特长、经历及不足等各方面进行综合分析与权衡，结合社会需求和时代特点，根据自己的职业倾向，确定最佳的职业奋斗目标，并为实现这一目标做出行之有效的安排。

职业规划发源于美国，20世纪70年代达到高峰。如今在美国、英国、日本等国，都在推广和实施“生涯教育”。按照生涯认知、生涯准备、生涯熟练等步骤逐一实施，不少国家都将生涯教育列入必修课，对人才的培养起到了良好的推动作用。

进行职业生涯规划首先要进行自我评估。自我评估包括对自己的兴趣、特长、性格的了解，也包括对自己的学识、技能、智商、情商的测试，以及对自己思维方式、思维方法、道德水准的评价等等。自我评估的目的，是认识自己，了解自己，从而对自己所适合的职业和职业生涯目标做出合理的抉择。这种自我评估一定要和社会实践活动相结合，切不可坐在屋里凭空“遐想”或“瞎想”。只有走进社会，贴近生活，通过生活实践对自己的各个方面进行检验，才能对自己有充分的了解，才能对自己的兴趣爱好和志向有所确定。

具体的操作方法，就是要对自己提出六个问题：一问我是什么样的人？也就是上面所说的自我分析的过程，包括自己个人的兴趣爱好、性格倾向、特点专长、过往经历和思维能力等，即对自己有个全面的了解。二问我想要什么？也就是追求目标，包括职业目标、收入目标、学习目标、成就目标等。三问我能做什么？有一句话非常深刻，不要总是我“想做什么”，而是问一问我“能做什么？”从现在起就充分地做好知识、能力方面的准备，并且学以致用，发挥自己的专长，在学习过程中积累自己相关的知识技能，加强个人社会实践经验的积累。四问我的职业竞争力是什么？看自己有哪些可以利用的资源，包括个人、家庭、学校、社会的种种关系，这些都能影响职业选择。五问什么最适合我？不同职业的待遇、成就感和工作压力及劳累程度是不一样的，要看什么职业最适合自己。六问我能选择什么？通过前面几个方面的分析，自己能做出一个简单的职业生涯规划，看自己能选什么职业。

高占祥先生说：“愿望是汇集智慧的磁石，通往理想彼岸的征帆；渴望是寄托未来的灯塔，进军拼搏的航标；希望是执著追求的目光，是开拓奋进的动力。”职业兴趣是人生的起跑点，反映着一个人的理想、胸怀、情趣和价值观。在准确地对自己做出了评估之后，我们才可以确定适合自己、有可能实现的职业发展目标。在确定职业理想时，要注意自己性格、兴趣、特长与选定职业的比配，既不妄自菲薄，又不好高骛远。合理、可行的职业生涯目标的确立决定了中学阶段学习的行为和效果，是高考结束后选择专业的关键。

了解自己的长项，才能选准人生的职业方向；练好自己的长项，才能成就自己的事业。每个学生从进入中学那天起，就开始关注自己未来的发展目标，思考自己的职业理想，并以扎扎实实的态度去不断追求，那么，填报志愿时就不会如盲人摸象，手忙脚乱，而是会胸有成竹，水到渠成。大学毕业后，才能找到适合自己的理想工作，才能在未来的职场上建功立业。

046 学好家务这一课

我觉得人生求乐的方法，最好莫过于尊重劳动。一切乐境，都可由劳动得来，一切苦境，都可由劳动解脱。

——李大钊

劳动是人类存在的基础和手段，是一个人在体格、智慧和道德上臻于完善的源泉。

——乌申斯基

2010 年 8 月 5 日，“人民网”以《23 岁小伙因父母娇惯懒惰成性活活饿死家中》为题，报道了发生在河南省罗山县朱堂乡保安村的一幕惨剧:2009 年 12 月,23 岁的农村小伙杨锁,活活饿死在家中。

据村民介绍,杨锁 8 岁时,父母出门时还把他用担子挑着,不让他走路。杨锁小时候有时也试着干活,他父母看见后就说,你到一边玩儿吧,别累着了。杨锁 13 岁那年,父亲因为肝病去世。杨锁的母亲仍然宠着杨锁,一点农活也不让他干。到后来,杨锁的母亲身体越来越不好,不得不叫杨锁去干活时,杨锁根本不干,一不高兴就打母亲。杨锁每天无所事事,他母亲承担着一切农活和家务,结果积劳成疾去世。母亲去世没多久,杨锁便卖光了家里所有值钱的东西,最后就到村里各家讨饭吃。“他从来不洗衣服,穿脏了就扔掉,再换一件。村里人给他的肉、菜,他都挂在屋檐上,一直放臭也不做来吃。”

一个年轻的生命就这样被懒惰而吞噬了。我们没有必要去指责杨锁父母对儿子的溺爱导演出的人间悲剧,更不忍心对因冻饿而死的杨锁进行批评,我们只是应该从中体会到,从事家务劳动对于生存质量与生命的存续是何等重要。

古今中外的一些优秀人士都是特别重视家务劳动的。清朝军事家、理学家、政治家曾国藩一直坚持“家勤则兴,人勤则健。既勤且健,永不贫贱”的理念,他亲自为女儿规定了“衣、食、粗、细”家务四课。连任三届印度总理的英·甘地,9 岁时在日内瓦国际学校上学期间,父母均不在身边。她除了上学外,还需要上街买东西,操持家务,料理自己的日常生活。居里夫人尽管工作繁忙,但为了孩子的健康成长,她还是挤时间教孩子学习园艺和烹饪。英国前首相撒切尔夫人、现任德国总理默克尔,在繁重的政务之余,还经常下厨为家人烹制鲜美可口的菜肴。默克尔认为,抽时间做些家务,既可以调节心情,缓解压力,更可以静下心来做一些深入的思考。

英国从 2006 年 9 月份开始,逐步在全国各公立中学开设烹饪课,面向 11～16 岁的中学生,总学时不少于 24 小时。学生将从这门课中,了解各种食物的基本成分和营养指数,熟悉如何烹饪才不会减损食物的营养,掌握基本的营养午餐搭配,能独立制作一份营养餐。在课程结束之后,学生将统一参加考试。通过考试的学生将获得由教育部颁发的一份初级烹饪资格证书。同时,该课程的学分将纳入个人总成绩,与毕业直接挂钩。

美国的一些儿童教育专家会同行为学家、社会学家对456名青少年进行了长达20年的跟踪调查,结果发现,从小爱干家务的孩子与不爱干家务的孩子之比,长大后的失业率为1∶15;犯罪率为1∶10;平均收入前者要比后者高出20%左右。此外,前者的婚后离异率、心理患病率也较低。

可以肯定地说,现在与杨锁家长同样心理的人还有很多。有的家长错误地认为,孩子只要学习好,做不做家务没有关系。使得很多中学生连厨房的边都不沾,甚至有的学生床铺由父母收拾,学习用具由家长整理,衣物由长辈清洗……有个学生在这种环境下长大,等考入一个警察学校时,才遭遇到了尴尬:学校要求学生必须每天把行李叠成"豆腐块",这个从小任何家务都没做过的孩子,无论如何也达不到教官的要求,只好请人帮忙叠好摆在床上。他自己每天晚上在床下过夜,不知他的父母听到儿子每天睡在地板的消息时,心中作何感想。

在应试教育的体系中,今天的家庭对孩子的"成才"的要求,已经完全模式化。几乎每个家庭都以孩子能考上好的学校作为家庭教育是否成功、孩子是否成才的标准,却忽视了真正的成功教育,这是今天整个家庭教育的迷失。从某种意义上来说,家长已经剥夺了孩子成长的权利。有的人士甚至担忧,从来不做家务的孩子,被教育得认为"一辈子不做家务的人生是成功的人生",会对劳动产生尊卑意识,会在潜意识中不喜欢从事服务他人的工作,影响今后的职业发展。作为高中学生,通过切实的家务劳动,逐步懂得热爱生活,懂得对人生充满责任。也就是说,积极参加家务劳动,不仅可以使我们形成吃苦耐劳、珍重亲情、尊重他人、珍惜劳动成果等优良品质,还可以培养家庭责任感,体会作为家庭成员的责任与义务,增加对父母的了解、理解、尊重和爱戴。

我们像羽翼渐丰的小鸟,总有一天要离开父母独立生活,父母也不可能伴随我们终生。如果到了中学还像孩童时期那样"衣来伸手,饭来张口”，甚至连基本的生活技能都不具备，诸如做饭洗衣、铺床叠被、整理房间等都不能圆满完成，连自己的生活质量都无法保证，是无论如何也不能适应大学生活的，更不可能顺利地走向职场，走向社会。反哺父母也只能是一句空话。

“人在用劳动创造物质财富和精神财富的同时也在创造自己。如果我们希望我们的孩子成为真正的人，我们就不要再为他们精心营造轻松安逸、无忧无虑的童年。没有劳动，没有身体和精神的紧张，青少年时代的生活是难以想象的。”陶行知先生一直倡导生活教育，认为生活就是教育，就是教育内容。做家务其实是生活的一部分，也是教育的一项内容。

谁能说家务劳动不需要智慧，谁能说炒菜做饭不需要学问，谁能说整理房间不需要美学，谁能说洗碗刷锅不需要意志……作为中学生，应该把家务劳动看成是动手健脑的良好机会，看成是一种益心益智、益体益情的接受教育的形式。它既关系到我们今天的健康成长，又影响着自己未来的生活质量（在成人的世界里，有很多就是因为某一方不会做家务而离异的）。千万不要轻视、放弃这种重要的教育实践，应积极主动地进入家庭角色，承担家庭义务，参与力所能及的家务劳动，通过身体力行来学好这门功课，掌握劳动技能，并将家务劳动中获得的情感体验与技能迁移到学习和工作之中，将自己锻炼成为“上得学堂、进得厨房”的优秀青年。

047 电脑可用不可玩

人生充满积累和消费的矛盾，如果积累大于消费，你就能成功；如果消费大于积累，你就会失败。作为学生，不认真学习积累，整天上网，消费青春和父母钱财，很难达到成功的彼岸！

——陶宏开

每天不浪费或不虚度或不空抛的那一点点时间，即使只有五六分钟，如得正用，也一样可以有很大的成就。游手好闲惯了，就是有聪明才智，也不会有所作为。

——雷　曼

2010 年 7 月 20 日，《楚天都市报》刊登一则消息：读高三的儿子 5 天 5 夜未归家，家长心急如焚四处找寻。原来，儿子躲在离家约 5 公里远的一家黑网吧内，玩得不亦乐乎。孩子的母亲黄女士说，17 岁的儿子小威在汉口育才高中上高三，高一时成绩排在班上前五名。高二开始，小威迷上网游，一放学就去上网，后来更是逃学去网吧玩。为了约束儿子，她和丈夫平时只给小威的校园卡上充值，让他在学校吃饭，很少给他现金。

7 月 12 日，在学校补课的小威回到家中，向黄女士要 100 元钱，称学校伙食不好，想出去吃饭，并说现在没有网吧接纳他，让父母放心。于是，黄女士给了小威 100 元钱。没想到第二天上午 9 时，小威的班主任打来电话，称小威没去学校。随后的 5 天 5 夜，小威再也联系不上。黄女士称，她和丈夫寻遍汉口数十家网吧，甚至用他们自己的身份证去网吧上网，托人进入小威常玩的“魔兽”游戏，给他留言。18 日上午，她无意中得知百步亭联建菜市场内有家黑网吧，遂找过去，发现小威双眼通红坐在电脑前玩游戏。据小威称，这 5 天 5 夜他一直待在网吧里……

小威在读高三时，5 天 5 夜沉溺于网吧，他的学习成绩、身体状况、心理健康可想而知。

然而类似小威的情况，在当下的学校里绝非个例。像“17 岁少年沉迷网络游戏，亲手杀死奶奶”、“高中学生网吧狂打游戏，遭阻止提刀砍伤亲娘”、“沉湎网络游戏不能自拔，昔日学习尖子服毒而亡”等报道触目惊心。天津塘沽一网络少年爬上 24 层高楼之上，双臂平伸，双脚交叉呈飞天姿势，纵身一跃，朝着东南方向的大海“飞”去，去追寻网络游戏中的那些“英雄朋友”；上海大学一次劝退了 81 名学习成绩不好、在几个学期内没有修完规定学分的大学生。据介绍，导致这 81 名大学生被劝退的主要原因之一，就是绝大部分学生沉迷于网络游戏而不能自拔。更有甚者，湖北黄冈罗田的周某，竟因迷恋网络，四入名校而三次被劝退。

华中师范大学特聘教授陶宏开早就真诚地告诫青少年要正确对待电脑网络，“电脑是工具而不是玩具”，“会玩电脑不是英雄，会用电脑才是英雄”。概括地说，对于任何人来说，电脑只可用而不可“玩”。

为什么不可玩电脑？因为作为中学生过度地沉溺于网络中虚拟的角色，容易迷失真实的自我。在那里失去了生活中的真实“角色”，不必与其他人面对面地打交道，从而缺少现实社会中老师、家长、同伴对他们行为的监督。他们在网上自由“游荡”，任意而行，缺少“慎独”的道德自律，容易在网络游戏、黄色网站中满足自己的好奇，放纵自己的欲望。尤其当他们在现实社会中与人交往受到挫折时，转向虚拟的网络社会寻求安慰，消极地逃避现实，这对中学生的自我人格塑造是极其不利的。在一项对近 3000 名青少年的调查中，承认访问过色情网站的青少年占 46.9%。另外，计算机成瘾者也容易在窃取他人电子邮件或机密信息、制造传播网络病毒等方面，导致网上违规、违法行为。根据北京五所学校的一个调查，有12.5%的人曾经获得他人的邮件，5.4%的人曾发布不健康的信息。据调查，有31.4%的青少年并不认为“网上聊天时撒谎是不道德的”，有37.4%的青少年认为“偶尔在网上说说粗话没什么大不了的”，还有24.9%的人认为“在网上做什么都可以毫无顾忌”。

网络危害在国外也有充分的证据。德国青少年直接或间接因网络原因走上犯罪道路的，约占青少年罪犯的50%。发生在德国南部小城温嫩登的校园枪击案，造成16人死亡，多人受伤。其中一个重要原因是，这个枪手沉溺于暴力网络游戏，导致“虚拟游戏”变成现实惨剧。美国宾州某大学调查表明，58%的青年学生因为花在网上时间太多而影响学习。

中学生长久沉迷于网络，容易对真实生活中的人和事缺少兴趣，情感淡漠，和亲人、朋友之间的交往减少，将自己封闭起来。在网络上无拘无束的行为习性，容易导致自我约束力的下降，如将这种习性带入现实世界，容易产生冲突，导致违规甚至犯罪行为。据华东某高校对237名退学试读和留级学生调查，有80%的学生是因为迷恋网络而导致成绩下降。北京某高校曾发生过两个专业90多名学生中竟有超过1/6的学生因沉迷于网络而导致考试不及格，最终退学的事件。迹象表明，青少年网络成瘾者多因迷恋网络而无心学习，学业不佳，这已形成恶性循环。对于处于身体发育的关键阶段的中学生而言，一旦沉溺于网络世界，长时间面对电脑，日常的生活规律完全被打破，饮食不正常，体重下降，睡眠减少，身体易变得越来越虚弱，更严重者容易导致猝死。

心中有绷紧“电脑是工具而不是玩具”这根弦，要像远离毒品那样远离网络游戏，不要沾染“第一次”。一位业内人士曾直言不讳地说：“就怕你不来，来了你就跑不掉了。”具有近似鸦片效果的网络游戏对于正处于成长发育阶段的中学生诱惑力太大了，那里充斥的淫秽、色情、赌博、暴力、凶杀、恐怖、迷信等信息随时可能腐蚀、蚕食你稚嫩的心灵。

要拒绝网络游戏，防止产生网瘾，一定要保持健康良好的情趣。情趣有雅俗之分、良莠之别。健康的情趣使人积极向上，产生不竭的动力；不良的情趣则使人精神萎靡，不思进取。大凡有志、有识、有为之士，莫不是有高尚情趣之人。作为充满希望与未来中学生，一定要培养健康情趣，远离低级趣味，让健康情趣成为成才成人成功的强有力的助手。

人的情趣不是天生就有的，而是后天养成的。高尚的生活情趣，源于理想信念和道德素养，而理想信念和道德素养，又决定一个人的生活情趣。二者相辅相成，不可分离。这就需要我们把个人的情趣爱好融入自己的学业，在生活中养成，在学习中培育，勤读书，慎交友，远低俗，尚节操，让健康的情趣给人生添彩，助学业成功。

一旦染上网瘾，一定要采取积极的治疗手段：一是艺术疗法，如绘画、摄影、篆刻、参加舞台演出等；二是运动疗法，如游泳、打球、跑步等；三是自然疗法，如种花、种菜，接触大自然等。通过远离"旧环境"，引导他们改变自己的生活。这样逐渐就会产生"脱毒"效果，回归到正常的生活。

网络是一把双刃剑，用得好，可以使我们增加智慧，提高技能，丰富学养；反之沉湎网络游戏，则会深陷泥淖，不能自拔，最终将一事无成，悔之晚矣。

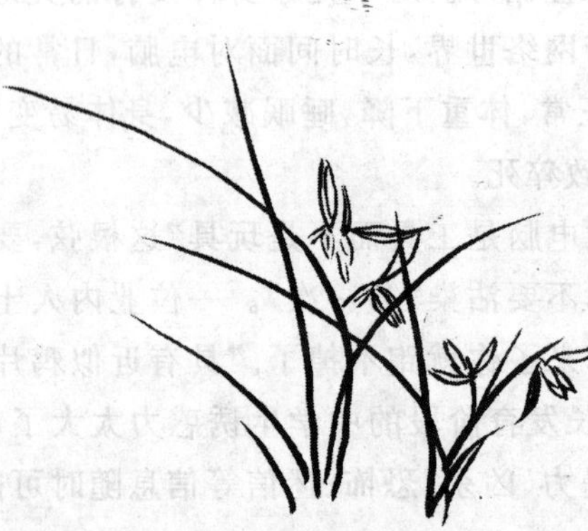

048 生活一定要简单

当人类刻意去追求美、追求善的时候，最大的问题就是变得不自然了。美和善都是自然的，一旦脱离自然，哪怕是脱离一点点，就开始滋生丑和恶。

——余秋雨

我不知道什么叫天才。我的人生信条就是充满信心地过简单生活。

——菲尔普斯

在2009年度中国作家富豪排行榜上，著名儿童文学作家郑渊洁以年收入2000万元版税荣登榜首。

郑渊洁回忆说，在他刚刚靠劳动致富后，便成了中国数字移动电话的第一个用户，有了比普通人家住房总面积还大的书房，房前是花园，房后是草地。他个人从里到外都鸟枪换炮：袜子500多元一双，因为袜底是由纯银制成的；内裤是德国的，号称是内裤中的宝马；创作用的笔也换成了万宝龙；写字台也弄成了红木的……但这些东西买回家后，并没有给郑渊洁带来更多的愉悦和快乐：纯银的袜子不吸汗，一出汗就板结，变得和鞋子一样形状；内裤见了一次水就缩得和口罩一样小，去问售货员，被告知只能干洗；捏了好几万元的名笔，墨水如泉涌灵感却迟迟不涌；富丽堂皇的红木写字台在天凉的时候，摸上去像一块冰雕，冷漠地对待着主人……

于是，搬了新家的郑渊洁又恢复到整天靠在床头，腿上垫一本《新华字典》，抓一支3块钱的圆珠笔在纸上写稿的状态。他的感受是:并不是舍得花钱就能过得好,生活质量的高低与开销的大小,很多时候并不成正比。郑渊洁最终理解了财富与心情之间的关系是正比:花的钱越少,烦恼越少;花的钱越多,烦恼也越多。

而我们的一些中学生并不理解这一点,或许是出于好奇,或许出于虚荣,或许是出于攀比,或许是出于躁动,他们在穿着打扮和生活用品上,花费了大量的时间和精力:耳朵上穿金戴银,发式几天一换,头发染得色彩斑斓,服饰也在追随电视屏幕上的流行……这不但浪费了宝贵的时间和精力,也与自己的社会身份极不相符。对于正在成长中的学子来说,还是把生活过得简单些好。

服饰要简单。国外的一些有识之士,对青少年的穿着打扮颇为关注,他们认为,发型、服饰混乱是导致青少年发生不良行为的重要因素之一。我国古代的《人生必读书》中提出:“童子幼年,不可衣之罗绮裘裳,恐启其奢侈之心,长大也不能改也。”为了自己健康快乐地成长,每一位高中生一定要以自己健康的体魄,文明的举止,得体的服饰,完美的形象投入学习生活,树立正确的审美观,既不能邋里邋遢,不修边幅,衣衫脏乱,又要克服盲目攀比的不健康心理,避免那种“标新立异”、“鹤立鸡群”式的打扮出现在自己身上。要真正懂得,仪表美由自然美与修饰美构成,自然美是基础,修饰美是辅助;穿着和修饰的整洁、大方、朴素,要比艳妆浓抹更显得高雅秀美。

其实,中学阶段的学生正是宝贵烂漫的年华,你的肌肤,你的容颜,你的步履,你的歌喉,你的身影……处处都洋溢着令人羡慕的生命的律动,挥洒着青春的绚丽,如果过分的包装,人为的修饰,刻意的打扮,都显得多余和浪费,就像一件价值不菲的珠宝硬要加上一个纸花一样,不仅遮蔽了固有的珍贵,生命的蓬勃,青春的亮丽和应有的光彩,反倒给人画蛇添足的感觉,把人生最宝贵的东西糟蹋了!对于高中学生来说,服饰只要整洁就足够了。特别要注意,不可以穿拖鞋上街或进教室以及其他公共场所,不然就是对自己和他人的不尊重。要记住,拖鞋的使用只能是“进屋穿,出门脱”。

发式要简单。全国劳动模范、北京市特级教师孙维刚的学生，考入北大、清华者可达到55%。孙老师要求学生男孩必须是“板寸”，女孩一律留齐耳短发。孙老师认为，这样既显得干净利落，又可以节省很多整理头发的时间。日本石川县金泽市中学规定，男孩子的头发要短至戴上帽子不能露出来，鬓角要剃短，更不准烫发、染发、留背头；女孩子的前发不准遮住眉毛；头发散披着时要有发卡别住；不准卷发和剪特殊发型。仙台市27家理发店还联合声明，拒绝为中学生烫发。我国对于男孩子的发式，早有“前不覆额，侧不掩耳，后不及领”的要求，因为覆额显得不够自信，掩耳有碍听力，及领容易“污染”衣领。可见这些常被我们忽略的生活“细节”早已受到教育专家和审美方面人士的关注。

用品要简单。不要考虑过早使用手机等通信器材，不要追求高档的生活用品、学习用具等。因为对于中学生来说，在学校内很少有自己的个人空间，如果这些用品被弄得破损或丢失，都会给自己增添不必要的烦恼，给班集体带来不必要的麻烦。

一个人的智力、精力和能力都等于一，如果刻意打扮自己，那么就一定会分散用在“主业”上的精力，就很难顺畅地成长。可以肯定地说，人的服饰一定要符合人的年龄、身份、职业和场合，“大方得体的穿着是人的固定的名片，恰当的修饰是成功的开始”。不然，则就是在为自己的成功和发展自挖陷阱、自设障碍。

生活要简单。这里主要指的是要远离烟草。烟草中含有大量的有毒物体。烟草燃烧时(吸烟时)所产生的烟气中，大约含有一千多种对人体有害的成分，尼古丁的危害最大。一支香烟中含有的尼古丁足以毒死一只小白鼠。吸烟还容易患各种疾病，如肺癌、胃癌、食道癌及肺气肿等。世界上每年约有250万人死于和吸烟有关的疾病。每13秒就有一个人被烟草夺取生命。吸烟还使周围的人被烟气感染不得不“被动吸烟”，损害他人健康。这也是一种很不文明、道德的行为。吸烟对成年人来说是“慢性自杀”，对青年人危害就更加大。青少年儿童吸烟后会突然出现一时头晕现象，脚站立不稳；咳嗽、多痰等症状出现更为普遍。烟草潜伏的危险性更大。小于15周岁便开始吸烟的青少年，比不吸烟的青少年肺癌的发病率增高了竟17倍。

过量饮酒不仅酿成了不胜枚举的悲剧性事件，而且还严重影响到个人甚至国家的形象。俄罗斯前总统叶利钦就是其中的一个。据说，1994年9月的一天，时任俄罗斯总统的叶利钦从华盛顿飞回莫斯科，按计划他将在途中与爱尔兰总理雷诺兹进行40分钟会谈。就在离开华盛顿的前一天，美国总统克林顿宴请他，尽管餐桌上没有烈酒，但葡萄酒应有尽有，叶利钦只吃了一小块肉，却频频举杯，杯杯见底。葡萄酒上头之后，叶利钦的话多了起来，说了不少粗话、“三级笑话”。翻译官为了“净化”他说的脏话，绞尽了脑汁。当飞机抵近会面地点善农机场时，叶利钦醒酒了，夫人把衬衫递给他，但他扣纽扣的手总不听使唤。陪同的官员见势不妙，经过一番讨论后，决定让副总理代表总统与雷诺兹举行短暂的会谈。当副总理下机后，叶利钦掉下了眼泪，对陪同官员羞愧地说：“我在世界面前丢尽了脸。”

北京大学精神卫生研究所的一项统计资料表明，在我国，近年来饮酒人数一直呈上升趋势。世界卫生组织一组数据显示，由酒精引起的死亡率和发病率，是麻疹和疟疾的总和，而且也高于吸烟引起的死亡率和发病率。在中国，每年有114100人死于酒精中毒，占总死亡率的1.3%；致残2737000人，占总致残率的3.0%。酒精对于人体还有其他危害，因此有专家提议，开始饮酒的时间一定要在完成生育任务以后，否则会贻害下一代。

人的生命是短暂的，人的能力和精力是有限的。执意要迷醉于人生，把人生的一切乐趣享尽，将人生的所有美景贪图够，满足自己的一切虚荣心……那怎么可能？力量过于分散，肯定大事难成。女排姑娘们每天奔走在训练场和食堂之间，两点一线的生活可谓再简单不过了。她们这时的年龄正是如花的岁月，正是回眸一笑百媚生的动人时刻，可是，她们却没有时间来打扮自己，将自己的一切献给了最崇高的荣誉。当她们站在最高领奖台上的时候，有谁会说不施粉黛的姑娘们不是天下最美的人呢！

提倡中学生过简单的生活，绝不是减少生活的内容，降低生活的质量，而是要求人们要活得光明磊落，轻松自如，不要人为地制造复杂；要求人们生活方向明确，内容明了，不要漫无目的、毫无章法地乱忙；要求人们清醒地认识人生最本质的、最重要的东西，并将其紧紧地握在手中。只有这样，才能使生活变得简单明了，才能真正体会生活的真谛和艺术！

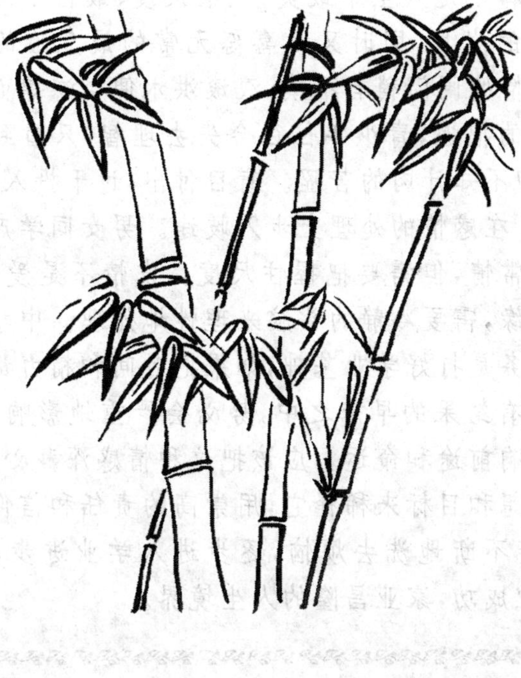

第八章

果涩花娇　情感闸门须关紧

青春期是人生中最美妙、最浪漫、最富于幻想和最不安分的岁月，同时又是喜怒无常的最危险的一个时期。感情的闸门稍有不慎，滚滚洪水便会恣肆而出。对于情感的把握，青少年往往会失去理智，只看到果皮的光鲜，却不知汁肉的苦涩。盲目付出，过于投入，不计后果，极易在感情的处理上步入歧途。男女同学产生好感是人之常情，但需要把握住尺度。友情不是爱情，好感不是情缘，需要冷静的头脑来理性地处理。中学生活的主要任务是打好学业基础，如果把时间和精力都投入到未必会有结果的早恋之中，势必会严重地影响学习，甚至会影响前途和命运。应该把这种情感深藏心底，用远大的理想和目标来稀释它，用崇高的责任和信仰来升华它，才能不断地洗去烦恼，逐步进入学业进步，职业稳定，事业成功，家业昌隆的人生境界。

049 青涩之果莫摘食

爱情如洞庭湖里的水浪，你要不控制它，它会淹没你的志向、事业、精力，甚至生命，要是控制得当，不让它泛滥，就会从它身上得到年年岁岁的丰收。

——周立波

在一切伟大的人物中（无论是古人还是今人，只要是其盛名仍在人记忆中者），没有一个是在恋爱中被诱至狂热的程度者。

——培 根

一位北方人到了上海的超市中，发现了一种价格不菲的青橄榄。出于好奇，便装进了购物车。打开包装，艰涩难啃。急忙上网查找吃橄榄的办法。网上提示，要将青橄榄泡在上好的蜂蜜中浸泡，数日后方可食用。北方人依法行事，此后天天观察橄榄的变化。可最终等来的却是这些青橄榄全长出了霉变的白毛……

在一些中学生身边，也同样存在着类似的“青橄榄”。其特征为情感与意志、欲望与道德、动机与效果的严重失调，其最突出的行为表现就是早恋。

早恋是青春期出现的一种心理变化和情感反应。引起早恋的原因是多方面的，但大部分与自然发育因素引起的性意识、性兴奋的萌芽有关。进入青春期的中学生会随着生理发育逐渐成熟，从心理和生理上有了对异性的强烈渴望。随着这种生理上的成熟，也就是开始认识自己的性别，开始懂得如何去扮演男人或女人的角色，并且试图与异性交往，逐步形成了早恋。长此以往，必然会给自己带来终身的苦痛和负面影响。

有的同学甚至认为早恋可以释放青春躁动带来的压力，排解与异性间的隐秘感、紧张感和羞涩感，是有益无害的。事实上人类的情感空间不是无限扩大的。某一种情绪占据了主导地位，必然会削弱这一空间中的其他情感。一个人在求学阶段就对异性产生依恋，情感世界里满是“情人”的音容笑貌，哪里还有空间容纳知识，哪里还有精力关心学业？而少年不努力，过早地涉入爱河，又怎能获得理想的学习效果呢？有专家曾对湖南中医学院等五所高校四个年级谈恋爱的学生进行调查，88 名上等生有 21 名降至中等以下；156 名中等生的成绩全部下降。大学生尚且如此，这种负面影响的严重性可见一斑。概括地说，早恋具有以下几种危害：

1. 影响正常的学习生活。中学时代是奠定人生基础关键的时期，需要全力以赴投入其中。一旦出现情感的旋涡，陷入早恋泥淖，必定要花费许多的时间和精力，这时候好像一切都不存在，对方就是一切，本来怀有的壮志凌云的抱负在产生恋情之后，便觉得有了生活的中心，把对理想、前途的追求抛到了脑后，只专心编织两个人的世界，难以专心学习。上课容易开小差，老想着对方。而中学的学习任务较多，于是成绩逐渐下降，荒废了学业。

2. 影响心理和精神健康。早恋大多会无果而终，这会给双方造成恋爱失败的挫折感，会对未来真正的恋爱产生挫折感。一般说来，在这种所谓的“恋爱”过程中难免会出现矛盾、摩擦或者“失恋”者，这样一定会留下心灵的创伤。这对于女生来说伤害更为严重。很多女生承受不起这种打击，容易变得灰心丧气，对生活丧失了信心，对前途感到渺茫。有些早恋的人也知道他们现在的任务是学习，所以他们无时无刻不在感情和道义的双重选择中苦苦挣扎。他们不敢正视，或逃避不想，或假装自己很幸福快乐，甚至向别人炫耀自己，这会造成双重人格的障碍，因此，可以说早恋对学生来说会造成严重的心理危害。

3. 影响个人身体的健康。早恋者常常有"一日不见如隔三秋"的感觉,老是魂不守舍,甚至是"为君消得人憔悴"。失恋者更是痛不欲生,常常茶饭不思,夜不能寐,因而身体羸弱,无精打采。而中学生正是长身体的黄金时期,这种状况一定会对身体的正常发育造成损害。

4. 影响思想上的成熟和人生观的形成。早恋的人往往会将其行为规定为恋爱,而他们不知道恋爱是一种剥夺与被剥夺的关系。一旦选择了这个,就丧失了选择另一个的权利。中学生的思想和人生观都未定型,容易发生变化。女生对感情的投入往往大于理智,一旦坠入爱河,容易受甜言蜜语的诱惑而依赖信任对方,把自己该有的纯真丢失了。而男生的心理正处于逐渐成熟时期,很不稳定。心理的变化会产生新的需求,这必然会产生心理矛盾。另外随着交往的深入,罩在对方身上的光环迟早会淡去,有很多人对交往只是想玩玩而已,这时候一旦你想从中逃脱,就会产生背叛般的内疚感,使人焦虑不安。

5. 影响班集体的建设和发展。恋爱者对班集体的活动不关心,并影响到其他的同学。世界上没有无缘无故的爱,它需要你付出时间和精力去维持,那时候你就什么东西都没有心思去管了。你需要以荒废学业、丧失友谊、正常的人际交往和个人的心理健康为代价去换取。

中学生早恋起到积极作用的也许会有一点,有的中学生认为能从恋爱得到鼓励、安慰和力量,但是毕竟这样的例子极少,而且是短暂的,成功率也是极低的。事实上这些利与它的害相比是微不足道的。看透了早恋的弊,早恋的"利"就只剩下可怜的、虚幻的个人体验了。利弊权衡我们应该如何做出选择不是一目了然了吗!

心理学家研究显示,在17岁前便谈情说爱的少年,由于无法应付初恋带来的情绪困扰,将会为日后患上精神病埋下伏笔。由美国康奈尔大学及北卡罗莱纳大学的专家联合进行的研究指出,不论这些少年人真的有特定恋爱对象,还是自我陶醉的迷恋某人,都有可能因为不懂得处理这段感情而导致日后出现忧郁症及酗酒等精神病。前不久在美国加利福尼亚山高中枪杀两名同学的学生安迪威廉姆斯称，他就是因为失恋精神压抑才杀人的。

事实上，对于处在青春期的中学生，在心理上虽然可能产生强烈的爱欲，而实际上学业尚未完成，身心尚未成熟，经济尚未独立，感情尚未稳定，性格尚未形成，对人对己的评价还不够客观公正全面，不懂得什么是真正的爱，更不可能理解什么是真正的爱情，充其量不过是一种朦胧的对异性的眷恋和向往，在很大程度上是出于满足其性爱本能的需要，还远不能承担那种专一的、以建立家庭为目标的恋爱。所以，只有把朴素的自然的爱的种子置放在心灵的保险柜里冷藏起来，专心致志，把全部精力都投入到学习中去，才是明智的选择。

被美国4所大学同时录取的刘亦婷，她的父母在《哈佛女孩刘亦婷》一书中写道："早恋是希腊的'潘多拉盒子'，谁要是打开它，里面暗藏的各种灾祸就会纷纷飞出，对孩子的未来造成种种损害。"教育实践反复告诉人们，少男少女的朦胧的爱如不加控制，任其自由发展，就会影响个人的学业和人生目标。

我们要清醒地认识到，婚恋是人生中必须面对的、十分复杂的、答案各不相同的重大课题，受法律所制约，受道德所约束，受舆论所关注，受家庭所影响，受经济所制约，受环境所左右，受时空所调控，关乎当下的学业，以后的职业，未来的事业，一生的幸福；关乎家庭的兴衰和家族的延续。刚进入青春期的稚嫩肩膀无力承受这种巨大压力，尚未成熟的心智无法运算这道复杂的命题，一只少年时代折就的纸船，根本无法度过岁月的长河，永远不可能驶向理想的彼岸。

余秋雨先生曾在一篇文章中深情地写道：年轻人"以为凭着自己的感觉就已经能对种种大事作出判断，其实多半是幻想。对于情感上的事，你们羞于启齿又毫无经验，因此作出的判断更加危险，而这种危险的恶果，往往要以漫长的岁月来承受……最好的办法是把这种隐秘的危险让更大的时间和空间来分担。"余先生还深情地提醒年轻人，"一丛未成熟的僵果，岂能有收获和期待？"

每一位中学生都应从余秋雨先生的话语中得到启示，多为自己树立些正面的榜样，注意从同学中早恋失败的反面事例中吸取教训，潜心学海，积蓄智慧和力量，努力为自己的事业和未来奠定良好的基础。像培根说的那样，用“伟大的事业抑制这软弱的情感”，理智、顺利地通过情爱萌发这一人生的困惑期、危险期、关键期，千万不要摘食“早恋”这只即使用蜂蜜浸泡也会变质的“青橄榄”。

050 心中筑起防火墙

轻率地玩弄恋爱如玩火一样，随时有自焚的危险。如果说恋爱是甜美的酒浆，但随便乱喝，也会变成烈性的毒汁。

——丁　玲

我很怀疑那些在恋爱问题上弄得丧魂失魄的人，在生活中会表现出可靠和坚忍不拔的品质。这样的人，即使是一个极好的很有才干的青年，恐怕也不会有什么出息。

——列　宁

现在少男少女中的“早恋”现象比较突出，心中暗恋者有之，勾肩搭背者有之，暗中约会者有之，互送信物者有之，请吃请喝者有之，交往过密者有之，出双入对者有之，书来信往者有之，私订终身者有之，偷食禁果者有之，痛苦不堪者有之……心理学家将这些现象称之为“美好的感情，荒唐的行为”，是“小猫小狗的爱情”，是“以有价值的生命做儿戏”。

早恋是指青少年生理和心理以及社会适应性发展还不成熟时就去谈恋爱，过早出现恋爱行为，即人们常说的“提前开出的列车”。它是青少年性心理发展的显著表露，是性心理向性行为转化的过程。为什么说中学生谈恋爱属于早恋，主要原因有两点：一是经济生活尚未独立。恋爱的目的是两性结合成婚，这需要经济上独立，生活上自立，而且有能力承担家务。而中学生显然是不具备这个条件。二是谈恋爱的年龄与法定最低婚龄相差甚远。现行《婚姻法》规定公民的结婚年龄是女 20 岁、男 22 岁，但提倡晚婚，要求女性不早于 23 岁，男性不早于 25 岁。中学生处在十四五岁至十八九岁年龄段，这一阶段的谈恋爱明显是早恋。

有人认为，早恋的出现的高峰年龄段在 13～16 岁，平均年龄为 14～20 岁。早恋的学生一部分是学习成绩优秀的班干部，因工作需要有更多的机会接触异性，容易引起异性的注意和追求；另一部分是学习成绩较差及家庭不健全的学生。学习不好心理压力大，容易移情于两性交往；家庭不健全的缺乏父爱或母爱，感情饥渴，易寻求同龄人的关怀。

余秋雨先生曾说过，在那个说不清算是少年还是青年的年岁，连自己是谁还没有搞清，怎能完成一种关及终身的情感选择？因此，那种选择基本上是不正确的，因为不正确必然导致两相糟践……有一组数据验证了余先生的判断。有专家统计，初中生谈恋爱，成功的概率是 0.0003，也就是说，如果有 10000 个初中生谈恋爱，能成功的只有 3 个；高中生谈恋爱，成功的概率是 0.002，也就是说，有 1000 个高中生谈恋爱，成功的只有两个。这个数据无非说明，中学生谈恋爱，成功率几乎为零。因此，在中学阶段这个人生最宝贵的青春时代，花很多精力去谈所谓的恋爱是没有任何意义的。有人还做过跟踪调查，由早恋发展为婚姻的，感觉不幸福的占 87.5%。要避免这种无谓的“牺牲”，就需要我们早些在自己的心中筑起坚固的“防火墙”。

你是否有了“早恋”倾向，不妨做个自我评估，你可以做一下以下问卷，了解一下自己的内心状况：

(1)你是否突然间变得特别爱打扮?(2)你是否常常对着镜子左顾右盼?(3)你是否要求父母添置时髦衣服?(4)你的学习成绩是否突然有了明显下降?(5)你在写作业的时候是否心不在焉?(6)你是否从一个活泼好动的孩子变得沉默起来?(7)你是否无缘无故与家人生疏起来?(8)你是否总找借口往外跑?(9)你是否红着脸说谎?(10)你是否回家后喜欢一个人躲在房间里?(11)你是否情绪起伏很大,有时兴奋,有时忧郁,有时烦躁不安?(12)你是否偷看一些描写爱情的文艺作品?(13)你是否躲在房间里偷偷化妆?(14)你是否不愿意让父母看到你的日记?(15)你是否对某个异性的名字特别敏感?(16)你是否经常留心某个异性同学的行动?(17)你是否莫名其妙地嫉妒起你周围某个漂亮的同性同学?(18)你是否喜欢和一群同学(包括异性同学)到公园、溜冰场、音乐茶座等一些娱乐场所?

以上18个问题,如果你肯定的回答超过半数以上,即使你还没有开始"恋爱"的行动,但说明你已经有一定的恋爱倾向了,就必须引起你自己的高度警觉和注意了。

要真正筑起"早恋"之"防火墙",有些"大道理"我们还是必须知道的。中国少年儿童新闻出版总社副总编辑、中国家庭教育学会常务理事、知心姐姐卢勤曾介绍过两个案例,应该能对年青的朋友有一定的启示。

她说,有一天,一个正在读中学的儿子对父亲说:"我看上了一个女生,人漂亮、聪明、好学,我想和她结婚。"父亲说:"好啊,你能看上她,她看上你了吗?"儿子自豪地说:"她也看上我了。"父亲又说:"你能被一个女生看中,说明你很了不起,如果你将来打算在咱们县发展,你就继续跟她交往;如果你想在市里发展,你就应该到市里解决问题;如你想到省里、北京甚至到世界其他地方发展,你就应该到那些地方去解决这个问题。"儿子的人生目标是做一名叱咤风云的外交官,听了父亲的话以后,说:"那我就等等再说吧。"可见这位同学是用理智战胜了脆弱的情感。

有一位妈妈听说上中学的儿子看上一个女生,但是女生不同意交往，所以儿子很苦恼，饭不思茶不饮。妈妈想了想，没有直接跟儿子面对面交谈，而是给儿子写了封信：一个国家强大了，别的国家都会跟你建交；一个人强大了，别的人都会跟你友好；一个男人强大了，好的女孩自然会来找你，用不着苦苦去等一个人。儿子看了以后，不仅放下了包袱，而且懂得了一个深刻的道理：男儿当自强。

新东方教育科技集团创始人之一，著名教育咨询、职业规划与人生发展问题专家徐小平在“人生设计第三笔”中，鲜明地指出：青年人“成功无非就是就业、职业和事业。先要就业，也就是靠什么谋生，解决温饱；再要职业，通过稳定收入，拥有安全感；最后才是成就事业，实现人生最大价值。”我们不妨仿照马斯洛的“需要层级学说”为自己画一个“追求层级图”。自下而上分别写上“学业”、“职业”、“事业”、“家业”。也就是说，一个人的追求也应是有层级的，依次为学业优异——职业确定——事业成功——家业富足。下一个层级为上一个层级之基础，上一个层级以下一层级为条件。跳过任何一个台阶，都不会达到理想的效果，甚至会跌得头破血流。

假如你已经“遭遇”到恋情的袭击，那么就一定要做到学会战胜自己，对收到的“情书”付之一炬，并从此永不再想它；可以借助外界的力量解决问题。如可以求助于父母、老师、同学或朋友，妥善解决这个“棘手”问题；及时转移自己的注意力，将旺盛的精力全部投入到当前的学习之中；不与个别异性同学单独相处或在偏僻、昏暗处长谈；当“爱”搅得你坐卧不安时，要时时提醒自己，自己好比是坐在要去某个理想目的地的车上，沿途风景好美，自己忍不住要下去看一看，可真的下去了，虽然也还有可能到达目的地，但是再也不可能赶上这辆车到达目的地的时间了。或者根本没有机会实现你预先设定的目标了。你还应时常告诫自己，自己这就像刚刚扬帆起航的小船，还没有领略波涛汹涌之大海的魅力，怎么能急着靠岸呢？如果真的就此停止航行，那么你永远无法达到理想的彼岸了！

051 快刀斩断单相思

不要为了爱——盲目的爱，——而将别的人生的要义全盘疏忽了。人生的第一要义便是生活，人必须活着，爱才能有所附丽。

——鲁　迅

有一些人，即使心中有了爱，仍能约束它，使它不妨碍重大事业。因为爱情一旦干扰情绪，就会阻碍人坚定地奔向既定的目标。

——培　根

单相思是青春期学生在与异性交往过程中，出现一系列情感问题中的一种形式。是指有的学生在心里默默地爱慕着某个异性，既没有勇气开口，又没有决心摆脱，因此一天到晚心神不宁，茶饭不思，睡眠不佳。听课时想着自己的“心上人”，做作业时脑子里全是“心上人”的音容笑貌，晚上睡觉时也辗转反侧难以入眠。下面是一位在单相思泥潭中迷惘的男生的自述：

我带着美好的憧憬来到高中以后，我的目光被一个特别漂亮的女孩点亮了。她是我的邻桌，水汪汪的大眼睛，梳着一个马尾辫，笑起来时嗓音像银铃一样清脆。

每天，我都要分一些目光给她，即便是上课，我也会不由自主地注视着她清秀的脸颊和调皮的马尾辫，每当她对我甜甜地一笑，我的心就会怦怦地跳。从此，在我心灵的溪水中流淌着她灿烂如花的笑容，倒映着她的身影。于是，在我荒芜的心灵中悄悄地种下了思念的种子，在风里来雨里去的岁月里，吐出了片片嫩绿的小叶，美丽而缠绵的感情潜滋暗长地不断加深。

此后，一连串的不眠之夜，我被这感情煎熬着。我柔肠百结，分不清对这女孩的感情是什么——是友情，还是爱情？我是在恋爱吗？我想向她表白，却又没有勇气，害怕玷污了她的纯洁，害怕遭到她的拒绝，害怕她觉得我污秽无耻。那样，就连朋友也做不成了。

我不敢向任何人求助，我担心被父母、老师知道了受到责骂，怕被同学知道后受到嘲笑……我在"表白与不表白"之间徘徊，在该与不该之间踯躅，我的心犹如断了线的风筝在茫茫的黑夜里无助地飘荡……我该怎么办呢？

在这段颇具文采的描述中，为我们呈现了一个典型的单相思案例。事实上，在许多同学的成长历程中，都曾有过这个男生的类似体验：偷偷地迷恋着一个人，因为他（她）身上总有一种令人难以抗拒的吸引力，不由自主地吸引着自己，而自己则留意着对方的一举一动，被其音容笑貌左右着自己的视线，为了此情而辗转反侧，彻夜难眠。甚至因为有人说了"心上人"的坏话而暴跳如雷，甚至大打出手。为什么会有这种令人心旷神怡而又惆怅万千的情感？为什么会有这种让人痛苦不堪而又心甘情愿的体验呢？

其实，这是同学们进入青春期后的一种青春萌动意识的反映，是青少年生理、心理发展及异性交往发展过程中常常会产生的一种现象，人们习惯把它称为"单相思"。

"单相思"一般具有两种形式，一种是内心爱慕对方但无法表示出来或已被对方拒绝仍痴情不改的单恋；另一种是把与对方的交往和友谊当做是"有意"或"暗示"而产生的"爱情错觉"。这种由单方面产生的对异性的爱慕之情具有很大的主观随意性，例如，萍水相逢、偶然相遇便对对方产生爱慕之心，或误将别人的友谊及热情当做对自己的爱意，眷恋难忘，而对方却毫无此意；或者相处甚短，就被对方的美貌或才华所吸引，一味地苦苦追求人家，而对方并不爱恋他（她）。

从生理、心理发展的过程来看，中学生正处于青春发育期，这是人从幼稚走向成熟的过渡时期。在这个时期，同学们的生理机能迅速发育成熟，自我意识得到了一定的发展，个性心理逐渐形成，这是一个人身心发展变化最大的时期。性器官的发育成熟，性意识的觉醒和发展使得这一时期的同学们开始关注异性的各个方面，如外貌、学识、才能、兴趣、爱好、特长等等。前面案例中的那个男孩“目光被一个特别漂亮的女孩点亮了”是一个非常正常的现象。加上这个年龄阶段的少男少女的心理尚未完全成熟，故“单相思”现象较为常见。

从心理学的角度观察，单相思是人爱的本能的一种形式，是人渴望情爱的一种正常的心理反应。只是这种情爱并非建立在男女双方相恋的基础上，仅仅是个人主观意愿的“自作多情”。一般说来，少男少女特别爱幻想，常常容易因一些偶然的原因引起对人的强烈眷恋，从而陷入虚幻的爱情旋涡之中。

另外，单相思的产生与影视文化的影响也是息息相关的。时下的影视作品中一方锲而不舍地追求，终于感动对方的情节比比皆是，身处这样的氛围中，少男少女最容易上当受骗，他们误把影视作品中的艺术表现当做生活真实而如法炮制，结果被错误地引入“单相思”的死谷难以自拔。

许多单相思的同学长时间感到压抑和疑虑，会给自己带来不尽的苦痛和烦恼，使身心整天被纠缠在虚幻的爱情罗网中，因而疲惫不堪，影响了正常的学习和生活，甚至影响了身心的健康发展。而且即使勇敢地向对方吐露表白，其结局也可能是“落花有意，流水无情”。长期处于单相思状态，是特别不利于我们的生理健康和心理健康的，并且还会影响综合能力的发展及人生目标的顺利实现。

了解了单相思产生的根源、特点及危害，我们就要认真地控制它，引导它，以“快刀斩乱麻”的果决处置这种不可能有结果的情感，以明智的办法斩断情丝，以果断的勇气和强大的自制力收回自己的爱，并将它珍藏在自己内心深处。可以采取以下四种方法来解决问题：

一是冷静对待自己的情感，全面评价对方。当你对某人产生强烈的情感时，不妨先冷静一下。分析这是因为你到了春心萌动的年龄阶段而一时冲动，还是对方只是自己的某种虚幻的爱情偶像。陷入单相思的人往往容易将自己的爱恋对象完美化，并按自己的主观预期去想象、解释对方的一切言行，会以为自己观察或喜爱的是一个完美无缺的人。其实，当你认为对方是一个完美的人的时候，也说明你对他人的了解还相当表面单一。因此，你应该全面认识所爱恋的那个人，换个角度去观察与评价，并主动去找寻对方的缺点，那时你就会发现其实他（她）与你的想象和要求相差甚远，并不值得你再倾注感情与精力。

二是克服爱情错觉，客观评价与对方的关系。因为自己爱对方，于是觉得对方也一定爱自己，看他（她）的一言一行都好像在向自己示爱，这就是人们常犯的所谓"爱情错觉"的错误。当你陷入单相思时，要勇于承认与克服自己的爱情错觉，客观地评价和分析自己与对方的真实关系，摆脱单相思。你必须明白对方与自己只是普通的同学关系或朋友关系，对方根本不知道你的爱，你应当时常告诫自己，他（她）的言行都很正常，只是一个自然的人在正常地生活，我与他（她）并没有感情上的特殊关系，是我的错觉在作怪。

三是克服爱情固执，投入自己的兴趣爱好之中。已经知道对方不爱自己，但仍痴心不改地、死皮赖脸地"爱"着人家而不能自拔的现象就是"爱情固执"。有时候，即使认识到了自己是白费心机，但情感上仍不能一下子转弯，也会产生"爱情固执"。这时，我们必须通过自己的理性与意志来调整自己的感情，还可以运用"酸葡萄"的心理来解脱自己，如告诉自己，"他（她）有很多不足"，"他（她）怎么能配上我呢？""我没有和他（她）发展下去是我的幸运"，等等。

另外，特别要注意通过投入自己的兴趣爱好来转移自己的注意力，慢慢消除"爱情固执"。要知道，一个人需要爱情，更需要理想和事业，把精力投入到学业之中去，是摆脱单相思痛苦的最有效的办法。当你陷入单相思时，你会觉得你的整个世界就是爱情，但当你走出来时，你就会发现你的生活应该是整个世界！

四是积极参加各种活动，扩大人际交往。陷入单相思还与参加各种活动太少、人际交往范围太窄、过早过多地将感情全部倾注在一个身上有关。当你广泛地参与各种活动，使自己的眼界开阔起来时，你就会发现大千世界五彩缤纷，原来还有那么多有益的知识需要自己去掌握，还有那么多有趣的事值得自己去探究，还有那么多的技能需要自己去掌握，除了他(她)以外，你还有那么多东西需要去珍惜与关注！

当你与同龄人广泛地交往后，你就会惊讶地发现，你所苦苦思念与暗恋的人其实真的很普通，他(她)并不完美，你就会改变自己“情人眼里出西施”的一往情深，淡化对“意中人”的灼热思念。当你慢慢将自己积聚的感情疏淡并转化为更广泛的爱时，你将会发现一个更美丽的世界，你也将拥有一个更加广阔的前程！

052 理智应对丘比特

我们若想通过爱情获得幸福，除了不能早恋外，还应该用理智控制情感，否则感情用事还将令我们受到极大的精神创伤。

——于　伟

不能使感情与理智分离，否则你的生活就会变成一连串不可思议的偶然现象，而且你也会毁灭。

——高尔基

奥林匹斯山的众神中，最叫人无可奈何的就是小爱神丘比特。丘比特一直被人们喻为爱情的象征，相传他有非常美丽的金发，雪白娇嫩的脸蛋，还有一对可以自由自在飞翔的翅膀。丘比特和他母亲爱神一起主管神、人的爱情和婚姻。他有一张金弓、一支金箭和一支铅箭，被他的金箭射中，便会产生爱情，即使是冤家也会成佳偶，而且爱情一定甜蜜、快乐；相反，被他的铅箭射中，便会拒绝爱情，就是佳偶也会变成冤家，恋爱变成痛苦、妒恨。据说丘比特射箭时眼睛是闭起来射，因此人们把爱情说成是缘分。小爱神的箭无论神和人都抵挡不住，他曾经用金箭射向阿波罗，用铅箭射向达芙妮，结果令阿波罗闹失恋。很多的爱情故事都是因他而起的。

不难看出，爱情是把双刃剑，或者给人带来幸福与甜蜜，也可能给人带来痛苦与忧伤。对于生活在现实世界中的高中生，一定要注意，要用自己清醒的大脑和理智的思维去应对丘比特射来的箭。

有位同学说，在他刚上中学的时候，认识了一个美丽的女孩，她就是自己的同桌，也是他学习和工作上的竞争对手。在老师和同学的眼里，他们俩同样出色和优秀。高中二年级的时候，这位女生对这个男孩的态度发生了微妙的变化，经常会给这个男孩以甜甜的笑，有时还会送给这个男孩一支凉凉的雪糕或一瓶甜甜的果汁，这个男孩并没有介意，也会不时地给予一点儿回报。两个人相处得很是融洽。可是，突然有一天，这个女生给这个男孩写了一张条子，上面写着“我爱你……”这就应该算作是丘比特射出的神箭吧，但可不知这是支“金箭”还是支“铅箭”啊！

社会生活一再告诉我们，如果你收到了异性求爱的条子或其他东西，说明你已经长成大姑娘或大小伙了，你已经被人关注、被人欣赏了，你已经有了吸引异性的魅力了。但同时你还应理智地认识到，这其中的“喜欢”，并不是“丘比特金箭”，它并不具有成熟爱情的那沉甸甸的分量，更多的时候只是本能的性吸引的暂时表现，极有可能是你前进道路上的羁绊。这一点我们可以从 2004 年雅典奥运会上的一个事例来说明。

在 2004 年雅典奥运会最后一项比赛——男子马拉松赛中，原本一路领先的巴西选手万德雷·德利马在距离终点只剩六公里的路程时突遭袭击，一个"醉鬼"、爱尔兰失业牧师突然从观众中冲进赛道，抓住他并将他推到了路边的人群中。尽管这名闹事者很快被制伏，而德利马也迅速回到了比赛中，但他的竞技状态已大受影响。在比赛最后阶段中，他不时提心吊胆地回头张望以防不测，严重影响了个人技术水平的发挥。结果很快被另两名对手超越，最终只获得了铜牌。巴西田径联合会事后曾呼吁为德利马补发一枚金牌，使他享受并列冠军的荣誉，但这一请求被拒绝。

此时给你写条子的少男或少女，他（她）也并不懂得爱的真正含义，更无能力去承担爱的深远义务与重大责任，很可能就是"推你出跑道"的那个"醉鬼"。写条子的动力主要来自性发育成熟时的性意识萌动与情感冲动，它不过是转瞬即逝的昙花一现而已。青春期的性意识萌动，就像蓝天上的白云，看起来似乎很美丽，但飘浮不定，风吹即散。这并不是他（她）的品质恶劣、意志薄弱，或者行为不端、良心不好，而是青春期多变的心理特点使然。

这不仅让我们想起一则寓言。寓言的内容是，一只刺猬无意中闯入了一个花园，花园里红花绿草，很是美丽。正当刺猬浏览美景的时候，忽然看到一棵鲜艳美丽的玫瑰花就站在它的身后，一脸高傲地看着刺猬。

刺猬惊呆了！它从来没有见过这么美丽的鲜花，盛开的花瓣上流动着晶莹的晨露，花蕊更好像一枚枚闪亮的红宝石。

那一刻，刺猬感觉自己似乎沉入了一种美丽的梦幻中，它确定自己对这棵玫瑰已经是"一见钟情"、"非它莫属"了！于是，便不顾一切地敞开胸怀想要拥抱那棵漂亮的玫瑰。

结果，玫瑰和刺猬都变得遍体鳞伤——刺猬的刺把玫瑰花扎得百孔千疮，玫瑰的刺把刺猬扎得血肉模糊。而刺猬在被狂热的爱意冲昏头脑的那一刻，并没有看到玫瑰花的茎部还挺立着一把把如同锋利刺刀的坚硬的刺。

中学生的早恋似乎像刺猬一样的冲动和盲目，这种光靠狂热而焕发出来的情感是不可能完美的，最后获得的不可能是温暖与温馨，而只能是被伤害。

面对突如其来的丘比特之箭，面对捧在我们面前的玫瑰，该怎样处理才能避免发生美丽的错误呢？

首先，要学会冷静地处理，很好地把握自己。面对对方的示爱行为不要慌乱，要慢慢抑制自己的兴奋。你们正值青春花季，由于频繁接触，他(她)对你有了好感或爱慕，并向你有所表达是可以理解的。如果你不能很好地把握自己，就会要么陷入沼泽，要么伤害对方。你既不能对他(她)的求爱表示愿意接受或考虑，也不必声张或随意地把字条给你的好朋友看，或者交给老师或父母，更不要轻易将对方的信件、纸条公之于众，当众嘲讽讥笑对方，因为这样做既伤害了对方的自尊心，又使事情变得复杂。总之，要从尊重对方出发，冷静地处理这样的问题，把握自己，避免极端化的言语与行动。

其次，要表明态度，保持正常交往。对于这类事情的处理，你要明确坚决而又巧妙地表明你的拒绝。在拒绝的时候要注意以下几点：

1. 态度要坚决。拒绝难免是一种伤害，但不能因此而犹豫不决。如果你拒绝爱的态度不够坚决，很容易造成对方的误会，最后，往往带来更大的麻烦和伤害。

2. 维护对方的自尊。你不妨先赞美对方的人格、才华等，然后说明你不能接受的理由。最好是从对方的角度考虑问题，让对方感觉你的拒绝是真心地为了他(她)好。如果必须向旁人解释，你不妨把消极的原因归于自己。

3. 选择恰当的方式。你应该考虑到学校的具体环境、你们平素的关系和对方的个性特点，选择冷处理或面谈，或以书信的方式挑明这层“窗户纸”，但一般不要采取托人转告的方式。

4. 选择适当的时机。不要在对方刚表白了爱情时就立刻加以拒绝，但也不要拖延太久，给对方造成误会。当然具体选择什么时机要视具体情况而定。特别应该注意的是，虽然拒绝了对方，但你一定要一如既往地以坦然自若的态度与他(她)进行交往，但要巧妙地避免与他(她)单独接触,让他(她)意识到你的谢绝但又未伤害面子。这样,对方一时的冲动就会平静下来,像一缕轻烟悄悄地飘走,淡淡地消失。事后,对方也许为自己当初的冒失而感到幼稚可笑。经历了这一段小插曲,你和他(她)就向成熟迈出了可喜的一大步。

最后,我们一定要认识到,理智地面对丘比特,必须懂得了解爱的真谛。爱是一种高尚的情感,是建立在高级精神需要基础上的情绪体验;爱是一种生活的艺术,是一种能力。爱的类型和形式虽然各不相同,但任何爱都有这样一些基本要素,即尊重、关心、理解、责任。

没有理智的爱不可能把人引向幸福。坠入情网时,理智的人首先不会忘记审视一下自己的感情,判断究竟是真正的爱情,还是一时的狂热迷恋。一时的狂热迷恋是一种要求与异性接近的热望,一种生理上的彼此需要,而真正的爱情则是充满激情的友谊,是理性思考的结果。

理智能帮助你正确看待"一见钟情"。一些文学作品和影视中,一见钟情是富有戏剧性、充满浪漫诗意的主题,而在现实生活中,则会更多看到的是关于一见钟情结苦果、酿悲剧的警世故事。一见钟情往往凭借直觉的冲动,是盲目性较强的心理吸引,而这种在瞬间萌发的恋情虽可撞击出炽热的火花,但并不可靠,不持久。作为中学生对此应保持清醒、理智的头脑,不要轻易陷入早恋的泥潭。

爱恋在人生中占有重要地位,没有爱情的人生是不完美的,但爱情不是人生的根本宗旨,更不是人生的全部。只为爱情而活着是空虚而苍白的。中学生最要紧的是学习,理智地认识到这一点,就会把精力放在学习上,面对突然袭来的丘比特之箭,也会应对自如,绝不会为爱而痴迷。

第九章

运筹帷幄　驰骋考场铸辉煌

一个人从迈进中学校门，则会面临各种各样的考试：非学业考试——思想考、纪律考、卫生考、生活考等；学业考试——月考、期中考、期末考、模拟考、毕业考……当然，等待我们最严峻的考试便是高考。当决定命运的高考完毕后，丰富多彩的中学生活才算画上句号。既然考试已成为中学生活的一部分，是融入社会的前奏，我们就要学会自我减压，学会在紧张的考试中放松自己，超越自己。考试是脑力与体力劳动的双重考验，除了要有丰厚的知识储备外，还需要掌握合理的应试方法、技巧与策略。要不断调整自己的心态，保持清醒的头脑，把考试看作生活中不可缺少的营养。只有勇敢地走出自己，积极地面对考试，乐观地走入考场，就一定会取得自己满意的成绩。把考试作为检验自己学业与做人修养的标尺，自己的学业就会层楼更进，节节攀升，人生就一定会绚丽多彩，熠熠生辉。

053 准备充分考则易

百丈之台，其始则一石耳，由是而二石焉，由是而三石、四石以至于千万石焉。学习亦然。今日记一事，明日悟一理，积久而成学。

——毛泽东

有充分准备的人，才有最佳机会。

——巴斯德

尼乐斯·亨贝尔出生在挪威，是一位著名的数学家。在他十几岁时，阿贝尔认识了年轻的教师霍姆伯，这是一位称职却不是很有才气的数学家。但霍姆伯有着严格的教学要求，他采取让学生练就扎实的基础能力的教学方法，培养学生牢固的数学基本功，并且让他们大量练习一些适合的数学问题。

阿贝尔开始的时候很厌烦，但是却咬牙坚持了下来。等他的数学基础足够牢靠以后，他发现数学并不像以前那样枯燥无味了，而且很高兴自己能解决一些别的同学不能解决的难题。

这则故事无非在告诉我们一个简单的道理——万丈高楼平地起。我们青少年学生做任何事情，都要建立在扎实的基本功之上，正所谓“基不广不足以峻，学不深不足以作”。

中学时代是为将来打基础的时期。未来我们面对的一切挑战，都归根于中学、大学时代的学习。我们要依靠扎实的学科基础，取得优异的成绩考上大学；我们要在大学里积累扎实的专业技能，以便毕业后在激烈的竞争中谋取生存的空间和领地；我们还要在未来的工作中，以扎实的专业知识创造成就，实现人生的梦想。这是一个相互递进的过程，一环扣一环，松于始者，必殆于终。

而衡量我们基础掌握优劣的检测标准，往往是平时与高考的成绩。对于中学生来说，可以说是平时小考接踵而至，应接不暇；中考高招大考迫在眉睫，日趋临近。怎样才能在各种考试中取得令人满意的成绩呢？简单地说，就是要做好知识上的准备，练就扎实的基本功。

有位学者说过，“考试的成败在于复习”，可谓一语中的。考试能促进我们系统地进行复习，只有系统地认真地复习才能考出好的成绩。

情绪的稳定，信心的坚定，都植根于雄厚的知识储备的土壤之上。为了做到全面系统地复习，在考试前应该制订一个切实可行的复习计划。有的同学不是这样，考试前心中无数，老牛赶山，复习到哪是哪，甚至有的科目或章节还没有复习就仓促上阵，这样自然手忙脚乱，疲于应付。有的人只是盲目地跟在老师后面，老师叫干什么就干什么，没有自己的主观设计，这样复习起来就比较被动。这并不是说老师的复习指导不重要，要知道老师是从宏观上进行复习指导的，一般是没有可能针对班里每个人的具体情况的。

我们常说不打无准备之仗，没有很好地准备就参加任何考试，都不会取得最佳效果的，往往会不击自溃。只有未雨绸缪，才能掌握考试的主动权。

1. 周密计划，合理安排。

即便你的老师再优秀再卓越，业务能力再强，你也一定要制订自己的完整的复习计划。跟着老师走无异于将自己置于被动地位，只有针对你个人特点制订出的复习计划，才能使你在任何考试前都能保持充分的主动。

制订复习计划前，首先要了解自己，譬如在诸多学科中，你的强项弱项各是什么；每一学科的薄弱环节是什么；各个学科在面临的考试中的地位如何；你一天里的学习情绪、状态高低潮各在什么时间等等。你不妨拿出一张纸，边回忆边分析，当你详细地了解自己后，你的复习计划就常常会自动浮出水面。

不论你在中学的哪个年级哪个阶段，每个同学心中都要有一个长期计划。长期计划的第一个主题是安排各学科的主要复习时间块。数学、物理、化学等重在推理的学科，因其理解性胜于记忆性，应主要置于复习中前期；像语文、历史等以思想和概念为主的学科，因其记忆强于理解性，则必须在复习中后期给予充分的再回忆时间。长期计划的第二个主题是找出知识体系中的薄弱环节，进行重点突破。重点突破时须注意，每一个时间段最好只设定一个突破口，直到解决后再进入下一个。

长期计划必须通过一个个短期计划来完成。短期计划可以以“周”为单位时间。短期计划有两忌，一是不要纵容自己的好恶，而经常用大量时间复习自己喜欢的一门功课，一定要保持各个学科齐头并进的良好态势；二是不要制订不符合实际的计划，一定要有张有弛，否则你会被完不成的计划所压倒。而这种受挫感会严重影响你的自信心。

你可以拿出一个小本子，每周末将下一周的计划安排好，每天晚上再把明天的计划安排好。每完成一项就在小本上将它划去。这样每划去一天的计划或一周的计划，你都会产生一种难以表达的成熟感和无尽的喜悦。短期计划中，要将长期计划中的突破口置于一天中效率最高的时刻。

这样说来，长期计划和短期计划是一个复习系统，除了这个复习系统外，我们还应该制定另一套复习系统，即循环复习→强化复习→最后复习。

循环复习是指考前较长时间内的复习，它需要同学们一遍遍地复习，以清除自己暗潜着的每一个知识欠缺；强化复习是指考前几天内的提纲挈领的大略复习，主要是给自己一种对知识的整体把握感；最后复习是指考前一天内的对重点或薄弱点的简单复习，其主要效果是为有效的记忆提供线索，以避免考场上用过多的时间提取知识。

复习计划不仅能使你更有效地利用时间，也会使你产生一种对生活的微妙的把握感，这种把握感能使你每天都保持着奋进的态势和力量。

2. 重视基础，提高能力。

基础是整个知识体系的根基，是分析问题和解决问题的要领和工具。对基础知识理解得越深刻，掌握得越牢固，解决具体问题就越容易；基本功练习好了，能力得到提高了，不仅可以巩固和深化已学过的知识，还能为解决复杂的问题打好基础。俗话说“熟能生巧”就是这个道理。

日本有一所世界知名的学校叫做骏台学校，它培养的学生大都考取了名牌大学。这所学校在总结他们几十年的经验时说，“如果认为我们是传授什么特殊诀窍的学校，那就错了。建校至今，我们始终强调的都是牢固地掌握基础知识。如果基础不扎实，怎样拼命努力也是学不好的。”

要抓好基础知识复习必须从掌握复习纲要、从抓好课本复习入手。复习纲要是总复习的标准依据和规格要求，必须领会其精神实质，明确其各个方面的具体要求，并以此指导整个总复习。课本是各科之“本”，是学习各种知识的根本。只有把课本弄懂弄通，才能牢固地掌握基础知识，提高基本能力。抛弃课本而热衷于看一些五花八门的复习提纲或试题汇编，是舍本逐末的做法，其结果必然是弄巧成拙，得不偿失。就像你要得到一棵大树，你又不花力气从根本上去做文章，而是拈轻怕重地去折枝摘叶，那么到头来得到的只能是支离破碎的东西，完整的大树是无论如何也得不到的。

3. 三轮复习，层层深入。

第一轮为全面复习、系统复习。这就是在老师的具体指导下对基础知识进行排队，分清主次。根据自己平时学习的实际情况，找出掌握知识的薄弱环节，在分清主次的基础上进行全面系统的复习。理科要在温习基本概念、公式、定律的基础上，复习重做已经做过的典型性的基础练习；文科要全面温习基础知识和基本理论。

正如撒网打鱼一样，要先把网撒出去，网撒得越大，打到鱼的机会就越多。这一轮的复习要注意全面、系统四个字。要总览全局，唤起理解、记忆，为下面的复习奠定基础。

第二轮为重点复习、深入复习。这一轮要在老师的指导下，按复习纲要要求，分单元、分部分逐一剖析思考，并结合做一些中等难度的半综合练习。在基础知识、基本理论方面，要抓住重点知识，并找出各部分知识之间的内在联系，从而能比较系统地掌握知识；在基本训练方面，要抓住类型综合题，进行重点练习，力求举一反三，触类旁通，发展思维，拓宽思路。这一轮复习一定要防止面面俱到，贪多求全，平均用力。

第二轮复习是关键环节，一定要着力抓好。同时要注意既不要搞成第一轮复习的机械重复，也不要与第一轮复习脱节，过早过难地拔高。这是第二轮复习的科学性、艺术性之所在。

第三轮为综合复习、系统练习。在基本理论方面，要按课本顺序把该学科的知识链接起来，做到全面、系统、深刻地掌握知识体系；在练习运用知识方面，要系统整理过去做过的练习，力求找出解题规律和各种类型练习之间的联系。在此基础上，再通过一些典型的综合练习着力提高综合灵活运用知识、分析问题和解决问题的能力，力求达到熟能生巧的境界。然后再在学校和老师的组织和指导下，做一些考试模拟练习，或参加考试练兵，最后为应考做好各方面的准备。

唐代大诗人杜甫曾在一首诗中写道："会当凌绝顶，一览众山小。"意思是说，当你登临泰山绝顶之后，周围的群山就像拜于脚下而变得矮小。如果你能用心地进行三轮复习，你会感觉到书已经越来越薄，知识点也由多变少。一提起某个方面的知识，就会立即想到它属于哪一个体系，哪一个范畴，需要运用哪一原理或知识，通过什么途径来解决，你的信心也就一定会随之得到增强，胜券在握的感觉就会油然而生。

054 勇敢笃定迎考试

勇气是引人上天的羽翼，是逆境时的光辉，是孕育成功的摇篮，而怯懦却是使人坠入地狱的滑梯。

——高占祥

有许多人踏在坚实的地上，而还两腿发抖；如果自己的良心是平静的，目的是正当的，即使走在摇撼不定的地上，也应该是步伐坚定的。

——雨　果

日本江户时期有一位著名的茶师。有一天，茶师的主人要到京城办事，要求茶师也一同前往，以便随时为他泡茶。茶师很害怕，因为那是一个很不稳定的时期，浪人、武士依恃强力横行无忌。主人说，那你就挎上一把剑，扮成武士的样子。

这一天，主人外出办事，茶师遇到了一个浪人，向茶师挑衅说，既然你也穿着武士的衣服，那咱俩比比剑吧。茶师说，我不懂武功，只是个茶师。浪人说，你不是武士而冒充武士，就是有辱尊严，就更应死在我的剑下！茶师一想，躲是躲不过去了，就说，你容我几个小时，等我把主人交办的事做完，就来和你见面。

茶师急忙跑到京师中的一个大武馆，请求那里的大武师教他一种作为武士的最体面的死法。武师听了介绍后，就说，那好吧，你就再为我泡一次茶，然后我告诉你解决的办法。茶师以为这可能是我在这个世界上泡的最后一次茶了，于是做得特别用心，很从容地看着山泉水在小炉上烧开，然后把茶叶放进去，洗茶、滤茶，再一点点地把茶倒出来，捧给武师。

武师看着他整个泡茶过程，品了一口茶说，你已经不必死了。你只要记住用泡茶的心去面对那个浪人就行了。茶师听后就去赴约了。只见他笑着看定对方，然后从容地把帽子取下来，端端正正放在旁边，再解开宽松的外衣，一点一点地叠好，压在帽子底下；又拿出绑带把里面的衣服袖口扎紧，然后把裤腿扎紧……他从头到脚不慌不忙地装束自己，一直气定神闲。对面的那个浪人越看越紧张，越看越恍惚，因为他猜不出对手的武功究竟有多深。对方的笑容和眼神让他越来越心虚。

等到茶师装束停当，最后一个动作就是拔出剑来，挥向半空。然后停在那里，因为他不知道往下该怎么用剑了。此时，那个浪人噗通跪在了地下，说，求您饶命，您是我这辈子见过的最有武功的人。是什么样的“武功”使茶师取胜了呢？很显然，就是心灵的勇敢，是那种从容、笃定的气势。

引述这个故事，无非是想说明，同学们不论是今天所面临的各种各样的考试，还是将来到社会上遇到任何考验，都需要有这种勇敢、笃定的心境和胸怀。这样，既可以弥补你先天的遗憾，也可以弥补你后天的过失；同时能使你有定力，有真正的勇敢，使你的生命饱满充盈，让你有一种大欢欣，让你的人生有最大的效率，让你的每天进行着新的轮回，让你在各种挑战中不断取得成功和胜利。

要保持勇敢、笃定的心态，重要的是调整好竞技状态。事实上，每个人的生命都有一个周期性变化。在考试前，同学们必须学会将自己考试期间的竞技状态调至最佳。

考试前的15天，可能有三种竞技状态的变化规律：一是竞技状态逐渐上升，到考试期间达到最佳；二是竞技状态逐渐上升，但到考试前几天达到最佳，之后逐渐下降，考试时正处在下降状态中；三是竞技状态逐渐下降，但到考试前达到最低谷，之后逐渐回升，考试时正处在状态回升期。无疑，谁都希望第一种状态出现在自己身上。那就需要注意三点，一是不要临阵磨枪；二是学会考前放松；三是逐渐提升竞技状态。

临阵磨枪是指那些平时不用功，临考前起五更爬半夜的人。我们说不要临阵磨枪，是因为临阵磨枪不可能使你成为最优秀的考试者、竞争者。拼命地临阵磨枪往往会提前将你的竞技状态提升到高峰，真正到了考试的时候，你却已经疲倦了。这就需要平时扎扎实实地做好功课。

有人提出“大考大玩，小考小玩”是有一些道理的。“玩”既表现了考试者自信的考试姿态，又避免了和考试争夺竞技状态。临阵磨枪是一种恐惧的表现，一种无奈，这说明考试临头，自己还没有准备好。远离临阵磨枪的根本方法只有一个，那就是平时加强学习，踏踏实实地做一个优秀的学习者。

学会考前放松。重要的是要特别拿出大考前的15天时间，来积聚、迸发最佳竞技状态的力量。应试教育、传统的教育观念使很多学生变成了完美主义者，他们生怕自己会漏掉某个考试中涉及的知识点，所以直到考试前一天，还会小心翼翼地、一遍遍地检查自己。这也无疑是和考试争夺自己的竞技状态。如果一场考试需要自己两三年的扎扎实实地学习，才有可能取得优异成绩，那么，显然最后15天已经在知识学习上发挥不出什么作用了。与其以丧失状态为代价而寸土必争地寻求完美，还不如自己放松下来，休养15天以激发最佳竞技状态的爆发。

不过，这样说绝不意味着将放松变成放纵自己。譬如，整日从事体育活动，或整日游乐。放松仅仅是相对于平时紧张的准备而言。这15天，你须保持良好的作息，并完成最后一次独立的大略的系统复习。

逐渐提升竞技状态。多日的单纯的放松有可能会产生麻痹思想，所以在考前放松中，你需要一定的刺激来逐渐激发自己。比如，在前15天到前10天中，做一些自己最喜欢的难题；前10天到前5天，做一套完整的模拟考试题；前5天到前1天，抓紧复习一下自己认为的知识重点。

勇敢、笃定情绪的另一面就是考试焦虑，这是十分有害的。焦虑时，人的思维或迅如烈马，四野狂奔却不能集中考虑问题；或者慢如黄牛，各种念头掺杂在一起，无法解决任何问题。有的同学甚至会整日烦躁不安，陷入深深的苦恼之中，委靡不振，情绪低落，浑身难受，觉得肩上似乎有一副重担，既担不起又放不下……

在这种情况下，可以采取本森放松训练法。这种方法要求：(1)安静的环境；(2)肌肉放松；(3)在心里重复一个声音，一个词语或一个短句；(4)一个随意的身体姿势。具体做法是，在安静的环境中舒适地静坐、闭目，平静缓慢地用鼻子呼吸，使自己能感受到自己在呼吸。在每次呼气的同时，默念"一"字，将注意力集中在"一"字上，并保持一种随和的心境。这时，不必为头脑中不时涌现的杂念而着急，不要理会它们，继续重复"一……"用不了多久，松弛的心境自然会到来。训练结束时，先闭目静坐几分钟，然后睁开眼睛。每次训练20分钟，每天可进行1～2次。

也可以采取另一种形式进行放松训练。找一个舒服的姿势，这个姿势要令自己感到放松，毫无紧张之感。如可以靠在沙发上，或躺在床上；要在安静的环境中进行练习，光线不要太强，要暗一些。尽量减少无关的刺激，以保证放松训练的顺利进行。

放松的顺序为手臂→头→躯干→腿。可以对这个顺序进行重新组合，但一旦组合好，就不能随便打乱。

手臂的放松：依次分别伸出左、右手，握紧拳，紧张左、右前臂；双臂伸直，双手同时握紧拳，紧张手和臂部。

头部的放松：皱起前额的肌肉，像老人的额部一样皱起；皱起眉头；皱起鼻子和脸颊。

躯干的放松：耸起双肩，紧张肩部肌肉；分别挺起胸部和背部，紧张这两部分的肌肉；屏住呼吸，紧张腹部肌肉。

双腿的放松：分别伸出左、右腿，左右脚分别用力像蹬在一堵墙上，紧张左右腿。

当各部分肌肉放松完毕，你可以暗示自己："现在我感到很安静，很放松……非常安静，非常放松……全身都放松了……心中默默地从1数到50……睁开眼睛。"

当考试焦虑严重地影响着你目前的准备状态时，这种专门的放松训练非常有效。但也有很多时候，或轻或重的考试焦虑没有任何预兆就袭击了你。这就需要一些应急的放松方法，如想象放松、深呼吸放松。

想象的放松：舒服地坐好，闭上双眼，然后想象一个景象。在这个景象中，你能最大限度地感觉到轻松惬意。如想象自己躺在蓝天白云下的细软的沙滩上，想象自己漫步于广袤无垠的大草原等。

深呼吸放松：挺直地站定或坐定，双肩稍用力下垂，然后慢慢地做深呼吸。可以随着呼吸频率暗念简单的指示语："一呼……一吸……一呼……一吸……"或"深深地吸进来……慢慢地呼出去……深深地吸进来……慢慢地呼出去……"

放松训练不仅仅是治疗考试焦虑的手段，也是解除学习疲劳的有效方法。尤其是其中的深呼吸放松，简便易行，仅需要一分多钟就可以解除一定的疲倦。同学们不妨一试。

055 大考之前健身心

身，是人之躯体，是人格、知识、智慧的载体，躯体一逝，载体即空，一切均无。故古今中外之人，均极为重视修身、立身、洁身、健身。这是终身大事，切不可有半点疏忽、放松和麻痹。

——高占祥

一个埋头脑力劳动的人，如果不经常活动四肢，那是一件极其痛苦的事情。

——列·托尔斯泰

近年来，由于高中教育的规模不断扩大，高等院校的不断扩招，高中教育和高等教育资源相对紧缺的局面有了相当程度的改善,但“千军万马过独木桥”的重压并没有完全消失。每年的初、高中应届毕业生都是厉兵秣马、争分夺秒地备考,大脑的紧张程度可想而知。

古人云:“文武之道,一张一弛。”在备考的关键时刻,作为中、高考竞争的直接参与者的中学生来说,一定要采取科学的方法,适当的运动,积极的休息,保证有个健康的身体状态和良好的心理准备。

在这方面,一些名人都留下了很多特别典型的事例。

英国著名科学家法拉第年轻时体质较差,加上工作紧张,用脑过度,身体十分虚弱,多方求治也不见效。后来,一位名医给他进行了检查。医生并没有给他开药,只送了他一句话:“一个小丑进城,胜过一打医生。”法拉第细细品味这短短的一句话,悟出了其中的奥妙。从此,他经常抽空去看马戏和喜剧。精彩的表演总是让他开怀大笑。他还到野外和海边度假,保持愉快的情绪。久而久之,法拉第的身体康复了。

列夫·托尔斯泰把体育运动比作“像空气般不可缺少”的东西。他在家坚持做哑铃操,他能够一手举起 180 磅的重物。他还是摔跤好手。一次,他连续击败了几名年轻的牧民,被誉为“草原上的人”。他又是一个不知疲倦的步行者,多次步行 300 公里到莫斯科。60 岁时,他还与一名 20 岁的钢琴家一起参加过越野赛跑。

托尔斯泰的书房窗下装有一副单杠,在写作间隙里,他常用腿钩住单杠,倒挂身子。自行车刚传到俄国时,托翁已 66 岁了,但他很快就学会了骑自行车。由于他积极锻炼身体,所以“强健的像一头牛”。他在晚年曾自豪地说:“论体力,我割起草来像农民一样;论智力,我一气写作 8 小时至 10 小时都不会疲乏。”

对于平时考试不断、又即将面临中考、高考考验的中学生来说,怎样才能有像法拉第和托尔斯泰那样的身心健康和状态呢?大家不妨尝试以下方法,一定会对你有所帮助的。

屈动手指脚趾。利用课余时间,同时或分别屈动手指脚趾,每次 30 下;手指互相摩擦或将 10 指收拢,再逐一伸直,反复多次;十指相对，相互用力挤压。生理、心理学认为，手指活动能够刺激大脑皮质，增强兴奋程度，“十指连心”、“手巧心灵”就包含这个意思。

用手梳头。每晚临睡前，双手插入发内，由前向后梳头。手指要触及头皮，梳至头皮发热为止。梳头可促进头部血液循环，改善头皮营养，有利于新陈代谢。据文献记载，大文豪苏东坡常用此法。最好是使用木质梳子梳头，尽量少用或不用塑料等其他材质的。

搓脚心。两手搓热，然后用左手搓右脚心，右手搓左脚心，双手同时进行，每次 81 下。也可以与洗脚同步进行。脚心，即涌泉穴，常搓可以舒肝明目，导引肾脏虚火下降，祛除头痛等病症。

听轻音乐。轻松舒缓的音乐，具有镇静安神、消除疲劳的功效。如《春江花月夜》、《平沙落雁》、《二泉映月》、《银河会》和京剧曲牌等。不要听令人激奋的曲子或摇滚之类的歌曲。

散步。穿宽松的鞋袜散步，可以明显改善睡眠、饮食，可调节大脑皮层的兴奋、抑制过程，使人精神舒畅，思维活跃，情绪稳定，才思敏捷。因此，有人称“散步是大脑理想的体操”。

除此之外，还要注意以下几点。

足够的营养。有位科学家说：“智慧是吃出来的。”这话似乎有些夸张，但临考前补给身体和大脑足够的营养，是非常必要的。饮食安排的原则是，能提供必需的热量；清淡、鲜美、可口；易于消化吸收；自己想吃，又愿意吃的食品；不暴食暴饮，只吃八分饱。此外，每天可吃 3～4 块巧克力，饭后吃少量的水果。但不应饮浓茶和咖啡，避免使用兴奋药。

营养学家告诉我们，如果蛋白质、热量及脂肪供给不足，可导致大脑记忆力和其他功能减退。矿物质及维生素不足，不仅会使人智力下降，还会使人感到头痛、头昏。因此，应当经常吃些健脑食品，如核桃仁、鱼类、豆制品等，这有利于改善大脑的记忆力，维护自己的身体健康。

充足的睡眠。睡眠是大脑休息的最佳方式，可使大脑皮层得以休整，加速代谢产物的排除。保证睡眠时间和睡眠质量可以有效地消除大脑疲劳。中学生最少要保证 7～8 小时的睡眠，考试期间更应如此。

平时就应养成有规律的睡眠习惯，这是非常关键的。有些同学在临考前出现难以入睡的现象，这是极为常见的，不必过度紧张。应该知道，在考前少睡一两个小时并不会给考试带来严重影响，大可不必为此而焦虑不安；其次，如果出现失眠现象，为了尽早入睡，你可以试用这样的方法：舒舒服服地深吸一口气，然后慢慢地呼气。第一次吸气时数“一”，呼气时默说“放松”。说“一”和“放松”时，并设想用手把这些字比画出来，下次吸气时数“二”，呼气时说“放松”，一直数到二十。这样做的目的是让一串串单调的词和字及形象反复出现，占据你的大脑，以至降低大脑皮层的兴奋度。

另外，每天吃完午饭后，可以小睡 15～30 分钟，但不要超过半个小时。这样做既达到了休息的目的，醒来时大脑又能很快地清醒。

适当的锻炼。大脑是人体中新陈代谢最旺盛的器官，耗氧量占全身耗氧量的五分之一。氧供应不足，脑细胞工作效率下降，会导致思维能力下降。体育锻炼可以提高肺活量，改善脑的氧供应，提高学习效率。要根据自身情况，安排好作息时间，选择一些力所能及、自己喜欢的体育项目，使身体得到彻底放松。你可以这样安排体育锻炼：(1)早起锻炼 10 分钟左右，时间不宜长。有晨跑习惯的同学可坚持跑，但速度要慢些。也可在短时间跑步后进行一些做操、打拳等活动。适量的活动会帮助驱散睡意。(2)下午课外活动时间，应坚持每天锻炼 20～30 分钟，这是比较容易做到的。在一天紧张复习后，脑子已经有了一定的疲劳，锻炼 20～30 分钟能使脑力得到很好的恢复。这 20～30 分钟的锻炼，可选择各人爱好的项目进行。(3)在上、下午紧张复习中间到室外散散步，活动 5～10 分钟左右，能使接下来的复习思考更敏锐，效果更佳。这三部分时间加起来不到一小时，不会影响整个复习计划，而且能收到强身益智的作用。

良好的情绪。大脑是主管思维的器官，任何精神和心理的不健康状态都会带来不良影响，破坏大脑皮层兴奋与抑制的节律，加快脑细胞的衰老进程，从而引发各种疾病。每个同学都应确定合适的学习和奋斗目标，脱离实际、期望值过高会导致心理压力过大。应当学会自我调整情绪，养成乐观、豁达、幽默的生活习惯。为了保持良好的情绪，你也可以采用美国心理健康专家乔治·斯蒂芬森博士的方法：

1. 坦率交谈。找自己所信任的、谈得来的、头脑冷静的人交谈，把自己的喜怒哀乐毫无保留地尽情地倾诉出来。

2. 回避问题。如果遇到了紧张的刺激冲击或者遭受挫折，一个有效的办法是暂时离开厌烦的情境，转移一下注意力。经过一段时间后，就会恢复心理上的平静或把心灵上的创伤抚平。

3. 情绪转移。当情感遭到激烈震荡时，可以把心思放在自己热衷的另一活动上，如写字、绘画、唱歌、制作等，这样可以把苦闷、烦恼、焦虑转移替换掉。

4. 谦恭礼让。凡事喜好表现，喜好抛头露面，自然会忙碌不堪，可能会因此而有更多的烦忧。如果谦恭礼让，就会使自己与他人的情绪都得到平复。

5. 服务他人。为他人做好事会使人心安理得，也会给自己带来内心的满足和愉悦，使自己心满意足。

6. 善始善终。无论做什么事情，都要善始善终。面对众多的难题，先拣容易的解决，这样有了成果，就会增强自己的自信。

7. 保持常态。不要做力不从心的事情，不要连续钻研难题，避免超乎常态的行为，否则一旦失败或出现失误，就会增加自己的失落感。

8. 宽宏大量。对他人要求过甚，不合情理，反而会增加自己的烦恼，会增加愤怒、焦虑等消极情绪。

9. 多多动手。凡事自己的事情都要自己来完成，观望、推脱不利于自己的心理健康。当完成一件件小事后，自己会有一些成功的满足。

10. 预计休闲。如果设计或设想在高考结束后，有一份愉快又切实可行的休养身心的计划，会使人的心情愉快，感到很有盼头。

长寿学者胡夫兰德说过：“一切对人不利的影响中，最使人短命夭亡的就要算是不好的情绪和恶劣的心境，如忧虑、颓废、惧怕、贪求、怯懦……”面对走进象牙塔的选拔考试，我们应保持良好的心态和健康的体魄，以顺利取得中考、高考之大捷。

056 优化心态赢胜利

圣祖有言曰：学贵初有决定不移之志，中有勇猛精进之心，末有坚贞永固之力。

——曾国藩

人与人之间只有很小的差异，但是这种很小的差异却造成了巨大的差异！很小的差异就是所具备的心态是积极的还是消极的，巨大的差异就是成功和失败。

——拿破仑·希尔

据说左宗棠收复新疆前，于街市微服私访，见一老人高悬“天下第一棋手”的匾额。自恃棋艺高超的左宗棠便前去挑战，结果左大人三盘皆胜。他棋场得意，战场更得意，出师新疆凯旋。回来却见老人门前依然匾额高悬。左大人心中不服，又与老人对局三盘，出人意料的是，左大人三盘全负。左大人不解，问其故。老人说：“上次你来，我已认出你是左大人，知你要远征新疆，深怕挫伤你的锐气。现在战事已平，大人得胜归来，与你探讨的就仅限于棋艺了。”

鲁国木匠梓庆削木做成悬挂钟鼓的架子两侧的柱子，看见的人都惊叹不已，以为是鬼斧神工。鲁侯召见梓庆，问他其中的奥秘。梓庆对鲁侯说:“我准备做这个的时候,不敢损耗自己丝毫的力气,而要用心去斋戒。斋戒的目的是为了‘静心’。”

“斋戒到第三天,我就可以忘记‘庆赏爵禄’了。”

“斋戒到第五天,我就可以忘记‘非誉巧拙’了。大家说我做得好也罢,做得不好也罢,我已经不在乎了,也就是彻底忘记名声了。”

“到第七天,达到忘我之境,我就可以忘记是在为朝廷做事了。为朝廷做事往往心有惴惴,有杂念事就做不好了。”

“这时,我就进山了。静下心来,寻找我要的木材,观察树木的质地,看到形态合适的,仿佛一个成型的作品就在眼前。我就把这最合适的木材砍回来,顺手一加工,就成为现在的样子。”

木匠斋戒七天,其实是穿越了三个阶段:忘记利益,再想着用自己的事情去博取世间的大利;忘记荣誉,不再想着大家的是非毁誉对自己有多么重要;忘记自己,只有达到忘我之境才可以做好。

对于即将参加中考、高考挑战的你来说,是否积蓄、保持了那位老人所重视的“锐气”呢?可以说,“锐气”与青年人联系最紧密,它比“青春”更短暂,也更美丽,它可以在瞬间点亮你的人生,成就你的理想。你是否达到了那位木匠忘记利益、忘记荣誉、忘记自己的境界呢?只有在中考、高考前达到和保持这种心态,才能在高考的竞技场上,夺取成功,赢得胜利,铸就辉煌。

古希腊哲学家、爱非斯派的创始人赫拉克里特曾说过:“如果没有健康的心理,智慧就难以表现。”总结历年来高考的状况,这话的确很有道理。经心理学家研究发现,在中、高考中影响成败的最重要的因素是考试前的心态和考试中的心态,而学习方法与学习基础则排在第三、四位。

以天津市的文科状元张宇为例,他在高考前除了认真复习以外,还特别注意调整自己的心态。通过心态的调整,张宇坚定了必胜的信心,因为他相信,自己在平时已经付出汗水,到时候一定能有较好的收获。果然,他以625分的高考总分,考取了北京大学。这充分说明,在真正的应试中往往起作用的并不是个人知识水平如何,真正的差距就是在于能否在考前调整好心态。有统计表明,往往高考的第一名,并非平时模拟考试的第一名。这就说明心态在高考中的重要作用。

一般说来,考试本身就有一定的紧张度,具有一定的精神压力。这时,一定不要给自己施加更多的压力。可以通过以下方法给自己减压,以保证以良好的心态参加到高考之中。

1. 临考前,一定不要去想考试成败将会给自己带来什么后果和影响,也就是说,不要夸大考试成败的影响。也不要老是想只能考好不能考坏。考试的后果应在平时学习时多多考虑,因为那时考虑才可能促使自己改变学习状况,而平时的学习状态真正决定着考试的成败。考试将临时,更多地考虑成败问题必定会增加不必要的心理负担,使自己在考试前处于一种高度紧张和压抑状态中,这样,就常常会表现出对自己的学习一百个不放心。有的甚至还会疑神疑鬼,神经过敏,吃不好,睡不香,使大脑的神经细胞越来越疲劳。等到真正进入考场时,大脑细胞可能处于最糟的状态。一定切记,临考前不要去想考试成败问题。

2. 对自己的期望要切合实际。学习水平的提高要经过一个循序渐进的过程,需要长期的努力才会见效。每个人的情况不同,而影响学习效果的因素又很多,所以,在考试前对自己的期望一定要实事求是,不切实际的过高期望,只能给自己带来精神负担,考后又极有可能给自己带来失望和烦恼。

3. 正确对待外来的压力。临考前,有的家长可能会给自己的孩子施加压力,有的老师也会给学生下一些指标。在这种情况下,一定要理解老师和家长的心情,既不要顶嘴,又不要吵闹,也不要怨天尤人,以免使自己的情绪受到影响。另一方面要检查一下自己存在的问题,看看平时在学习态度上是不是存在着让家长和老师不满意或不放心的地方。如果我们平时在学习上始终能够严格要求自己,勤奋向上,就没有考不好的。

经验表明,最佳的临考状态是锐气满满,信心十足,但脑子里仍要绷着一根弦——中、高考也不是太容易对付的。要使自己的内心平静，但仍要有一些紧张和兴奋，“就要考试了，我终于可以……”带着这种心态进入考场的学生，常常是后来的锋芒毕露的成功者。真正进入考试时，一定要注意以下几个问题：

1. 检查必备物品。去考场前，一定要检查一下是否将考试必备的物品带齐了。如身份证、准考证、必需的文具等。这些东西最好提前整理好，统一装在一个袋子里。临出门前再认真核对一下，以避免出现差错。每年都会发生有的考生忘带准考证之类的事，这对考生情绪的影响是很大的。

2. 进行考前放松。就要进入考场时，可以采用自己喜欢的放松法，比如用想象放松法或深呼吸放松法，放松一两分钟，使过于兴奋的自己平静一些。也可以和要好的同学找个轻松的话题唠一唠，简单地聊几句与考试无关的话，这样也可以缓解一下考试压力。

3. 学会积极等待。进入考场后，要有一段等待的时间。这时一定不要心急。要告诉自己，“还有一会儿才考试呢！”你可以先稍稍熟悉一下周围的环境，比如看一看监考老师或主考，稍稍注意一下与你同室的“竞争者”。这种简单地熟悉也会增加自己对周围一切的把握感，它可以使你在兴奋中更加从容。等待就要结束的时候，可以在自己的座位上来一个深呼吸放松。

4. 接受生理紧张。如果在考试中，你突然出现了某些应激性的生理反应，例如心咚咚地乱跳，手心出汗，头皮紧张发麻，等等。这时，不要消极悲观，譬如对自己说，“坏了，这还能考好吗？”或“我肯定发挥不出高水平了。”应激反应往往只是一时的生理现象，但如果你过分地注意了它，它就可能要待住不走了，那就必然会实现你自己的悲观预言。

应激反应一旦出现，要学会积极思维，首先要在心理上接受应激反应，“哦，我有点紧张。”然后告诉自己，“大考当前，有点紧张还是很正常的”，然后对自己说，“随它去吧！”这时，也可以做一下深呼吸。

应激反应没有什么好怕的，除非你在应激反应和心理紧张之间搭起了一座双向循环桥，从而愈有应激反应愈紧张，愈紧张愈有应激反应，因此紧张到了极点，结果必定考得一塌糊涂。考试过程中，须杜绝对紧张的消极注意，而不是杜绝紧张。在考试中一点紧张都没有也是不容易发挥出水平的。

真正进入答题环节时，要遵循这样几条策略。

1. 填写卷头。拿到试卷后，首先要将卷头填写清楚。填写时一定要从容，不要因急着抢时间而写错位置或写错内容，犯下不该发生的错误。

2. 浏览试卷。试卷分发到手后，还会有一段时间才允许答卷的。可以充分利用这段时间，将试卷迅速浏览一遍，使自己对试卷有一个整体把握，从而避免前紧后松或前松后紧的试卷解答模式。

3. 制定答题顺序。争取高分的最基本原则是，能得分处决不丢分。制定答题顺序就是为了实现这一原则。排列答题顺序时，要考虑好两个因素，一是你对试题的把握程度；二是试题各项的分数价值。应该将由易后难的原则和试卷固有的题目顺序结合起来设定答题的先后。

以上均可以说是准备阶段。正式答题时，要做到：

1. 认真审题。答题时要做到一不漏题，二不看错题，三要吃透题意。对似曾相识的题目，切忌来个想当然，一定要三思而后行。

2. 细心解题。解题时力求一遍解题成功，不要图快。尤其要重视草纸的使用，要按照顺序在草纸上解答题目。这样做一是有助于细心程度的提高，二是对以后的试卷检查有非常大的帮助。

3. 验证答案。因考试时间的高度集中性，最好把答案验证放在最后一起进行。但如果时间允许，你又对刚得出的结果感到怀疑，不妨立刻检查，或者在草纸的相对位置做个重点标记，以提醒自己重点检查。

4. 每题必答。面对一些难以解答的试题，哪怕只有一点点的模糊意识或思路，也要表达在试卷上，尽量争取每一个得分机会。

5. 知难而进。有的同学往往因为过分重视先易后难，而形成浅尝辄止的答题习惯,跳过了太多的难题。这样不仅将太多困难集中化,也会使自己产生强烈的“未完成感”。这种感觉非常不好,既然答题顺序和答题时间都已经有了大致安排,就应该按计划知难而进,拔掉每一颗钉子。最佳的临场状态常常就是在知难而进中迸发。

6. 注意卷面。考试时一定不要在卷面上表现自己的书写个性,或者龙飞凤舞,或者牛气冲天,这些都是不可取的。一定要记住,你的试卷是给阅卷者看的,要做到清楚第一。除注意书写外,还要注意不要大涂大抹,搞得卷面一塌糊涂。一定要修改时,尽量整齐地将错误处圈出。

最后,要严肃认真地进行检查。首先要检查一下卷头是否正确。这项工作绝对不能忽略。之后,要对答案进行检查。进行答案检查时,要有个大致顺序。或者首先检查分数集中的试题,或者首先检查你最怀疑的试题。如果时间足够,而你又的确对答案有充分地把握,那就可以挨个检查。几张书写清晰、结构明了的草纸是答案检查的最有效的线索。

还有一点是必须注意的,不论试题多么容易,不管答题顺利与否,都不要提前交卷。高考是人生机会的竞争,提前一分钟交卷,就减少了一分钟检查失误的机会。即便很有把握,也不要放纵自己而提前交卷。

雄鹰的翅膀上绑上黄金,雄鹰便永远也飞不高了;考生心中装满了名利成败,就很难发挥出真实的水平。忘却利益,忘却毁誉,保持那位老人的所说的“锐气”,持有那位木匠的“淡定”,轻松走进检验自己的学习成果的考场,就一定会超水平发挥,取得理想的效果。

结语

肩负起历史的责任与使命

同学们，不论你是刚刚迈入中学踌躇满志的新生，还是正将跨入成人行列的莘莘学子，或者是即将迎接大考的高三年级的有志青年，你是否思考过我们肩上的使命与责任，是否思考过我们读书求学的目的和意义？

2007年5月4日，国务院总理温家宝在中国人民大学向全国青年人提出要求，殷切希望年轻一代要树立对国家和人民强烈的责任感。他说，只有对国家和人民爱得深，这种责任感才会更强烈，这是学习的动力、生活的动力和工作的动力。

温总理感人肺腑的话语如春风化雨，温润着每个青年人的心扉，使人不由地想起那些流芳千古的爱国志士，想起屈原遭陷害流放，仍高吟“长太息以掩涕兮，哀民生之多艰”；想起杜甫身居茅屋，却在风雨中呼唤“安得广厦千万间，大庇天下寒士俱欢颜”；想起李膺的“欲以天下名教是非为己任”；想起顾炎武的“天下兴亡，匹夫有责”；想起张载的“为天地立心，为生民请命，为往圣继绝学，为万世开太平”的风骨和人格力量；想起中国革命先驱李大钊，一生“铁肩担道义，妙手著文章”；想起周恩来总理青春年少时，面对祖国残破的河山，慨然奋起，决心“为中华之崛起而读书”……这种忧国忧民思想的熠熠生辉，不正是因为他们自觉地肩负起了对人生、对社会、对民族、对祖国的崇高责任吗？

责任，是立身之本，做人之道，成就之根，事业之源；责任，是为国家尽忠，为工作尽职，为父母尽孝，为家庭尽心，为子女尽责，为朋友尽力；责任，是主宰命运的勇气，承担使命的信心，勤勉敬业的热情，恪尽职守的毅力，自我完善的能力。

一个人缺乏责任感，就会对国家无忠心，对事业无专心，对工作无耐心，对追求无恒心，对父母无孝心，对朋友无真心……必然碌碌庸庸，浑浑噩噩，百无聊赖，一事无成，甚至会给他人、家庭和事业带来灾难、苦痛和损失。

责任既公平又均等，人人有份，必须义无反顾地去承担。学生有了责任感，才有品学的敦厚与精进；教师有了责任感，才有学子的成长与成才；工人有了责任感，才有产品的丰富与精良；农民有了责任感，才有衣食的供给与富足；医生有了责任感，才有患者的生命与健康；战士有了责任感，才有国家的安宁与和平；司机有了责任感，才有旅行的安全与迅捷；学者有了责任感，才有科学的发达与昌明；家人有了责任感，才有家庭的稳定与温馨；公民有了责任感，才有社会的和谐与进步；公仆有了责任感，才有民众的福祉与安乐……

放眼今日之中国，一代青年人正在茁壮成长。他们热爱祖国，勇于担当属于自己的责任；他们面对现实，在平凡的岗位上放热发光。徐本禹用自己的青春和热血写下了改变贫困地区落后教育的诗章，洪战辉用稚嫩的肩膀承担了本不属于他的抚育妹妹的社会与家庭的责任，方永刚用坚忍和辛勤为青年人树立了追求真理的楷模，史铁生用不辍之笔让我们懂得了什么是人生的价值与坚强……是他们用自己的行动为我们古老的民族精神增添了新的内容，也让我们清楚地意识到青年一代肩上责任的分量！

一个人若要取得成功，就要对自己负责，立足当下，面向未来；设计自我，完善自身，为自己乃至他人的幸福奠基。要对家人负责，爱之以道，爱之以德；常怀感恩心，时时思回报。要对话语负责，言出既行，诚实守信；忌浮夸之风，戒虚伪之言。要对社会负责，竭己之力，尽己之才；心血献社会，人品筑丰碑。

责任并不虚无缥缈，它孕育在每一个人的心中。每一个人都可以在平凡的岗位上成就伟大。尽管一个人的力量十分有限，但无数个有限组合起来，便是无限，便会是一种无坚不摧的强大力量！

努力吧，亲爱的同学们！为了祖国大地春光永驻，为了我们古老的民族蓬勃奋发，为了我们的事业繁荣昌盛，我们要让自己青春的脉搏与祖国母亲的心脏一起跳动，用赤子的一片真诚，去创造伟大的时代，用自己的青春和奉献在神州大地上奏响幸福和谐的华彩乐章。

后　记

人们常说，教育既是一门科学又是一门艺术。

所谓科学，就是要做到方向正确、方法合理、方式恰当，把教育的事做对；所谓艺术，则体现在对教育对象的了解、教育契机的把握、教育手段的运用、教育环境的掌控上。也就是说，一切教育活动都要达到拨动心弦、引发思索、触及灵魂的效果，即把教育的事做好。教育艺术的最高境界是使受教育者潜移默化地接受感染与熏陶，让人切实产生出神入化、完美无缺的感受。

为充满青春活力和无限发展潜能的中学生的健康成长写一本书，体现教育的科学和艺术，是我从教近四十年来的渴望与追求。没有居高临下的霸气，没有正襟危坐的俨然，没有像煞有介事的虚假，没有耳提面命的刻薄，只想从心灵深处表达出一种情怀，一种心境，一种渴望，一种期待。只希望广大中学生、教师和家长用书中的文字温润心灵，滋养生命，使个体的生命变得温馨和谐、美丽动人。

完成初稿后，能否被中学生、教师和家长喜欢和接受，是我一直忐忑不安的。便将一些篇章交给初、高中学生和家长试读，请一些老师作为班会教材试用，竟得到了很多积极的正面的反馈，收到意想不到的效果，有的家长认为非常解渴，有的学生认为管用，有的班级甚至在一次班会上响起数次掌声……于是，才坚定了我交由出版社的信心。

在写作过程中，得到了很多同行、文友的帮助和支持，他们为我提供了很多的资料，提出了很好的建议。同时，也参阅了许多学者和名家的专著，在此一并表示衷心的感谢！